KB210899

회사에서 지적받는 **50**가지 문제사원 유형

이런 사원들이
문제사원들이다

자기계발 분야 최고의 스테디셀러(2025년 증보판)

지난 30년간 국내 수많은 기업들이
〈사원 교육용 도서〉로 선정, 단체구독한 바로 그 책입니다.
평소 아끼고 사랑하는 직원과 자녀,
소중한 친구, 동료들에게 이 책을 선물하십시오.
직장생활, 사회생활의 성공비결이 모두 담겨 있습니다.

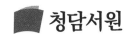 청담서원

▣ 책머리에

'Prologue'에 적었듯이 여차저차 하여 이 책의 증보판을 다시 출간하게 되었다.

편제상 50가지 문제사원 유형을 적시하였으나 따지고 보면 필자역시 그중 상당 부분에 해당될 것이다. 사람이란 누구나 모든 면에서 완벽할 수 없고, 각자 장단점을 지니고 있기 때문이다.

따라서 이 책 내용은 필자가 지난 30년간 산업현장을 직접 뛰며 겪고 느낀 체험담인 동시에 또 한편 스스로 실천 못한 아쉬움과 자기성찰의 의미가 담긴 글이기도 하다. 젊은 시절 좀 더 일찍 삶의 바른 이치와 지혜를 깨닫고 실행하였더라면 한결 좋았을 것이라는 생각이다.

모쪼록 이 책을 통해 요즘 젊은 직장인들이 각자 자신의 의식행태를 한번 쯤 되돌아보며 그릇된 점은 고치고, 바람직한 점은 본받아 장래에 보다 성공적 직장생활, 사회생활을 영위하길 바란다. 설령 부족하고 미비한 점들을 모두 바로잡지 못할지라도 최소한 무엇이 문제인지 알고 넘어가는 것 역시 의미 있는 일일 것이다.

특히 필자의 오랜 업무경험에서 축적된 실전적 삶의 철학과 지혜가 담긴 이 책이 비단 직장인들뿐 아니라 취업을 앞둔 대학생, 군장병 등 사회 첫 발을 내딛는 모든 젊은이들에게도 널리 읽힐 수 있기를 기대한다.

2025년 정초 증보판을 출간하며

▣ 목차

- Prologue

직장생활의 지침서, 삶의 교훈서로 읽혀지길
◈ 최초 출판 배경 및 동기
◈ 반응과 성과
◈ 〈2024 증보판〉을 출간하며
◈ 내용 수정과 보완
◈ 저자 소개 및 소견

제1장 능력개발을 위한 장

1-1 삶의 가치관을 정립하지 못한 사원 • 018
생각이 바르면 생활도 바르다

1-2 머리를 쓰지 않는 사원 • 030
머리는 쓰면 쓸수록 좋아진다

1-3 지식이 부족한 사원 • 046
지식도 상식도 없는 무식한 사원들이 있다

1-4 창의력이 부족한 사원 • 061
근면과 성실만으로는 더 이상 버틸 수 없다

1-5 판단력이 부족한 사원 • 073
하인의식이 아닌 주인의식을 지녀라

1-6 문제의식이 없는 사원 • 080
원인의 원인에 대한 탐구의지를 가져라

1-7 융통성이 없는 사원 • 087
이렇게 안 되면 저렇게도 해보라

1-8 지혜롭지 못한 사원 • 096
작은 지혜로 큰 위기를 넘길 수 있다

1-9 전문역량이 부족한 사원 • 100
자기만의 전문지식과 기술을 지녀라

1-10 도전의지가 부족한 사원 • 105
안정은 곧 정체로 이어질 수 있다

제2장 조직화합을 위한 장

2-1 현실인식이 없는 사원 • 110
기업은 공조직이 아니다

2-2 직업의식이 부족한 사원 • 116
직업의 소중한 의미와 가치를 인식하라

2-3 이기주의형 사원 • 128
나도 이롭게, 남도 이롭게 하라

2-4 질시심이 강한 사원 • 136
배 아프면 지는 것이다

2-5 기회주의형 사원 • 144
사람으로서 기본 양식은 갖춰야 한다

2-6 경거망동형 사원 • 149
겸손과 신중함도 중요한 능력이다

2-7 배려심이 부족한 사원 • 154
소인은 소심하고 군자는 세심하다

2-8 불평불만형 사원 • 157
만인이 평등한 사회는 지구상에 없다

2-9 배은망덕형 사원 • 163
은혜를 잊을지언정 원수로 되갚지 말라

2-10 의욕과잉형 사원 • 167
많이 넘치는 것보다 다소 모자라는 게 낫다

제3장 의식개혁을 위한 장

3-1 경제개념 없는 사원 • 172
물질적 가치의 소중함을 인식하라

3-2 냉소주의형 사원 • 178
상대의 장점을 찾아 칭찬하라

3-3 책임회피형 사원 • 182
모두의 책임은 누구의 책임도 아니다

3-4 복지부동형 사원 • 185
질책을 두려워하면 성과를 이룰 수 없다

3-5 무관심형 사원 · 188
모든 정보와 지식은 관심에 비례한다

3-6 생활문란형 사원 · 192
놀고 난 끝은 없어도 일한 끝은 있다

3-7 성격이상형 사원 · 197
'난' 사람, '든' 사람보다 '된' 사람이 되라

3-8 가정불안형 사원 · 200
가정에 충실한 사람이 직장에도 충실하다

3-9 건강부실형 사원 · 204
건강한 신체에 건강한 정신이 깃든다

3-10 노사관이 정립되지 못한 사원 · 207
합리적 노사관을 지녀라

제4장 인격도야를 위한 장

4-1 인격수양이 부족한 사원 · 224
부단한 사유와 공부를 통해 인격을 수련하라

4-2 고집불통형 사원 · 229
쓸데없는 일로 시비를 다투지 마라

4-3 협력의식이 부족한 사원 · 232
협력을 통해 조직력을 극대화하라

4-4 신용이 없는 사원 · 235
신용이란 자신과의 약속을 지키는 일이다

4-5 의지력이 약한 사원 · 239
도움을 준적 없으면 받으려하지도 마라

4-6 시대흐름에 뒤진 사원 · 245
시대가 변하면 의식도 변해야 한다

4-7 국제 감각이 없는 사원 · 250
더 넓은 세계로 시야를 넓히라

4-8 자기 의견이 없는 사원 · 254
불만을 말하지 말고 의견을 말하라

4-9 단합심이 부족한 사원 • 257
미운 오리새끼가 되지 마라
4-10 근로의지가 없는 사원 • 261
일하기 싫으면 먹지도 마라

제5장 예절함양을 위한 장

5-1 예절의식이 부족한 사원 • 274
예절이란 업무능력 못지않게 중요하다
5-2 경영자에 대한 존경심이 없는 사원 • 284
경영자는 성인군자가 아니다
5-3 상사 흉을 보는 사원 • 293
상사 흉이 한 가지면 사원들 흉은 열 가지다
5-4 고객에게 불친절한 사원 • 307
고객은 작은 친절에도 감동한다
5-5 회의 매너가 부족한 사원 • 313
모자라는 것들은 회의만 한다
5-6 근무자세가 불량한 사원 • 317
사소한 것이 중요할 수 있다
5-7 통화예절이 부족한 사원 • 321
전화 한 통이면 모든 것을 알 수 있다
5-8 언어예절이 부족한 사원 • 326
말은 곧 그 사람의 인격이다
5-9 인사예절이 바르지 못한 사원 • 330
의례적 인사는 마음에 전달되지 않는다
5 -10 버릇이 없는 사원 • 335
사람의 됨됨이는 예절로써 평가된다

- Epilogue

〈**부록**〉 도서 및 저자 관련 사진과 보도자료

직장생활의 지침서,
삶의 교훈서로 읽혀지길

◈ 최초 출판 배경 및 동기

1995년 민간 경제연구소와 경영컨설팅회사를 운영하던 필자는 우연한 기회에 책을 한 권 펴낸 것이 화제가 된 바 있다.

제목은 「이런 사원들이 문제사원들이다」.

전말인즉 이러하다.

당시 필자는 평소 직원들을 대상으로 업무수행 시 유념해야 할 제반 사항들과 직장조직에서 반드시 갖춰야 할 바람직한 의식과 자세 등에 대해 기회 있을 때마다 자주 사내 교육을 실시하였다. 특히 연구소의 주 사업이 국내 기업들을 대상으로 각종 정보자료를 제공하고 경영컨설팅과 산업교육을 실시하는 업무이다 보니 CEO로서 직원들에게 일러줄 점도 많았고, 당부하고 싶은 말도 적지 않았던 때문이다.

하지만 직원들은 매번 들을 때 뿐, 이내 다 잊어버리거나 실행에 옮기지 않는 경우가 많았다. 그저 경영자의 의례적 잔소리쯤으로 흘려듣고 마는 듯했다. 그렇다고 허구한 날 똑 같은 지적, 비슷한 얘기를 반복하는 것도 못할 노릇이었다.

답답한 마음에 '그렇다면 그동안 내가 해온 말들을 아예 책으로 묶어 전 직원들에게 한 권씩 나눠준 후 틈틈이 읽고 되새기게 하는 것이 좋겠다'는 생각을 하게 되었다. 그런 단순한 동기, 소박한 취지에서 틈틈이 적어둔 메모들을 정리, 책으로 펴내게 된 것이다.

◆ 반응과 성과

초판은 최소 인쇄부수 등을 고려, 500여 부를 출판했는데, 직원들에게 나눠주고도 여분이 꽤 되었다. 남은 분량은 서점에 배포하기로 했다. 다른 회사 직원들 역시 필요할 경우 구입해 읽었으면 좋겠다는 취지에서였다.

그런데 얼마 후 깜짝 놀랄만한 일이 일어났다.

국내 기업들은 물론 정부기관과 공공단체 등에서도 필자의 책을 직원 교육용 도서로 선정, 단체주문하기 시작했다. 그중엔 전 직원들의 수만큼 수백, 수천 부씩 대량주문을 해오는 곳도 적지 않았다. 아마도 그 시절 YS정부의 개혁드라이브정책 기조에 따라 공·사조직을 막론하고 구성원들 의식개혁에 대한 열풍이 한창일 때여서 그랬지 않았나 싶다. 또한 필자와 비슷한 생각, 고충을 지닌 기업의 경영자나 직장상사들이 그만큼 많았던 때문이기도 했을 터였다.

이에 서둘러 2쇄를 인쇄, 각 기관 및 기업들의 단체주문에 응하는 한편 전국 서점에도 일제히 책을 추가 출고했다.

그리고 나자, 주 독자층으로 여겼던 일반 사원들보다 기업인, 경제인들의 호응이 더욱 컸다. 국내 주요기업 CEO들로부터 저자 특강 요청이 잇따랐고, 일부 대학에서는 필자의 책 내용이 학생들의 레포트 과제로 선정되기도 했다.

서점가에서의 일반 독자들 호응 또한 높았다.

그 무렵 스티븐 코비의 〈성공하는 사람들의 7가지 습관〉, 이명박 전 대통령의 〈신화는 없다〉와 함께 나란히 베스트셀러 상위권에 랭크되었다. 또 이를 계기로 여러 출판사에서 유사한 제목의 책들이 잇달아 출간되기도 했다(부록 자료 참조).

◈ 〈2024 증보판〉을 출간하며

그로부터 30년이 지난 근래에 이르러 또 다시 이 책이 화제의 도서로 부상했다.

2023년 출간 후 100만 부 이상 판매기록을 세운 초대형 베스트셀러 「세이노의 가르침」에 〈추천도서〉로 소개되면서 다시금 대중의 주목을 받게 된 것이다. 이에 따라 각종 SNS 등에 관련 내용들이 속속 게시됨은 물론 중고도서 판매사이트에서는 30년 전 절판된 책이 웃돈까지 더해져 거래되었다. 뿐만 아니라 여러 출판사들로부터 책의 복간(復刊) 요청이 잇달았다. 하지만 필자는 그 요청들을 모두 거절했다.

이유는 우선 환갑을 지난 나이에 젊은 직장인들에게 또 다시 이런저런 잔소리 비슷한 얘기를 늘어놓는다는 것이 영 내키지 않는 일이기도 했거니와 책 내용 역시 이미 30년 전 쓴 이야기들이라 요즘의 시대상황, 기업현실과는 잘 맞지 않을 수 있다고 여긴 때문이었다. 그중 가장 큰 이유로는 책을 집필할 당시 필자 나이 30대 초반의 혈기왕성할 때이다 보니 글 내용과 문투가 지나치게 직설적, 독선적이었을 뿐 아니라 깊은 사고와 천착이 따르지 않음으로 인해 다소 논리에 맞지 않는 이야기들도 섞여 있다는 생각 때문이었다.

이런 내용들을 완전하게 보완, 수정하지 않고서는 책을 복간하고 싶지 않았던 것이다.

◆ 내용 수정과 보완

그러던 차 근래 제반 여건이 조성되어 개정 증보판 출간작업에 착수하게 되었다.

시간적 여유를 가지고 책 내용들을 다시 한번 찬찬히 훑어봤다. 그러나 당초 염려했던 것과는 달리 큰 틀에서 볼 때 대부분의 내용들이 타당한 지적과 주장이라고 판단되었다. 30년 전에 비해 근래 각 직장에서의 업무방식과 조직문화, 산업구조 그리고 사회적 트렌드는 많이 변했지만 직장인들의 의식행태만큼은 거의 달라진 점이 없기 때문이었다. 특히 요즘 소위 MZ세대로 불리는 2030대 젊은 직장인들의 근무자세와 업무역량, 사고방식, 생활양태 등을 보고 있으면 오히려 예전 직장인들에 비해 개선하고 바로잡아야 할 부분이 훨씬 더 많다는 생각까지 들었다.

따라서 책 내용 중 일부 배경설명과 사례 등을 근래의 상황에 맞게 부분적으로 수정한 후 증보판을 출간하게 되었다. 또한 필자의 젊은 시절 직장경험을 토대로 요즘 MZ세대와 기성세대 간 의식차이에서 비롯되는 직장조직의 정서적, 문화적 갈등 및 부조화를 어찌 수용하고 해소할 것인가? 하는 문제들에 대해서도 구체적 사례와 방법들을 제시하였다.

그야말로 필자의 자녀와 후손들에게도 읽힐 책이라 생각하고 한 줄 한 줄 진심과 정성을 다해 재정리한 것이다. 단지, 언제 어디에서나 흔히 들을 수 있는 공자님, 맹자님 같은 뻔한 말들만 평이하게 늘어놓을 경우 책을 읽는 재미가 덜할 것 같아 필자 특유의 직설적 표현과 주장들은 그대로 살렸다.

모쪼록 이 책이 50년, 100년 오랜 세월이 지난 뒤에도 여전히 모든 직장인들에게 필수 지침서, 삶의 교훈서로 널리 읽히길 기대한다.

◈ 저자 소개 및 소견

필자는 30년 전 이 책을 출판할 당시 저자 소개를 자세히 적지 않았다. 그저 '다년간 산업계에서 활동해온 경영컨설턴트'라고 짧게 소개했을 뿐. 저자명 역시 지금과 다른 필명으로 표기했다. 왜냐하면 책 내용이 주로 직장인들의 그릇된 의식행태를 질타하는 얘기다 보니 공연히 구설에 오르고 싶지 않았던 때문이다. 그리고 무엇보다 저자에 대한 일체의 선입견 없이 온전히 책 내용으로서 독자들에게 평가받고 싶었다. 하지만 요즘 흔히 '메시지보다 메신저'라고 말하듯 필자의 이력을 궁금히 여기는 이들이 많아 뒤늦게나마 간략히 소개말을 덧붙인다. 속된 포장이나 자랑 같은 것 다 줄이고 이 책 내용과 관련된 부분만 짧게 적는다.

필자는 1962년생으로 20대 후반 3년 남짓 직장생활 후 1991년 사업을 시작하였다. 업종은 국내 기업들을 대상으로 한 교육 및 연구 사업이었다. 주로 공업입지 조성, 기술혁신, 품질규격 인증,

인적자원개발에 관한 각종 산업교육과 조사연구, 컨설팅 업무를 수행하였다. 당시엔 정보화시대 이전이라 그러한 업종이 제법 호황을 누렸다.

사업환경이 오프라인에서 온라인 기반으로 전환되기 시작한 2000년대 초에는 일찍이 이커머스마켓 진출을 시도하였다. '비티즌닷컴'이란 도메인으로 국내 최초 비즈니스 관련 e-Book 도서관 구축에 나서는 등 인터넷기반 사업을 시작한 것이다. 당시 e-Book사업의 경우 우리나라 전자책시장 성장추이 등을 감안할 때 최소 10년 정도는 앞섰던 사업모델이었다. 결국 너무 빠른 시장진출과 대중의 인식부족으로 사업은 성과를 거두지 못했다.

하지만 실패를 통해 얻은 교훈 역시 소중한 자산으로 축적되었다. 2000년대 중반에 이르러서는 국내 기업 및 각급 기관들을 대상으로 산업디자인과 아카이브 관련 사업을 실시하였다. 이 과정에서 다양한 분야에 종사하는 직장인들과 상호 협업하며 제반 프로젝트를 성공적으로 완수해냈다.

한편 직원들에게 늘 자기계발 노력을 주창해온 만큼 필자 역시 솔선적으로 실천하였다. 사업활동을 하는 동안에도 1991년 대만문화대학교 경영대학원, 1994년 숭실대학교 중소기업대학원에서 경제경영 공부를 틈틈이 지속했으며, 이러한 노력으로 2008년에는 '부총리 겸 교육인적자원부장관상', '중소기업지도자상' 등을 수상하기도 했다.

따라서 이 책에는 필자가 지난 30여 년간 직장생활과 사업활동을 통해 겪고 쌓은 다양한 경험, 지식들이 모두 담겨있다. 단순 이론이 아닌, 숱한 도전과 시행착오 속에 스스로 깨달은 실전적 삶의 지혜라고 할 수 있을 것이다.

필자 역시 뭐 그리 대단한 성취를 거둔 사람은 아니지마는, 오랜 세월 자기성장을 위해 나름 열심히 공부하고 노력해온 선험자로서 요즘 젊은 직장인들에게 삶의 교훈으로 삼을만한 제반 조언을 전해주고 싶었다. 최소한 그 정도 역량, 그 정도 자격은 갖췄다고 생각한다.

끝으로 이 책 출판 당시 많은 성원을 보내준 독자 분들과 도서를 추천해주신 세이노님께도 감사의 말씀을 드린다.◎

이런 사원들이 문제사원들이다

-회사에서 지적받는 50가지 문제사원의 유형-

제1장 | 능력개발을 위한 장

제2장 | 조직화합을 위한 장

제3장 | 의식혁신을 위한 장

제4장 | 인격도야를 위한 장

제5장 | 예절함양을 위한 장

제1장
능력개발을 위한 장

1-1 삶의 가치관을 정립하지 못한 사원
생각이 바르면 생활도 바르다

1-2 머리를 쓰지 않는 사원
머리는 쓰면 쓸수록 좋아진다

1-3 지식이 부족한 사원
지식도 상식도 없는 무식한 사원들이 있다

1-4 창의력이 부족한 사원
근면과 성실만으로는 더 이상 버틸 수 없다

1-5 판단력이 부족한 사원
하인의식이 아닌 주인의식을 지녀라

1-6 문제의식이 없는 사원
원인의 원인에 대한 탐구의지를 가져라

1-7 융통성이 없는 사원
이렇게 안 되면 저렇게도 해보라

1-8 지혜롭지 못한 사원
작은 지혜로 큰 위기를 넘길 수 있다

1-9 전문역량이 부족한 사원
자기만의 전문지식과 기술을 지녀라

1-10 도전의지가 부족한 사원
안정은 곧 정체로 이어질 수 있다

1-1 삶의 가치관을 정립하지 못한 사원

생각이 바르면
생활도 바르다

'직장인들이 평소 어떤 의식과 자세로 생활하는 것이 바람직한가?'
이 물음은 기성세대의 입장에서 상식적으로 생각해보면 굳이 부연
설명이 필요 없을 만큼 쉽게 답을 찾을 수 있는 문제다. 흔히 말하
는 '열정, 성실, 창의, 근면, 검약, 긍정적 사고, 바른 예절' 등의 덕
목들이 그것이다.

하지만 이치적으로 깊이 따져볼 경우 이는 결국 '사람은 왜 사는
가? 무엇을 위해 어떻게 사는 것이 바람직한 자세인가?'하는 존재
와 삶의 근원적 의문으로 이어지고, 그에 대한 논리를 정립한 연후
라야 비로소 답을 구할 수 있다. 특히 근래처럼 세대 간 의식, 문화
차이가 심한 가치관의 혼돈시대에는 더 그러하다. 즉, 삶의 근본 이
유와 의미를 알고, 향후 목표와 방향을 분명히 설정해야만 그에 따
른 적절한 실행방법을 모색, 정립할 수 있다는 뜻이다.

이 같은 궁극의 물음에 대한 논리적 설명 없이 직장상사들이 젊은 직원들에게 '열심히 노력하라', '성실히 근무하라'는 등의 상투적 말만 일삼는 것은 마치 부모가 어린 자녀들에게 '열심히 공부하라', '우등생, 모범생이 되라'는 등의 잔소리를 늘어놓는 것이나 다름없다. 누구에게 어떤 조언과 충고를 하려면 최소한 '왜 그리해야 하는지?' 근본 이유와 납득할 만한 당위성, 필연성을 상대가 보다 절실히 인식, 이해할 수 있도록 설명해 줘야 한다는 얘기다. 그러지 않으면 듣는 이들이 끝내 마음속 의문을 완전히 해소하기 어렵고, 바람직한 행동양식 또한 갖추기 힘들다.

예컨대 주위 사람들이 모두 '열심히 뛰라'하니 열심히 뛰기는 뛰는데 자신이 왜 뛰는지? 어디를 향해 뛰고 있는지 모르는 것이나 마찬가지다. 그러다 보니 뛰다가 자꾸 주변을 돌아보게 되고, 스스로 회의에 빠지게 되고, 힘들면 중도에 쉬거나 포기하게 된다. 이는 삶에 대한 가치관의 혼란을 느끼는 데서 흔히 겪게 되는 현상이라 할 수 있다.

하지만 인생 선험자들의 조언과 가르침이란 대저 일차원적 잔소리 수준에서 벗어나지 못하고 있는 것이 현실이다. 일반인뿐 아니라 동서고금 수많은 철학자들 역시 이 문제에 대해 갑론을박, 설왕설래만 거듭해왔을 뿐 어느 누구도 만인이 공감할 명확한 해답을 제시하지 못했다. 오히려 중구난방식 논리주장으로 대중의 정신적 혼란만 가중시켰다. 삶의 진리가 어떻고, 존재의의가 어떻고 온갖 말들을 일삼았지만 정작 '사람이 무엇을 위해, 어떻게 사는 것이 최선인지?' 그 기초적, 원초적 문제에 관해서는 아무도 제대로 모르는 것이다. 인류가 지닌 지적 능력의 한계 탓이라 할 수 있다.

필자 또한 이 문제에 대해 꽤 오랜 세월 정신적 혼란을 겪은 뒤에야 나름의 논리를 정립할 수 있었다. 만약 누군가 좀 더 일찍 합당한 이치를 제대로 설명하고 일깨워줬더라면 한결 수월하고 평탄하게 일생을 살 수 있었을 것이다. 따라서 이 책을 통해 필자가 말하고자 하는 내용이란 젊은 직장인들은 우선 자신의 인생관 즉, 삶의 가치관부터 바르게 설계, 정립해야 한다는 것이 핵심요지다. 사람이 중심 사고를 올바로 가지면 행동 양식은 저절로 바르게 갖추고 실행할 수 있기 때문이다. 설령 사소한 문제점, 부족한 점이 있더라도 이는 점차 보완하고 개선하면 된다. 하지만 근본정신이 바르지 못하면 갈팡질팡, 우왕좌왕의 연속일 수밖에 없다. 특히 젊은이들은 인생의 출발점에서 길을 한 번 잘못 들게 되면 평생 헤매게 된다. 처음부터 정신을 똑바로 차리고 즉, 목적지와 방향을 분명히 정하고 나아가는 것이 무엇보다 중요하다.

그럼 앞서 언급한 문제들을 순서와 이치에 맞게 하나씩 짚어보자. 특히 이 절(節)의 내용은 주제가 지닌 특성상 다소 재미는 없겠으나 가장 먼저 언급하고 넘어가야 할 중요사항인 바, 끝까지 정독하길 바란다. 길게 설명하면 졸릴 것인 바 요점만 정리한다.

우선 인간존재의 의의는 무엇이며, 인간은 왜 사는 것인가?

흔히 인류의 빅 퀘스천 또는 우주고(宇宙苦)라 불리는 이 물음은 일찍이 필자에게도 매우 중요한 숙제, 난제로 다가왔다.

이 의문을 풀지 않고서는 삶의 목적과 방향과 방법과 행동양식을 명확히 정립할 수 없었기 때문이다.

필자는 10대 후반부터 40대 초반까지 이 문제를 끌어안고 전전긍

긍했다. 앞서 말했듯 인간이 어떤 원인 작용에 의해, 어떤 이유로 세상에 태어났는지 존재의 시원(始原)을 알아야 보다 가치 있는 삶의 목적과 방향을 정립할 수 있기 때문이었다.

물론 이 문제는 창조론을 믿느냐? 진화론을 믿느냐?에 따라 그 해석과 대답이 각기 다를 수 있다. 하지만 특정 종교를 가진 이들이야 자신의 종교적 신념, 교리의 가르침에 따라 살면 딱히 궁금할 것도 혼란스러울 일도 없겠지만, 종교를 가지지 않은 무신론자들의 경우 누구든 이 의문으로 오랜 방황과 혼란을 겪을 수밖에 없다. 심지어 삼성그룹 창업주 고 이병철 회장께서도 이 화두를 놓고 평소 많은 고심을 했다고 알려져 있다. 이 회장이 생전 어느 성직자에게 답을 구한 〈24개 질문사항〉 역시 대저 이와 관련된 내용이고 보면 삶의 이치에 대해 깊이 생각하며 사는 이들의 경우 생애과정에서 누구나 필연적으로 직면하게 되는 의문이라 할 수 있다.

이에 따라 세상엔 인간존재의 근원에 대한 의문과 그것을 규명하려는 탐구노력, 온갖 가설(假設)이 오랜 세월 이어져왔다.

창조론과 진화론을 비롯하여 불교의 윤회론, 무시무종론(無始無終論) 등이 대표적 예다. 하지만 수천 년 인류역사에서 그 모든 논리 주장 또한 단지, 추정론에 불과할 뿐 어느 것 하나 만인이 공감, 확신할만한 증거와 해답을 제시하지 못했다. 그러다 보니 의문에 의문, 혼란에 혼란만 거듭되었을 뿐 지금껏 원점에서 단 한 걸음도 앞으로 나가지 못하고 있는 실정이다. 따라서 이는 그야말로 '불가지 불가해 불가용'의 문제 즉, 인간의 지적능력으로는 도저히 알수도 없고, 풀 수도 없고, 알고 풀어본들 별 소용도 없는 문제라 할 수 있다. 이런 의문을 끌어안고 고민하는 것 역시 부질없는 번뇌, 공연한 감상에 지나지 않는다는 뜻이다.

그러므로 우리는 바로 이 지점, 이 대목에서 삶의 가치관, 방법론을 재설계, 재정립해야만 한다. 각자 현실상황에 맞는 이성적 사고, 냉철한 분별력을 통해 삶의 의미와 가치를 스스로 다시 찾고 방향성, 방법론을 새롭게 정립해야 한다는 얘기다. 즉, 필자와 같은 무종교, 무신론자들의 경우 그나마 여타 추정논리에 비해 좀 더 과학적이고 현실성 있는 주장이라 할 수 있는 진화론적 관점에서 인간존재의 의미와 가치, 삶의 방향과 목적을 모색, 설정해야 한다는 뜻이다. 예컨대 인간 역시 여타 동물들처럼 자연발생적으로 생성, 진화해온 것을 현실상황 그대로 솔직하게 인정하자는 것, 인간존재에 대해 특별한 의미와 가치를 부여하고자 무엇을 자꾸 억지로 꾸며내고 과장하고 미화하지 말자는 것 그리고 이 문제에 대해 모르면 모르는 대로, 알면 아는 만큼만 일체의 거짓을 섞지 않고 정직하게 말하자는 것이다.

그러지 않고 '인간은 만물의 영장이며, 인간 삶은 위대하며, 인간존재는 더없이 의미있고 가치있다'는 식의 주장만 일삼을 경우 어떠한 해답도 찾을 수 없게 된다. 이론과 실상이 너무도 다르기 때문이다. 다시 말해 인간 삶 그 생로병사의 본질과 현실적 전말을 있는 그대로 인정, 수용하지 않고는 존재와 삶에 관한 세상 모든 이론이란 결국 앞뒤가 맞지 않은 모순과 괴리와 혼란의 연속일 수밖에 없다는 뜻이다.

인간의 존엄성, 그에 따른 자부심, 삶의 소중함, 긍정적 사고 등을 강조하려는 취지는 이해하겠으나, 전혀 증거도 논리도 없는 허황

된 말로 우매한 대중을 세뇌시키려함은 옳지 못하다. 이른바 착한 거짓말보다는 다소 불편하더라도 사실을, 진실을 말하자는 얘기다. 우리가 길을 갈 때에도 남들이 잘못 일러준 목적지와 방향으로 나아갈 경우 오랜 시간 헤매게 되듯 삶의 행로에서도 그릇된 가치관을 지니고 엉뚱한 길로 접어들게 되면 평생 고생할 수 있다.

따라서 '인간은 무엇이며 삶은 무엇이며 나는 무엇인가?' 하는 따위의 고민은 이른바 '하늘은 무엇이고 땅은 무엇이고 소나 말의 존재는 무엇인가?'라는 의문과 다를 바 없다. 앞서 언급했듯 그런 것은 궁극의 의미를 끝내 알 수도 없고, 알 필요도 없으며, 알아본들 아무 소용없는 것이기 때문이다. 그야말로 무엇이 무엇이라한들 무엇하겠는가?

세상의 모든 물음에 명확한 답이 있는 것 아니다. 원래 답이 없는 질문도 있고, 아예 질문으로 성립되지 않는 질문도 있고, 물을 필요조차 없는 질문도 있다. 고로 정답이 없는 문제, 해답이 필요치 않는 문제, 수천 년 인류역사상 누구도 답을 알아내지 못한 문제로 평생을 고민하는 것 역시 결국 부질없는 번뇌 망상일 수 있고, 쓸데없는 잡념과 공상에 다름 아닌 것이다.

이 대목에서 혹자는 '인간 존재의 시원을 모르고서 어떻게 삶의 의미와 가치, 방향과 목표를 제대로 정립할 수 있느냐?'고 반문할 수 있다. 또한 '진화론 주장에 따를 경우 인간 역시 여타 동물들처럼 자연발생적으로 생겨나 고작 몇십 년쯤 살다가 단 한 사람 예외 없이 늙고 병들어 죽고 마는 것이 본질이고 실상이고 전부라면 인간의 삶이란 너무 무의미, 무가치하며, 굳이 평생을 아등바등 열심히 살아야 할 이유도 없는 것 아니냐?고' 반문할 수도 있다.

동의한다. 이는 단순히 허무주의적 사고에서 비롯된 말이 아니라 인간 생로병사의 역정을, 그 자명한 본질과 현실 전말을 냉철히 직시할 때 사실이 그러하기 때문이다. 하지만 진짜 중요한 질문, 핵심대안과 해답은 바로 여기서부터 다시 시작된다.

그래서? 그렇다면 어찌할 것인가? 다른 방도가 있나?

인간 삶의 본질과 실상이 단지, 자연발생적인 것일 뿐이며 또한 그처럼 찰나적이고 무의미, 무가치하고 허망한 것이라 한들 정녕 어찌할 것인가? 모두 함께 죽기라도 하자는 얘긴가? 아니면 아무렇게나 대충 막 살자는 얘긴가?

생각이 이쯤 이르면 결론과 해답은 오직 한 가지로 귀결될 수밖에 없다. 즉, 인간 삶의 본질과 실상이 허망한 것이긴 하지만 결국 죽지 않고 계속 살아가려면, 그래도 죽는 날까지 열심히 살 수밖에 없다'는 것, 바로 그것이다. 물론 이 역시 어쩔 수 없는 차선책이긴 하다. 하지만 이 같은 논리가 삶의 적극적 노력의지를 북돋는 데 있어서는 다소 명분이 약하고, 존재의 근원적 의문을 해소하기에도 충분치 않을 수는 있다. 그러나 사실을 사실대로 말함으로써 최소한 대중으로 하여금 정신적 혼란을 초래케 할 일은 없다는 점이다. 왜냐하면 인간이 세상에 태어나 살고 싶어 살든, 죽지 못해 어쩔 수 없이 살든 현실에서 계속 살아가려면 그나마 열심히, 성실히 사는 것 외에 다른 방도가 있는가? 없다. 아무리 궁리해도 그 외엔 달리 방법이 없는 것이다. 따라서 최선책이 없을 땐 차선책이 곧 최상책, 최고책이라 할 수 있다.

예컨대 인생이 허망하다 하여 맨날 방안에 들어앉아 울고 있을 수도 없는 노릇이고, 불과 몇십 년 후면 모두 늙어 죽는다 하여 미리 죽을 수도 없는 일이다. 그리고 어차피 몇십 년 후엔 모두 늙어 죽을 텐데 굳이 미리 죽으려 애쓸 필요도 없는 것이며, 억지로 죽는 일 또한 힘들게 사는 것 못지않게 어려운 일이기도 하다. 결국 우리는 인생의 의미가 있든 없든, 인생이 허무하든 허무하지 않든 스스로 죽지 못하는 한 저절로 늙어 죽을 때까지 계속 살 수밖에 없는 것이다.

따라서 이러한 결론을 얻은 후에는 자연적으로 삶의 당위론이 아닌 삶의 방법론을 모색하게 된다. 즉, '인간이 저절로 늙어 죽을 때까지 계속 살아가기 위해서는 어떤 의식과 자세로 살아야 하는가?'라는 현실적 물음과 직면하게 되고, 그 방도를 찾게 된다는 얘기다. 과연 우리는 죽을 때까지 무엇을 위해, 어떻게 살 것인가?

다행히 삶의 근원적 존재론이 아닌 현실적 방법론에 대한 해답과 대안은 비교적 쉽게 찾을 수 있다. 여기엔 만인이 공감할만한 절대 명제가 있기 때문이다. 바로 '행복실현을 위한 공통 목표의 정립'이다. 쉽게 말해 모든 인간은 불행하게 살기보다 행복하게 사는 것이 지극히 마땅하다는 논리가 그것이다. 인간의 삶이란 행복하게 살기엔 너무 짧지만 불행하게 살기엔 또 너무 길고 고통스러운 일이고 보면 이는 누구도 부정할 수 없는 현실이치다.

그럼 모든 인간이 공통적으로 추구할 삶의 목표인 '행복'이란 또 무엇인가? 그것은 바로 '몸과 마음이 지극히 편안하고 즐겁고 만족한 상태'라고 정의할 수 있을 것이다. 사람이 힘들고 고통스럽게 살기보다 편안하고 즐겁게 사는 것이 낫다는 데엔 만인이 공감할 것이므로 이 같은 정의와 논리에는 일체 오류가 없다.

그렇다면 행복을 실현하기 위해서는 또 어찌해야 하는가?

이후부터는 너무도 기본적, 상식적 내용인 바 굳이 시시콜콜 설명할 필요가 없다. 앞서 언급했듯 인간이 평소 열심히 일하고 성실하게 노력하며 사는 것이 게으르고 불성실하게 사는 것보다 행복을 실현하기에 훨씬 더 수월하고 유리하다는 것쯤 누구나 알 수 있기 때문이다.

그 외에 '어디에서 무슨 일을 하여 어떻게 행복의 요건을 갖추고 충족할 것인가?'하는 세부 방법론에 대해서는 각자의 역량과 소질, 처한 상황 등이 모두 다르기에 이는 누가 일일이 알려줄 수 없는 문제다. 오직 스스로 공부하고 숙고하여 자신이 선택, 실행해야 한다. 중요한 것은 삶에 임하는 기본의식과 자세, 인생의 방향과 목표를 설정하는 일이다. 사람이 근본정신, 중심 사고만 바르게 가지면 나머지는 다 지엽적이고 사소한 문제들이다. 몸이란 생각에 따라 움직이는 하드웨어에 불과한 바 생각 즉, 지향목표만 바르게 정하면 이를 이루기 위한 생활자세는 저절로 바르게 갖춰지기 마련이다.

단지, 여기에 한 가지만 첨언하자면 인간의 행복 실현에는 전제조건이라 할 수 있는 필수과제, 절대요소가 있다는 점이다.

그것은 바로 사람이 먹고사는 문제, 다시 말해 경제적 풍요를 추구, 실현하는 일이다. 인간은 기본적으로 자신의 의식주를 원활히 해결하지 못할 경우 결코 행복을 실현할 수 없기 때문이다. 즉, 헐벗고 굶주리며 빈곤하게 살아서는 '몸과 마음이 지극히 편안하고 즐겁고 만족한 상태'를 이루고 유지할 수 없다는 뜻이다. '밥이 곧 하늘'이란 말이 괜히 있는 게 아니며, '먹어야 산다'는 말 또한 틀림이 없는 진리다.

따라서 먹고사는 문제를 우선시, 중요시하는 것, 나아가 경제적 풍요와 번영을 실현하는 것, 이것이야말로 모든 인간이 지녀야 할 바람직한 삶의 가치관이며 자세인 것이다. 만일 이를 등한시, 도외시하는 사람이 있다면 그는 한마디로 밥 먹고 살 자격이 없는 사람이라 해도 과언이 아니다. 비단 사람뿐 아니라 그 어떤 종교의 교리든 학문의 이론이든 국가의 정책이든 마찬가지다. 인간의 먹고사는 문제를 우선시, 중요시하지 않고, 먹고사는 문제 해결에 도움이 되지 못하는 모든 종교, 학문, 정책이란 결국 헛되고 그릇된 것이라는 뜻이다. '먹고사는 문제'란 곧 '죽고 사는 문제'이기도 하기에 이야말로 만고불변, 만인공통의 절대 진리라 해도 틀림이 없다.

물론 평생 열심히 노력해도 먹고사는 문제를 원활히 해결 못하고 경제적 풍요를 이루지 못할 수는 있다. 하지만 그런 의지조차 갖지 않고, 그런 노력마저 기울이지 않는다면 어찌 잘 먹고 잘 살기를 바라겠는가?

위와 같은 순서에 따라 그 이치를 하나씩 따져보면 인간이 현실에서 어떤 의식을 지니고 어떻게 사는 것이 바람직한 것인지 해답을 얻을 수 있게 된다. 이른바 '도(道)를 깨친다'는 것은 전혀 있지도 않은 어떤 신비한 초능력 따위를 얻는 게 아니라 바로 이와 같은 삶의 평범한 순리를 깨닫는 것이다.

진리란 원래 쉬운 말 속에 들어 있다. 특히 사람이 살아가는 이치를 논함에 있어 복잡하고 어렵고 신비한 말들은 모두 엉터리라 보면 맞다. 그중에서도 쉬운 말을 어렵게 설명하는 이들은 삶의 이치를 제대로 모르는 사람이라 단언해도 틀림없다. 그들의 헛소리로 인해 필자 역시 '사람이 왜 열심히, 왜 성실히 살아야하는지?' 그 간단한 이치를 스스로 알고 깨닫는 데 꼬박 40년이 걸린 것이다.

직장생활을 함에 있어서도 마찬가지다.

필자 또한 근래 우리 직장인들이 처해 있는 힘들고 어려운 현실상황을 누구보다 잘 알고 있다. 불안한 고용환경, 불만족스러운 근로여건, 불합리한 경영시스템, 불공정한 조직문화, 불확실한 미래 등으로 인한 고충과 애환이 많을 것이다.

그러나, 그렇다고, 정녕 어찌할 것인가? 이 역시 달리 방도가 없지 않은가? 회사에 취업을 하지 않고, 다니던 직장을 그만두고 마땅히 생계를 이어갈 대책이 있는가? 만일 있다면 그 길로 나서면 된다. 하지만 대다수 직장인들의 경우 당장은 특별한 방도가 없을 것이다. 그렇다면 결국 자의든 타의든 직장을 계속 다니면서 생계를 도모할 수밖에 없다. 그리고 기왕 직장에서 일정기간이라도 근무를 하려면 근무하는 동안만큼은 열심히 노력하고 업무에 최선을 다하는 것이 본인을 위해서나 직장조직을 위해서나 도의적, 현실적으로 바람직하다는 얘기다. 특히 직장에서 열심히, 성실히 노력하지 않을 경우 자기발전이 더딘 것은 물론 회사와 주변인들에게도 폐를 끼칠 수 있다.

필자가 이 책에서 시종일관 주장하는 내용 역시 바로 이것이다. 이유가 어떠하든 기왕 직장생활을 할 바엔 열심히 공부하고 노력하고 최선을 다하자는 것, 이것이 모든 논리주장의 핵심이고 요체이고 전부라 할 수 있다.

궁극적으로 또는 생물학적 현상이치로 따져보면 인간의 삶 자체가 특별한 의미도 가치도 없는 것이긴 하지만, 그래도 사는 동안 열심히 살아갈 수밖에 없듯이, 직장생활 역시 여러 가지 불편하고 힘들고 불만족스러운 점이 많으나 그 외에 달리 방도가 없는 한 근무하는 동안이라도 열심히 노력해 자기발전을 이루자는 것이다.

사실 이후에 기술하는 각론들은 위 내용을 강조, 설명하기 위한 일종의 방편설에 지나지 않는다. 그럼에도 굳이 여러 얘기를 덧붙인 연유는 사람의 지적능력이란 한계가 있어 지극히 간단한 이치일지라도 선험자들이 일일이 일러주지 않으면 절실히 인식하지 못하는 경우가 많다. 특히 나이 40 이전, 어리고 젊었을 때는 더 그러하다. 흔히 말하듯 사람은 반드시 어느 정도 삶의 연륜과 경험이 쌓여야만 비로소 깨닫게 되는 세상 이치와 지혜 같은 것이 있기 때문이다. 인간의 육신이 최소 스무 살쯤은 되어야 온전히 성장하듯 그 정신 또한 최소 마흔 살쯤 되어야 완숙기에 접어든다. 그 이전에는 모두 철부지들일 뿐이다. 솔직히 20, 30대 시절 무엇을 제대로 알고, 무엇을 깊이 깨달을 수 있는가? 그 시절 나름 죽어라 공부하고 연구했던 필자 역시 마찬가지였다. 지금 돌이켜보면 마흔 살 이전의 내 지적 역량, 사고의 수준이란 형편없었다. 따라서 젊었을 때는 가능한 경륜이 깊은 선험자의 조언을 많이 듣고 적극 실천하려 노력하는 것이 본인들 삶에 도움이 된다. 스스로 깨달아 실행하려면 이미 한참 늦기 때문이다.

필자의 말이 뻔하고 식상한 얘기라고 결코 허투루 듣지 마라. 세상에서 성공한 사람들은 모두 수백, 수천 년 계속되어온 이 뻔하고 식상한 말을 가슴 깊이 새기고 적극 실천해온 사람들이다.

이것이 뒤의 49가지 잡다한 이야기들을 덧붙이게 된 소이(所以)다.

1-2 머리를 쓰지 않는 사원

머리는 쓰면
쓸수록 좋아진다

우리가 흔히 농담처럼 하는 말 중 '머리 나쁘면 또는 머리를 쓰지 않으면 손발이 고생한다'는 말이 있다. 이는 농담 아닌 진담이다. 더 솔직히 말하면 본인 손발은 물론 후손들까지 고생한다.

사람이 어디서 무슨 일을 하던 머리를 써 일하지 않으면 헛수고를 하기 십상이고, 효율과 성과 또한 크게 떨어질 수밖에 없다. 결국 사람이 지닌 두뇌력이 모든 능력의 우선이고 핵심이란 얘기다.

그저 남이 시키는 대로 따라 하기만 하면 되는 일일지라도 나름대로 머리를 써야 될 부분은 역시 있게 마련이다. 생산현장에서 단순 조립작업을 해도, 건설현장에서 막일, 잡일을 하는 경우에도, 심지어 가정에서 일상생활을 함에 있어서도 마찬가지다. 어느 한 곳 예외 없이 머리를 쓰고 지혜를 발휘해야 할 경우는 수없이 많고, 이러한 노력을 소홀히 할 때는 매사 차질이 발생될 수밖에 없다. 한

마디로 세상 모든 일이 사람의 머리 쓰기에 따라 그 성패가 좌우된다 해도 과언 아니다. 특히 근래와 같은 지식정보기반시대 직장조직에서는 더욱 그러하다.

하지만 우리 주변에는 머리 쓰기를 귀찮아하거나 싫어하는 사람들이 의외로 많다. 매사에 신경 안 쓰고, 골치 안 썩고 그저 편하게만 생활하려드는 사람들이 있는 것이다.

무슨 일이든 골똘히 생각하고 머리를 써 그 계책을 연구해 보면 보다 나은 발전방안과 개선전략과 해결방법을 얻을 수 있음에도 머리 쓰고 골치 썩히는 일이라면 질색을 한다. 또한 사람들의 이런 안이하고 나태한 생활습성들로 인해 개인도 기업도 사회도 발전과 성과를 이루지 못하는 예가 허다하다.

특히 회사업무를 처리하는 데에 있어서는 더욱 그렇다.

이미 끝마쳐 놓은 일일지라도 다시 한번 들추어 검토해 보고, 고쳐 생각해 보면 더 좋은 아이디어로 더 높은 효율과 성과를 얻을 수 있으련만 워낙 머리 쓰고 생각하는 것을 귀찮아하다 보니 그저 적당한 선에서 끝내버리고 마는 예가 적지 않다. 또한 언제까지고 늘 해오던 방식 그대로 모든 업무를 답습, 반복하려고 들뿐 어느 한사람 나름대로 머리를 써서 좀 더 새롭고 효율적인 방안을 떠올리려들지 않는다.

요즘 4차 산업혁명시대, 인공지능시대라 하여 특별히 다를 것 없다. 각종 IT시스템, AI프로그램을 어디에, 어떻게 유효 적절히 활용, 효율과 성과를 높일 것인가? 하는 문제도 결국 사람의 머릿속에 그 질문과 활용 방안이 들어있기 때문이다.

또한 각 직장조직에서도 생산라인이나 업무프로세스, 제품의 사양과 기능 등에 대해 현장 실무자들이 조금만 머리를 써 개선을 시도하면 상당한 원가절감, 수익제고, 고객편의를 실현할 수 있으련만 대다수 직원들은 별 신경을 쓰지 않는다.

이런 안이한 정신자세를 가진 사원들은 어느 직장에서든 상사에게 인정받고 남다른 성과를 거두기는 틀렸다 해도 과언이 아니다.

우리 사회에서 성공한 이들 중에는 원래부터 머리가 좋은 사람들도 더러 있지만, 대부분은 성공하기 위해 밤잠 안자고 남 모르게 머리를 많이 쓴 사람들이다.

혹자는 '운이 좋아서……'라고 간단히 말할 수 있을지 모르겠으나 (그렇게 말하는 사람들은 대개 머리가 둔하거나 머리 쓰기를 게을리 하는 사람들이다), 자력(自力)으로 큰 성과를 거둔 이들 치고 열심히 머리를 쓰지 않은 사람은 없다. 이는 동서고금 수많은 역사서, 위인전기에 기록된 온갖 예화들에서도 증명된다. 심지어 길거리 행상을 해도 머리를 써 장사하는 사람과 그렇지 않은 사람과는 성과 면에서 큰 차이가 있을 수 있다.

이렇듯 세상 모든 일은 결국 인간의 두뇌능력에 따라 그 성패가 좌우된다고 할 수 있다. 예외란 없다. 머리를 많이 쓰는 사람은 모든 일에 있어 그만큼 발전도 빠르고 효율과 성과도 크다.

또한 사람의 두뇌능력이란 선천적으로 어느 정도는 타고나야 하겠지만, 후천적 노력에 의해 개발되는 점도 무시할 수 없다.

이를테면 예전엔 좀 어리숙했던 시골 사람들이 도회지에 나와 오래 동안 생활전선에서 열심히 활동하고 나면 몰라보게 똑똑해지는 경우도 있고, 월급쟁이로 생활할 땐 별로 특출한 면이 안 보이던 사람이 자기 사업을 몇 년 하고 난 뒤면 대개는 딴사람처럼 머리가 훤히 깨이고 트이게 되는 것을 보게 되는 것도 같은 이치다. 남들이 그저 편하고 안락한 생활을 즐길 때 세상풍파를 맨몸으로 겪으며 매 순간순간마다 온갖 지혜를 동원, 자기 스스로의 힘으로 모든 어려움을 극복하고 해결해오다 보니 자연 머리가 발달하고 지혜가 늘 수밖에 없는 것이다.

이처럼 머리는 쓰면 쓸수록 좋아진다. 신체의 다른 부위도 사용하면 할수록 근육이 발달하고 힘과 기능이 좋아지듯 인간의 두뇌 역시 마찬가지다. 이는 뇌과학적으로 증명된 사실이기도 하다. 세계적 천재 아인슈타인도 어릴 때는 저능이었다. 필자 역시 20대 이전까지는 매사에 어리석기 그지없었다. 따라서 사람은 언제 어느 곳에서든 항상 열심히 머리를 쓰고 깊이 사유하며 생활하는 습관을 길러야 한다.

특히 오늘날과 같은 치열한 경쟁사회 속에서 성공하기로 마음먹은 직장인들이라면 더욱 그러하다.

하지만 우리가 직장의 동료들을 유심히 관찰해 보면 그 중엔 선천적으로 머리가 좀 아둔한 사람들도 있긴 하지만, 아예 머리를 쓰려들지 않는 사람들이 너무 많다.

간단한 예를 들어 직장 상사가 부하 직원에게 업무에 필요한 무엇을 외부에서 좀 구해 오라고 지시했다 치자. 그러면 지시 받은 부하직원은 어디에 가서, 어떤 방법으로 그것을 구해 올 것인가? 나름 머리를 써서 임무를 수행해야 한다. 그러나 상사가 직접 나서 어느 곳에 가야 그것을 입수할 수 있고, 그곳 위치는 어디이며, 교통편은 무엇을 이용해야 하고, 또 무엇무엇을 준비해 가야 하고 하는 것까지 일일이 다 알아 봐줘야 하고 설명해줘야 할 정도라면 그 사원은 이미 '사원'이 아니라 '사환'의 수준에 지나지 않는다. 왜냐 하면 그 뒤의 일 처리란 누구라도 할 수 있는 간단한 심부름에 불 과한 것이기 때문이다.

또 다른 예로 상사가 어떤 계약업무에 필요한 약정서 기안을 지시 했을 경우에도 담당직원은 사안의 개요를 파악한 후 약정서에 들 어가야 할 문안과 자구(字句), 형식 등은 스스로 생각하고 머리를 써서 추후 차질이 발생되지 않도록 작성해야 한다. 하지만 이 역시 상사가 일일이 문안과 자구와 서식을 구상하여 최종 정리작업만을 시켜야 할 정도라면 이는 업무가 아닌 단순 '잡무'에 지나지 않는 것이다.

대학에서 제대로 교육을 받고 회사에 입사한 정식 사원이라면 최소 한 이런 정도의 일은 스스로 처리할 수 있는 두뇌능력을 갖춰야만 한다. 상사가 옆에서 일일이 지시하고 설명해주지 않더라도 자기 스스로 기획하고 추진하여 성공적 마무리를 지을 수 있어야 한다.

그러나 우리 직장엔 대학을 나오고 입사경력이 몇 년씩 되었어도 이런 단순한 심부름과 잡무마저도 제대로 처리하지 못하는 사원들 이 적지 않다. 무슨 일이든 스스로 업무를 기획하고 추진하기는 고 사하고, 위에서 일일이 설명해주고 시키는 일조차 제대로 완수해 내지 못하는 것이다.

회사에서 거래처 등에 출장이라도 보내놓을라치면 기껏 온종일 시 간만 낭비하고 돌아와 한다는 소리가 '무엇무엇 때문에 안 된다던 데요.'라거나 '어찌 어찌해서 못 해왔는데요.'하기 일쑤이다. 무엇

때문에 안 되면 될 수 있는 방안을 현장에서 나름대로 머리를 써
연구해봐야 하는데, 대부분의 사원들은 그저 단순히 상사의 심부
름꾼 역할로만 그치려할 뿐 그런 노력을 하려고 들지 않는다. 그러
다 보니 상사의 지시내용과 현지 상황이 조금만 엇갈려도 업무를
제대로 수행하지 못하고 헛걸음치는 예가 비일비재하다.

또한 회사의 업무서식이나 대외 공문서 같은 것을 한 장 작성해보
라고 해도 사정은 역시 마찬가지이다. 내용을 쓰는 것은 고사하고
기본형식조차 몰라 쩔쩔매는 예가 다반사이다.

뿐만 아니라 상사가 어떤 새로운 프로젝트에 대해 검토 지시라도
내릴라치면 시도도 해보기 전에 꼭 부정적 의견부터 먼저 내어놓
는다. 되는 쪽으로 검토를 해도 될까 말까한 경우가 많은데 기껏
머리를 쓴다는 것이 안 되는 쪽으로만 쓰려드니 일이 잘 풀리지 않
는 것은 당연하다.

'설마 요즘 그런 사원들이 있을까?' 의아해 하며 웃어넘길 수도 있
겠지만 실제 주위에 보면 그런 부하직원, 동료직원은 한둘이 아니
다. 지극히 간단한 업무조차 하나에서 열까지 일일이 상사가 설명
을 해줘야 하고, 지시를 해줘야 하고, 옆에서 거들어줘야만 한다.
자기 스스로 창의력을 발휘, 업무를 기획하고 추진하고 성과를 올
릴 수 있는 사원들이 너무 드물다. 조금만 더 생각하고, 조금만 더
관심과 지혜를 집중하면 누구나 스스로 알 수 있고, 할 수 있는 일
임에도 한마디로 워낙 머리 쓰기를 귀찮아하다 보니 사소한 것까
지 일일이 남들에게 설명을 들어야만 하는 것이다.

세월이 흐른다하여 세상 모든 것이 진보, 발전하는 것 아니다. 오

히려 정체, 퇴보하는 것들도 적지 않다. 사람의 지성과 의식과 인성 같은 것 역시 그러하다. 특히 인문지식 등의 면에서 요즘 젊은 직장인들 경우 이른바 쌍팔년대 직장인들보다도 훨씬 뒤쳐진다. 이런 사원들은 자신뿐 아니라 주변사람들까지 힘들게 하고, 나아가 직장조직 발전에도 상당한 장해를 끼칠 수 있기 때문에 정말 많은 노력이 필요한 사람들이다.

현대 사회에서 성공할 수 있는 직장인이라면 머릿속의 전구(電球)에 1분에도 수십 번씩 불빛이 반짝거려야 한다. 상사의 표정과 눈빛만 봐도 상사의 의중을 대충 짐작할 수 있어야 하고, 한 줄의 신문기사를 읽으면서도 기발한 아이디어를 떠올릴 수 있어야 한다. 항상 신경의 안테나를 곧추세우고 탐구적 자세로 생활하는 습관을 길러야 한다.

소위 '고문관'들은 군대에만 있는 것이 아니라 요즘 기업조직 내에도 수없이 많다. 상사의 말귀조차 제대로 못 알아듣고 '우로 가!'라는데 좌로 가거나 툭하면 동문서답을 일삼는 답답한 사원들이 우리 주위에 얼마나 많은지 모른다. 상사의 지시를 이행하는 것은 고사하고 지시의 의도조차 파악하지 못하는 것이다. 또한 어쩌다 기껏 머리를 써서 일 처리를 한다는 것이 엉뚱하게 오버센스를 하여 전혀 딴 방향으로 가거나 오히려 일을 그르쳐 놓는 예도 없지 않다. 기왕 말 나온 김에 이와 관련하여 우리 직장인들에게 욕을 먹더라도 몇 가지 참고적으로 더 지적하고 충고해주고 싶은 것들이 있다. 요즘 대다수 젊은 사원들은 직장에서 툭하면 상사들이 부하 직원들에게 무슨 재량권, 자율권 등을 부여해주지 않는다고 불평하는 예가 많은데, 그러나 필자가 볼 때 막상 이들에게 그러한 권한을 부여해준다 한들 아마 제대로 되는 일보다 안 되는 일이 몇 배 더 많을 것이라고 본다.

위에서 간섭 않고 일을 맡기는 것도 어느 정도 가능성, 믿음성이 보여야 시키고 맡기는 것이지, 전혀 기본이 안 갖춰져 있고 성사 전망이 안 보이는데 어떻게 그냥 맡겨 둘 수 있겠으며, 그로 인한 차후의 업무상 손실과 차질은 또 어찌한단 말인가?

이는 단순히 필자가 요즘 젊은 사원들을 무시하여 하는 말이 아니다. 또한 기성세대의 어떤 고정관념이나 독선, 노파심 등에서 비롯된 말이 아니라 필자 자신이 그동안 직장 경험을 통해 절실히 느끼고 수없이 겪어온 솔직한 사례와 심경을 토로하는 것이다.

이런 말을 하면 또 어떤 이들은 '그렇다고 이들에게 전혀 자기 능력배양과 업무지식 습득을 위한 수련과 경험의 기회를 부여해 주지 않으면 어떻게 조직 내에 인재가 양성될 수 있을 것인가?'라고 반문할 수도 있을 것이다. 그러나 분명히 말하지만 기업조직이란 그처럼 온갖 업무적 차질과 시간손실을 감수하면서, 끊임없는 시행착오를 되풀이 해가면서 모든 구성원들에게 기본의 기본적 사항까지 일일이 다 새로 가르치고 연습시켜 인재를 길러낼 만큼 여유로운 집단이 아니란 사실이다. 물론 기업의 생산성과 업무효율 증대, 신기술 습득 등을 위해 반드시 기업 자체적으로 실시해야 할 전문 교육훈련과정이 필요하긴 하지만, 사원들이 갖춰야 할 일반적이고 기초적인 능력이나 교양 함양에 관한 것만큼은 사원들 스스로 알아서 공부하고 도모해야 옳은 것이다. 또한 기업이 인적자원개발과 사원 직무역량 강화, 지식 배양이나 인성 수련 등을 위해 모든 구성원들을 모아 놓고 하나에서 열까지 일일이 가르치고 계도하여 어떤 성과를 구하려는 것보다는 조직에서의 자기 발전과 성공을 위해 사원들 각자 스스로 공부하고 노력하는 것이 그 효율과 성과 면에서 훨씬 크고 빠르며, 순서와 이치 면에서도 합당한 일이라고 본다.

기업에서의 참다운 인재란 상사나 선배 또는 회사 측의 도움과 배려에 의해 길러지는 것이 아니다. 우리가 직장에서 특별히 인정받고 성공하는 사람들을 보면 대다수는 자기 스스로 남들보다 몇 배 더 열심히 공부하고 노력하여 그러한 성과를 거둔 사람들임을 알아야 한다.

그럼에도 불구하고 요즘 젊은 직장인들은 이것을 거꾸로 얘기하거나 반대로 인식하고 있다. 툭하면 회사나 상사가 사원들에게 무슨 참여의식, 행동동기 등을 부여해줘야 하고, 일일이 교육훈련 등을 통해 능력배양을 시켜주는 것이 당연한 것인 양 얘기한다.

그리고 이러한 의식풍조가 거의 일반화, 통념화되다 보니 심지어 요즘은 구성원들의 자기개발, 교양함양 등을 위해 사원 개개인들의 읽을거리, 볼거리 같은 것까지 회사에서 일일이 구입, 제공해주는 사례까지 흔히 볼 수 있다. 자기개발이란 말 그대로 자기 스스로 자기 능력을 개발하는 일임을 알아야 한다.

필자는 이러한 현상 자체를 가지고 탓할 생각은 없다. 속된 말로 여유 있게 잘 돌아가는 회사라면 사원들에게 그 보다 더한 무엇을 선사하고 안겨준들 누가 뭐라 하겠는가? 다만, 한 가지 지적하고 우려하는 점은 바로 이러한 현상들을 대부분의 사람들은 마치 모든 기업이 당연히 또는 우선시해야 할 의무이자 책임인 것처럼 얘기하고 받아들이려 한다는 점이다. 그러다 보니 직장에서 구성원 각자의 개별적 노력들이 자연 소홀해지는 현상이 발생하게 되는 것이다. 이는 정말 그릇된 인식과 자세라고 생각한다.

요즘 기업에서 사원들에게 수시로 교육을 실시하고, 책을 구입해 읽게 하고, 각종 교양강좌 프로그램을 운영하는 것은 어느 기업 할 것 없이 대부분의 사원들이 너무 공부를 안 하고, 자기개발 노력을 소홀히 하다 보니 회사에서라도 그렇듯 안 가르치고 안 익혀주면 도무지 말이 안 통할 정도가 되니까 하 답답해서 공부와 훈련을 시키는 것이지, 이것이 무슨 기업의 당연한 의무사항이고 우선해야 할 일이어서가 아님을 알아야 한다.

일례로 요즘 기업에서 사원들을 대상으로 실시하고 있는 어학이나 IT 분야에 관한 교육만 해도 그렇다. 이는 사실 정보통신시대, 글로벌시대에 살고 있는 현대인들이라면 누구나 기본적, 필수적으로 익히고 갖춰야 할 지극히 일반 상식과 기능으로서 굳이 기업이 사원들에게 의무적으로 일일이 가르치고 익혀줘야 할 필요는 없다고 본다. 사원들 각자 직장에서 제대로 대우를 받고 근무를 하려면 또는 앞으로 사회생활에서 낙오되지 않으려면 자기 스스로 시간을 내어 공부하고 익혀야 할 기본 기술이자 상식인 것이다. 이런 것들까지 어떻게 또는 왜 회사에서 막대한 시간과 비용을 투자, 사원들에게 일일이 익혀주고 가르쳐줘야 하는지에 대해서도 우리 모두는 다시 한번 생각해볼 필요가 있다.

따라서 요즘 젊은 사원들은 직장에서 툭하면 무슨 권리나 제도 등에 대해 거론하고 탓하기 이전에 또는 누가 무엇을 먼저 배려해주고 해결해주기를 바라기 이전에, 직장인으로서 기본적이고 필수적인 자기개발 노력을 우선해야 하며, 제발 '회사가 또는 상사가 무엇을 안 해 주고 안 도와줘서 뭘 못한다' 는 식의 무책임한 소리는 하지 않았으면 한다. 평생 평범한 월급쟁이생활에 만족하고 안주할 요량이라면 모를까, 최소한 자기 나름의 꿈과 목표를 지닌 사람이라면 이런 의식과 자세로는 자기 삶의 새로운 전환점, 도약점을 마련하기 힘들다.

아무튼 필자가 볼 때 우리나라 2030세대 직장인들은 아직 부족하고 미숙한 점이 너무 많기에 평소 좀 더 열심히 공부해야 하고, 좀 더 많은 가르침을 받아야 하고, 좀 더 폭넓은 경험과 능력을 기르고 쌓아야 한다. 모두들 제 앞가림 하나 제대로 못하면서 툭하면 무슨 거창한 이론이나 권리주장을 제기하며 목청 높일 계제가 아니라는 얘기다.

특히 나이 마흔 이전인 젊은 직장인들은 사회의 제반 문제에 대해 무엇이 옳다 그르다 섣불리 주장하지 마라. 나중에 철 들고 나면, 그리하여 세상 이치를 제대로 알고 나면 더없이 부끄러워진다. 필자 역시 20, 30대 때는 세상 물정을, 삶의 이치를 제대로 몰랐었다. 인류의 4대 성현이라 불리는 공자 또한 나이 마흔에 이르러서야 겨우 불혹의 이치를 깨달았다지 않은가. 사람이 평소 열심히 공부하고 깊이 사유하지 않으면 늙어 죽을 때까지도 한낱 철부지일 뿐이다.

요즘 우리나라 대다수 젊은 직장인들의 교양과 지식, 사고능력 수준은 정말 형편없다고 본다. 비단 지적능력에 관한 것뿐만 아니라 근무태도 면에 있어서도 한마디로 전혀 기본이 안 갖춰져 있는 경우가 많다. 인사예절, 복장예절, 언어예절, 질서의식, 정리정돈 자세 등 어느 것 하나 잔소리 안 들을 것이 드물다. 좀 심한 말 같지만 이들은 정말 초등학교에서 사회생활의 기본예절과 자세부터 새로 배우고 익혀와야 할 필요가 있다고 해도 과언 아니다.

사람은 자신의 능력과 지식이 부족하면 최소한 근면 성실하기라도 해야 하고, 예의범절과 정신자세나마 반듯해야 어느 직장에서든 버티어낼 수 있다는 사실을 명심해야 한다.

요즘 흔히 직장에서 소통문화, 열린경영, 참여경영, 수평적 조직시스템 등등 좋은 말들 많이 하지만 이 또한 마찬가지다.

더러 답답할 때 부하직원들을 불러 어떤 문제에 대해 상의라도 해볼라 치면 도움을 얻는 것은 고사하고 문제 자체를 설명해주는 데만도 한참씩 시간이 걸려야 한다. 그러니 논의가 제대로 될 리 없다. 어른들이 어린아이들을 붙잡고 진지한 대화를 나누지 않는 것은 상대가 말귀를 못 알아듣기 때문이다. 무슨 말을 하려면 일일이 설명을 덧붙여야 하니 시간과 에너지가 배로 소모되고 나중엔 피곤해진다. 따라서 상대의 말귀를 못 알아듣는 사람은 누구에게든 대화나 의논의 대상이 될 수 없다.

다소 비약적 사례이긴 하나 우리가 가정에서의 예를 들어볼 때도 마찬가지다. 집안에서 아내들은 흔히 남편의 말수가 적어 답답하다느니, 어떻다느니 투정을 부리지만, 정말 답답한 쪽은 남편들인 경우가 더 많다. 더러 바깥생활을 하면서 쌓이는 스트레스, 걱정거리 같은 것을 아내에게 털어놓고 대화와 의견을 나누고 싶어도 원체 말이 통하지 않으니 아예 입을 닫아버리게 된다. 무슨 얘기든 한마디 운을 뗄라치면 도움을 얻긴 고사하고 처음부터 끝까지 일일이 설명을 덧붙여줘야 겨우 이해를 할 정도니 아예 성가시고 귀찮아서 말을 꺼내지 않는 편이 낫다. 그러다 보니 남편들이 집안에 들어가서 할 말이라고는 '밥 가져 와!', '이불 펴!', '자자!' 하는 소리 외엔 더 할 말이 없게 되는 것이다.

아내들 역시 여가시간 짬짬이 시사 교양도서 같은 것이라도 자주 좀 들여다본다든가 하면 그렇듯 답답한 지경에까지는 이르지 않으련만, 어찌된 영문인지 요즘 대다수 주부들 역시 일단 결혼만 하고 나면 도대체 자기개발 노력이라고는 하려 들지 않는다. 사람의 사회상식이 부족하고, 지적 수준이 너무 낮으면 누구하고든 단순한 일상적 대화 외엔 더 할 말이 없게 된다.

따라서 가정에서든 직장에서든 남편 또는 상사가 자신과 대화나 의논을 나누지 않는다고 불평하고 투정만 부릴 것이 아니라 자신이 과연 상대와 진지한 대화와 의논을 나눌 수 있는 지식과 사고능력 등을 갖추고 있는지를 먼저 생각해봐야 하고, 평소 자기 역량을 기르려는 노력을 게을리하지 말아야 한다. 그러지 않고는 언제까지고 일방적 명령과 복종만이 되풀이되는 부부관계 내지는 조직에서의 상하관계가 지속될 수밖에 없다.

우리가 흔히 직장 조직에서 상사들의 업무추진 스타일에 대해 독선적이고 비민주적이라며 불만을 토로하지만, 사회의 모든 조직이 자율적, 민주적으로 운영되려면 조직 구성원들의 지식과 능력, 의식의 수준도 어느 정도 균형을 갖춰야 가능한 것이다. 무조건 다수의 구성원들과 대화나 의견을 나눈다고 해서 또는 이들로 하여금 제반 의사결정 과정에 참여케 한다고 해서 그것이 꼭 바람직한 조직운영 방식은 아니다. 다시 말해 독선적이라고 해서 다 나쁜 것이 아니고 민주적이라고 해서 다 좋은 것만도 아니라는 얘기다.

혹자는 '무슨 독재자 같은 말이냐?'할지 모르겠지만, 매사에 무엇 한 가지 제대로 알지도 못하고 그저 중구난방 제멋대로 지껄여대는 사람들의 의견과 얘기를 듣고 받아들여 본들 도움이 되기는 고사하고 오히려 시간지연과 효율저하, 시행착오만 초래할 수 있기 때문이다.

또 이와 관련하여 요즘 정부 기관을 비롯해 사회 각 조직에서 다양한 여론 제기로 발생되는 예산·인력·시간의 낭비와 온갖 폐해 등에 대해서도 우리는 다시 한번 생각해봐야 한다. 날로 전문화, 고도화되어 가는 현대사회구조 속에서 모든 일을 그저 사람들의 머릿수만으로 즉, 흔히 말하는 다수결의 원칙과 논리만으로 결정하고 추진하는 것이 과연 진정한 사회발전을 도모하고, 올바른 민주주의를 이루는 방법일까 하는 점에 대해 우리는 정말 좀 더 깊이 통찰해 볼 필요가 있다고 생각한다.

어쨌든 이 사회에서 머리를 쓰지 않고 할 수 있는 일은 이제 아무것도 없다. 심지어 단순한 노동일을 해도 머리를 써서 일하는 사람이 힘을 덜 들이고도 일은 더 잘하고 많이 한다.

설령 품행이 성실하고 예절이 바르고 인성이 선량하다 해도 이젠 그것만으로는 부족하다. 어느 직장에서든 자신이 맡은 업무를 제대로 수행할 수 있는 지적 능력을 지녀야 비로소 직장인으로서 기본 자격을 갖춘 것이다. 특히 요즘 젊은 직장인들의 자유분방한 사고, 뚜렷한 개성, 개인주의적 성향 등등 다 좋지만, 결국 머리가 안 따라 주면 모든 것이 허사임을 알아야 한다.

한 인간의 머릿속에 잠재된 두뇌능력은 계발여하에 따라 핵폭탄급 위력을 발휘할 수도 있다. 인공위성을 쏘아 올리고, 제트기와 미사일과 온갖 첨단기기를 만들고, 나라의 법률과 제도 등을 수립, 운영하는 일도 따지고 보면 모두 인간의 두뇌능력에서 비롯된 것이다. 또한 빌게이츠와 같이 머리 좋은 한 사람의 천재는 수만 명 국민들을 먹여 살릴 수도 있다.

인류에게 잠재된 두뇌능력만큼 무한한 자원의 보고(寶庫)는 없으며, 개인이든 기업이든 국가이든 두뇌능력 개발의 중요성을 인식하지 못하면 영원히 후진성을 면할 수 없다는 것을 알아야 한다.

그렇다고 일반 직장인들에게 무슨 대단하고 특별한 기술이나 제품, 업무시스템을 연구개발하라는 것 아니다. 단지, 일상 업무를 추진함에 있어 조금이라도 머리를 써서 보다 쉽고 편리하고 효율적인 방법을 찾아보란 얘기다.

회사 사장이라고 하여 또는 각 분야 전문가들이라고 하여 태어날 때부터 특별하고 남다른 두뇌용량과 기능을 지니고 태어난 것 아니다. 모두 자기 일에 주인의식과 열정을 가지고 남들보다 열심히 머리를 쓰고 생각을 거듭한 결과 그 분야 최고가 되고 전문가가 된 것이다.

또한 혹자는 주변의 머리 좋은 사람들을 일컬어 '잔머리만 발달하였다'느니 어쩌느니 폄하하기도 하지만, 진짜 머리 좋은 사람들은 자신에게든 직장조직에든 손해될 일은 하지 않는다. 스스로 머리를 써 계산을 해보면 그것이 결과적으로 자신과 조직에 득이 될지, 실이 될지 판단이 가능한 때문이다. 그리고 잔머리가 잘 돌아가지 않는 사람들은 큰 머리 역시 잘 돌아가지 않는다는 사실도 알아야 한다.

머리 둔하고 무식한 것도 현대인들에게 있어 큰 인격결함일 수 있다. 국가와 사회 그리고 기업조직에 끼치는 폐해 또한 크다. 남들은 인공위성을 만들어 타고 우주탐험에 나서는데, 똑같은 머리를 가지고 태어나 회사 내의 지극히 간단한 업무마저 제대로 처리하지 못해 쩔쩔매고 앉아 있는 자신의 모습을 거울 속에 한 번 비춰보라.

더 말하면 잔소리 같아 그만 하겠지만, 아무튼 현대사회에서 머리를 쓰지 않고 일하는 사람은 기계나 마찬가지다. 어느 조직에서 어떤 업무를 담당하든 경쟁력을 갖추기 힘들다. 사람이 두뇌능력을 지니고 태어난 이상 항상 머릿속으로 생각하면서 일하고 생활하는 습관을 길러야 한다는 점을 명심하라.

1-3 지식이 부족한 사원

지식도 상식도 없는 사원들이 있다

우리 주변에는 '공부'란 마치 학교에서나 하는 것으로 착각하는 사람들이 많다. 그러나 학교에서의 공부란 '진짜 공부'를 하기 위한 준비과정, 예비과정에 불과하다. 세상을 살아가는데 있어 정말 필요하고 중요한 공부는 학교를 졸업하고 사회에 진출하면서부터 시작된다. 특히 직장업무와 관련된 전문지식을 쌓는 공부가 그러하다.

예컨대 무역회사에 근무하는 신입사원이 대학에서 무역학을 전공했다 하더라도 학교 때 배운 지식과 이론만으로 직무를 감당하기란 어림없다. 실무현장에서의 제반 요령과 지식, 경험 등을 계속 익히고 쌓아야만 비로소 원활한 업무수행이 가능하다.

다른 모든 직종에서의 경우 역시 마찬가지다. 실무 관련 분야는 말할 것도 없고 급변하는 대내외 정치·경제·사회·문화 상황 등에 대해서도 다양한 지식정보들을 끊임없이 습득해야 직장생활, 사회생활을 하는데 있어 남에게 뒤지지 않고, 업무처리에 있어서도 차질이 발생하지 않는다.

하지만 요즘 대다수 직장인들은 일단 학교만 졸업하고 나면 더 이상 공부할 생각들을 하지 않는다. 공부란 마치 학교에서 학생들이나 하는 것쯤으로 생각하는 것 같다. 굳이 어떤 고차원적 이론이나 전문지식까지는 아니더라도 직장생활에 필요한 기본 상식정도는 익히 알고 있어야 하는데, 이 조차 크게 부족한 경우가 많다.

사정이 이렇다 보니 요즘 직장인들은 사회 전반에 대한 기본 상식과 정보력이 크게 뒤떨어질 뿐 아니라 업무 숙지도와 적응속도 또한 매우 더디다. 학교에서 배운 얇은 지식마저 사회에 진출하고 나면 모두 잊어버리고 마는 예가 허다하다.

필자의 회사에도 대학에서 회계학이나 경영학을 전공한 젊은 직원들이 여럿 있지만, 이들과 막상 대화를 나누거나 업무를 맡겨보면 전혀 기본이 안 갖춰져 있는 경우가 많다. 특히 기업실무와 관계된 부분에 있어서는 그러하다. 이른바 지식기반업종에 종사하는 직원들의 지적 수준이 이 정도니 일반 제조업체 사원들 경우야 불문가지다.

이는 필자의 눈높이가 너무 높거나 직원들에 대한 기대치, 요구치가 너무 과해서도 아니다. 필자의 20대 후반 직장생활시절과 단순 비교해 볼 때도 그렇다는 얘기다. 따라서 우리나라 대학들은 취업 예정자들을 대상으로 최소한 직장업무의 기초상식 정도는 반드시 가르친 후 졸업시킬 필요가 있다.

매일 인터넷 서핑만 열심히 하고, 스마트폰에만 매달려 있다고 지식정보량이 느는 것 아니다. 직장생활에 꼭 필요하고 유용한 지식정보를 찾아 익히는 것이 중요하다.

교육제도가 잘못 됐건, 당사자들이 학교에서의 공부를 게을리 했건, 실정이 이러함에도 불구하고 요즘 대다수 직장인들은 일단 회사에 취업만 하고 나면 회사업무를 좀 더 깊이 알고 익히기 위해 자발적으로 책 한 권 구입해 읽는 사람들이 드물다. 책은 고사하고 신문조차 제대로 챙겨 읽지 않는 이들도 부지기수다. 더러 답답한 마음에 외부 교육을 보내 보아도 온종일 책상에 엎드려 졸기만 하다 왔는지 무엇 한 가지 나아지고 달라지는 점이 없다.

간혹 여가를 활용해 학원도 다니고 책도 구입해 읽으며 공부를 하는 직원들이 눈에 띄긴 해도 이 또한 대부분 자기 취미생활, 개인생활에 필요한 것일 뿐 회사업무와는 무관한 경우가 많다.

사람이란 자신의 지식이 부족하면 답답증과 궁금함에 못 견뎌서라도 뭘 좀 공부하고 알려고 할 텐데, 이건 도무지 이해가 안 될 정도다. 아는 것을 대단한 것으로도, 모르는 것을 부끄러운 것으로도 여기지 않는다. 직장업무와 조직시스템, 회사가 돌아가는 전반적 상황에 대해서조차 아예 관심도 애정도 호기심도 없다.

인공지능의 시대, 사람이 지닌 상식, 지식이란 이젠 거의 무용지물이라고 하지만 그래도 아는 사람이 모르는 사람보다 어떤 일을 하던 훨씬 낫고, 매사 성공 확률 또한 높다. 그래서 사람은 어릴 때부터 교육을 받는 것이며, 평소 공부와 사유, 경험 등을 통해 폭넓은 지식을 쌓으려 노력하는 것이다.

요즘 직장인들이 이처럼 회사 업무와 관련하여 별도로 시간을 내어 공부하려 들지 않는 가장 큰 이유는 바로 자기 성취의지 부족과 프로의식 결여 때문이라고 할 수 있다.

직장에서 자신이 맡은 업무만 적당히 처리하며 이럭저럭 몇 년 근무하다 어디 좀 더 조건이 나은 곳이 있으면 옮겨가 버리면 그만이라는 생각, 매사에 골치 안 썩히고 신경 안 쓰고 그저 하루하루 편하게만 생활하려는 안일한 생각들이나 하고 있으니 무슨 공부할 마음이 들겠는가?

사람이 성공하려면 성공한 사람만큼 노력을 해야 한다.

셀러리맨들의 성공모델로 널리 알려진 여러 유명인사들도 단지, 운이 좋아 성공한 것 아니다. 그들 역시 남들보다 몇 배 더 많은 공부와 노력을 한 결과인 것이다.

흔히 말하듯 노력은 결코 배신하지 않는다. 그리고 많은 것을 보상해준다. 젊었을 때 열심히 공부한 사람은 당장 가시적 성과를 얻지 못하더라도 그 지적역량은 자기 내면에 소중한 자산(資産)으로 축적된다. 또 이러한 지적 역량과 자산은 평생 사용해도 결코 줄어들지 않으며 쓰면 쓸수록 증대된다.

사람이 어떤 일에서든 에너지와 열정을 집중하게 되면 반드시 노력한 만큼 성과를 얻을 수 있는 법이다. 또 어느 한 분야에서 남다른 역량을 기르고 지니게 되면 반드시 그에 걸맞은 역할이 주어지기 마련이다. '하늘은 스스로 노력하는 자를 돕는다'는 말도 이런 이치와 맞닿아 있다. 이는 단순히 옛 사람들의 훈화가 아니라 이른바 열역학에 기초한 화학물리법칙이며 우주만물의 자연섭리이기도 하다.

그렇다고 하루 몇 시간씩 머리 싸매고 공부에만 매달리라는 얘기가 아니다. 단지, 남들보다 하루 딱 30분 정도만 틈틈이 공부를 해도 그것이 1년, 2년 꾸준히 쌓이면 스스로 놀랄 만큼 업무역량, 실무지식이 강화된다. 이 또한 회사를 위해 공부하라는 것이 아니다. 바로 자기 자신의 성공을 위해 공부하라는 얘기다. 그러면 자신은 물론 자신이 속한 회사 역시 저절로 발전하게 되는 것이다.

필자 역시 20대 중반까지는 학교 공부도 제대로 안 했고, 별 쓸모없는 문학, 철학 따위에 빠져 지내다 직업전선에 뛰어든 30대에 이르러서야 거의 독학으로 경제경영 공부에 매진, 나름의 성과를 거둔 바 있다. 하지만 요즘 젊은 직장인들 중에는 아예 성공하려는 의지 자체를 안 가지고 생활하는 사람들이 많다. 특히 MZ세대들의 경우 이른바 '워라밸(work life balance)'을 직장생활의 최우선 조건으로 여긴다. 이 또한 말이 '일과 삶의 균형'이지 실은 직장 일보다 개인생활이 우선이다.

회사업무가 바쁠 때는 야근도 좀 하고, 상사에게 인정받기 위해 적극 노력도 하고, 구성원들 간 협동의식도 기르고, 퇴근 후에는 업무 관련 공부도 하는 이들을 찾아보기 어렵다. 대개는 무사안일주의, 개인주의, 이기주의적 의식행태를 지니고 있다. 물론 이런 사고방식, 이런 행동양식이 무조건 나쁘다는 것이 아니다. 사람은 누구나 각자의 인생관, 가치관, 생활신념이 다르고, 자기 마음대로 살 수 있는 권리와 자유도 있다. 사회 법도와 윤리에 어긋나지 않는 한 본인이 어떻게 살든 그것은 자유영역에 속한다. 또한 그렇게 자유롭게 사는 이들은 세상 어디에도 있다. 미국의 히피족, 유럽의 집시족 다 그런 부류다. 우리나라 역시 1990년대엔 소위 X세대가 있었고, 이후엔 Y세대, 요즘엔 또 MZ세대가 있다. 이들은 기성세대와 인생관, 가치관이 크게 달라서 힘들게 일하는 것도 싫고, 직장에서 특별히 인정받는 것도 원하지 않고, 승진도 보상도 성공하는 것에도 관심 없고, 회사를 오래 다닐 생각도 없다. 그저 적당히 일하고 적당히 편안하게 여유를 즐기면서 적당히 살자는 주의다. 이런 생각, 이런 성향을 지닌 이들에게야 더 이상 무슨 말을 하겠는가? 그러나 필자의 얘긴즉, 최소한 직장조직에서 인정받고, 이를 기반으로 보다 발전된 삶을 영위하며 나아가 미래 더 큰 성과를 거둘 생각을 가진 사람이라면 이 같은 의식행태를 지녀서는 곤란하다는 얘기다.

'사람이 참된 이성을 상실하게 되면 오직 편한 것만을 행복으로 알고 추구하게 된다.'는 파스칼의 명언도 이쯤에서 우리 모두는 한번쯤 재음미해볼 필요가 있다.

정해진 시간에 출근하여 정해진 시간에 퇴근하고 정해진 만큼 급여를 받고 정해진 조건대로만 근무하길 원하는 사원들은 회사에 대해서도 당초 정해진 것 이상의 기대나 요구를 해서는 안 되는 것이다.

요즘 젊은이들 사이에 회자되는 '열심히 산다고 잘 사는 것은 아니다' 또는 '회사에 헌신하다보면 헌신짝 된다' 이런 말들 역시 일면 재치 있고 그럴듯하게 들리는 말이기는 하다. 하지만 그럴듯한 말과 정말 그런 것과는 진짜와 가짜의 차이만큼 의미 간극이 크다. 따라서 젊은 시절 이런 말장난, 글장난에 혹할 경우 평생 잘못된 인생관, 가치관을 지니고 살게 되기 십상이다.

물론 사람이 열심히 공부하고 열성적으로 산다하여 모두 성공하는 것은 아니다. 어떤 일에서든 큰 성과를 거두려면 대내외 환경도 따라줘야 하고 시운(時運)도 맞아떨어져야 한다. 그러나 열심히 노력조차 하지 않고 대충대충, 놀멘놀멘 살아서 과연 어떤 성과를 거둘 수 있을 것인가? 성과를 얻는 것은 고사하고 아예 성과를 기대할 수조차 없게 된다. 설령 실패할지라도 평소 게으르고 불성실하게 산 사람보다는 그래도 열심히, 성실히 산 사람들의 성공확률이 훨씬 높고, 그 과정에서 부가적으로 얻게 되는 성과 또한 클 것임은 당연하다.

특히 요즘 MZ세대들의 그릇된 직장 근무행태를 보고 있노라면 심히 걱정스럽다. 업무시간에 이어폰 꽂고 앉아 주변 동료나 상사가 무슨 말을 하는지조차 안 듣고 틈나면 게임, 주식사이트, 채팅창이나 들락거리고, 사무실 정리는커녕 자기 앞은 자리마저 정돈 안하고 툭하면 지각에 결근에 등등.

여러 구성원과 함께 어울려 일하는 회사생활을 하려면 다른 직원들과의 협동의식, 화합과 소통, 조직생활의 매너, 원만한 교류활동과 인간관계 역시 조직원으로서 갖춰야 할 중요한 업무역량이며 필수 요건 중 하나라는 점도 인식할 필요가 있다.

요즘 더러 산업교육이랍시고 하고 다니는 말쟁이, 글쟁이들 중에는 MZ세대의 이런 의식행태를 단지, 나이든 상사들과의 의식문화 차이일 뿐이라며 긍정적으로 평가하기도 한다.

그러나 이는 단순히 기성세대와의 의식 차이. 문화 차이, 관습 차이가 아니라 비교 불가한 사고 수준의 차이, 기본을 알고 모르고의 차이, 사회적 역량과 지능지수 차이라 해도 과언 아니다. 사람의 지혜와 앎의 수준이 비슷하면 그 생각 또한 크게 다를 수 없기 때문이다. 다시 말해 이는 피자를 좋아하느냐? 설렁탕을 좋아하느냐?, 팝송을 좋아하느냐? 트로트를 좋아하느냐?의 문제처럼 단순 기호성향에 관한 것이 아니라 어떤 의식, 어떤 자세, 어떤 방식으로 일하는 것이 조직의 효율과 성과, 자기 발전의 속도를 높일 수 있느냐를 따지는 기본 수학의 문제라 할 수 있다. 따라서 여기에는 정답이 없는 것이 아니라 다수가 인정, 공감하는 최대 공약수, 보편타당한 산식을 찾을 수 있는 것이다.

그렇다고 이들 MZ세대가 특별한 업무능력이나 기술을 지닌 것도 아니다. 예나 지금이나 신세대들이 경제산업 분야에서 출중한 역량을 발휘, 괄목할 성과를 이루었거나 또는 기업이 이들의 성향과 기호에 부응하여 업무효율, 생산성 제고를 실현한 사례가 있었나? 2000년대 초반 IT개발에 다소 기여한 성과 외엔 거의 없다. 단지, 이들의 장점이라고는 나이가 젊다는 것, 그래서 건강하고 활동적이라는 것 뿐 그 외엔 어떤 특별한 역량도 기술도 발전적 사고행태도 지니지 못했다.

혹자는 지금의 기성세대들 역시 젊었을 때는 마찬가지였지 않느냐?고 반문할 수도 있을 것이다. 천만의 말씀이다. 현재 60대 이상 기성세대들의 경우 그야말로 산업화시대 역군으로서 젊은 시절부터 열성적, 헌신적 노력을 경주했고, 그렇게 쌓고 이룬 경제적 기반으로 오늘날 대한민국이 이만큼이라도 발전한 것은 누구도 부인

할 수 없는 사실이다.

따라서 좀 심한 말 같지만 요즘 젊은 직장인들의 경우 필자가 볼 때 아직 세상물정 모르고 어른들 말 또한 지독히도 안 듣는 천방지축 철부지들일 뿐이다. 오죽하면 MZ세대란 '망아지 세대의 이니셜이다'란 말까지 나오겠는가. 따라서 사람이 어릴 때는 학교 선생님이나 주위 어른들 말씀을 잘 듣고 따라야 하듯 철부지 직장인시절 역시 선배, 상사들의 조언을 귀담아 들어야 하는 것이다.

물론 필자의 이런 지적과 문제제기에 대해 요즘 젊은 직장인들은 이른바 세태변화를 감지 못한 기성세대의 '꼰대적 사고와 언행'이라고 일축할 수도 있을 것이다. 근래 신세대 직장인들의 경우 나이든 경영자나 상사들 생각과 말을 대개 '시대에 뒤떨어진 고루하고 진부한 것'이라 폄하하는 예가 많기 때문이다.

과연 그러한가? 그렇다면 지금으로부터 수천 년 전 공자나 맹자, 노자, 석가, 예수, 소크라테스 등의 생각과 말, 논리주장도 모두 세태변화를 잘 모르는 '꼰대'들 잔소리에 불과하다고 폄하할 수 있을 것인가? 또한 과거에 씌어진 수많은 고전, 경전들을 비롯하여 위인, 성현들의 말씀 역시 단지, 옛날 노인네들의 흔하고 뻔한 이야기로만 치부할 수 있을 것인가?

물론 기성세대들의 생각과 주장이 일면 진부하고 고루하게 느껴지는 것은 사실이다. 하지만 필자가 늘 강조하듯 사람이란 반드시 어느 정도 삶의 연륜과 경험이 쌓여야만 비로소 깨달을 수 있는 이치가 있는 법이다. 또한 오랜 세월이 지나도 결코 변하지 않는 '만고불변의 진리' 같은 것도 있다. 예컨대 사람의 근본 성정이 그러하고 그 성정에서 비롯된 사회적 전통과 문화가 그러하다. 인류의 생활환경과 방식은 불과 몇십 년만 지나면 바뀔 수 있지만, 사람이 최소한 오욕칠정, 희로애락의 감정을 지니고 의식주를 필수 생존 기반으로 삶을 영위하는 한 인간 본연의 사고와 자세, 사회문화적 기반만큼은 특별히 변하지 않는 것이다. 동서고금을 막론하고 인간사회에서 '신의·성실·예절·겸양·검약·화목·협동' 등과 같은 전래적 가치덕목 역시 수천 년 세월이 지난 현재에도 여전히 유효하고 중요시 되고 있다. 이는 모든 인간이 사회라는 조직 속에 함께 어울려 살아가는 한 필수적으로 갖추고 행해야 할 주요 덕목이고, 기본 가치이고, 가장 효율적 생존방식과 전략이기도 한 때문이다. 따라서 기성세대들의 의식과 문화를 모두 꼰대 취급하는 행태야말로 인류 천년의 역사와 전통을 부정하는 철부지들의 전형적 특성이라 할 수 있다.

직장조직에서 역시 마찬가지다. 회사에 대한 애사심, 주인의식, 업무에 대한 열성과 노력의지, 경영자와 상사에 대한 존중심, 고객에 대한 배려심, 상하 또는 동료 간의 예의와 도리, 구성원 간의 협력 및 화합정신 등은 회사 발전은 물론 자기성장을 위해서도 모든 직장인들이 필수적으로 갖추고 행해야 할 기본 의식이자 실천과제이다. 따라서 필자의 지적과 충고는 바로 이에 대한 직장인들의 기본적 의식행태의 중요성, 적극적 실천의지 등을 말하는 것이기에 특별히 유효기간이 따로 있을 수 없다. 물론 MZ세대들도 앞으로 5년, 10년 직장생활을 계속 하면서 점차 경험과 지식을 쌓고, 나이와 철이 들게 되면 달라지고 나아지기는 하겠지만 현재로서는 그렇다는 얘기다. 특히 근래 MZ세대들의 그릇된 의식행태는 비단 각자의 개인적 삶의 영역에만 국한되는 문제가 아니라 직장조직은 물론 우리 사회 전체의 발전과 효율, 성과를 증진하는 데에도 상당한 장해를 미치게 된다는 점을 감안할 때 우려할만한 일이 아닐 수 없다.

기성세대들 역시 이들의 그릇된 점은 분명히 지적하고 바로잡아주려는 노력을 해야 하는데, 그럴만한 역량도 의지도 없다 보니 다들 세태 탓이나 하며 거의 체념한 상태이거나 오히려 이들의 성향을 무비판적으로 수용, 추종하려는 풍조 또한 없지 않다.

1990년대에도 우리 산업계에는 신세대 열풍이 거세게 일었고, 대다수 기업에선 이들의 의식행태를 적극 수용, 존중했다. 그래서 과연 나아지고 달라진 점이 무엇인가? 1990년대보다 2020년대인 지금 국가경제가 더 발전하고 국민소득이 더 높아지고 사회가 더 안정되고 개인 삶의 질이나 행복지수가 더 향상되었는가? 오히려 30년 전보다 경제성장률은 저하되었고 실업률은 늘어났고 헬조선이라는 말이 보편화될 정도로 청년들과 서민 삶의 질은 크게 악화되었다. 달라지고 나아진 것이라곤 오직 하나, 정보통신기술 발전뿐이다. 그러나 이 역시 인력과 비용절감, 과도하고 불필요한 생활편의 제고에만 초점을 맞추다 보니 근래엔 국민들 일자리가 대거 줄어들고 보이스피싱, 딥페이크 등 온갖 신종범죄만 증가하는 부작용을 낳고 있다. 생활이 편리해진 것과 삶이 편안한 것은 다른 것이다. 결국 신세대 의식문화를 적극 수용하고 따라본들 무엇 한 가지 나아지기는 고사하고 오히려 국가 사회적 성과와 국민 삶의 질은 크게 퇴보, 저하되었다고 할 수 있다.

그렇다면 대안은 무엇인가?

요즘 다수의 젊은 세대들이 이러한 의식행태를 지녔고 또 아무리 말해 본들 전혀 달라지거나 고쳐지지 않는다면 이제 우리는 어떻게 할 것인가? 결국 이들의 의식행태를 존중하고, 이들의 성향에 맞춰 제반 조직문화와 업무시스템을 재구축, 운영할 수밖에 없는 것인가? 정녕 어느 쪽의 성향과 질서, 문화에 적응하고 따를 것인가?

그러나 이는 옳고 그름, 합리와 불합리를 따질 성질의 문제가 아니라 오직 효율과 성과, 효용가치의 선후 순서를 따져 판단, 실행할 문제다. 즉, '목마른 놈이 샘 팔 수 밖에 없다'는 얘기다. 회사 측과 MZ세대 중 보다 절실히 필요한 쪽이 상대의 요구와 규범, 성향에 따르고 상대의 조직질서에 적응할 수 밖에 없다. 다시 말해 회사 측이 앞서 말한 여러 문제점에도 불구하고 MZ세대를 고용, 사업을 계속 영위해야 한다면 젊은이들의 변화된 트렌드에 맞춰갈 수밖에 없고, MZ세대들 역시 여러 가지 불만이 있음에도 자신이 계속 회사에 다니며 생계를 유지해야 한다면 현재 직장조직 질서와 규범, 문화에 적응하고 따를 수밖에 없다는 의미다. 따라서 이는 case-by-case로 어느 쪽이든 더 절실히 필요하고 아쉬운 쪽에서 먼저 상대의 요구를 들어주고 상대의 성향에 맞춰줄 외에는 달리 방도가 없는 것이다.

요즘 젊은 직장인들 사이에서 마치 정설처럼 회자되는 '회사에서 받는 만큼만 일한다'는 말 또한 이와 같은 기준논리를 대입, 적용할 수밖에 없다. 즉, 사원들이 받는 만큼만 일한다면 회사 역시 사원들에게 일한 만큼만 주면 된다는 얘기다. 그러나 이래서는 끝내 서로 평행선을 달릴 수밖에 없고, 양측 모두 결국 일한 만큼, 딱 그만큼씩만 주고받을 수밖에 없게 된다. 회사가 발전하고 구성원 복지가 증진되려면 어느 쪽이든 받는 것보다 더 일을 많이 하거나, 일한 것 이상 더 많이 주거나 해야만 가능해진다. 이 경우 결국 어느 쪽이 먼저 손실과 희생을 감내할 것인가? 하는 순서상의 문제에 봉착하게 된다. 그러나 이 역시 닭이 먼저냐? 달걀이 먼저냐? 하는 순서와는 성격이 다르다. 시대여건, 현실상황에 따라 어느 쪽에서든 더 질실히 원하고 필요한 쪽이 결국 먼저 손실과 희생을 감수해야 한다는 얘기다.

그리고 이러한 기준 논리 역시 젊은 세대는 물론 사회 전 구성원들이 기본 지식과 상식을 지녀야만 이해하고 수용할 수 있는 문제이기도 하다.

혹자는 요즘 MZ세대들이 정보통신기기를 다룸에 능하고 인터넷 서핑이나 SNS활동도 열심히 하는 세대라 다들 똑똑하다고 얘기한다. 그러나 '똑똑하다'는 의미와 개념이 과연 어느 범위, 어느 수준을 뜻하는지 모르겠지만 필자가 볼 땐 요즘 젊은 직장인들의 경우 인문학적 지식 측면에서는 오히려 30년 전 정보통신매체가 거의 발달하지 않았던 시절 젊은이들보다도 훨씬 뒤떨어져 있다. 대표적 예로 대학을 졸업하고도 한글조차 제대로 읽고 쓰지 못하는 직장인들이 7할 이상이다. 필자의 말이 사실인지 아닌지 지금 당장 직원들을 불러놓고 간단한 회사 소개서나 제품설명서 한 장이라도 작성해보라면 바로 확인 가능할 것이다. 하나를 보면 열을 안다고 태어날 때부터 날마다 배우고 사용해온 한글조차 제대로 읽고 쓰지 못하는데 과연 무슨 지식, 상식이 있고, 직장 업무인들 어찌 잘

할 수 있겠는가?

컴퓨터와 스마트폰만 잘 다룬다고, 인터넷 서핑만 잘한다고 회사 업무에 도움 되는 것 아니다. 이를 적절히 응용, 활용할만한 배경 지식과 기본 지혜를 갖춰야 하는데, 그런 것이 너무 부족하다 보니 실제 업무에는 별 도움 안 되는 것이다.

누두든 젊은 시절 열심히 배우고 익힌 지식과 지혜는 평생 사용해도 줄지 않는 값진 자산이 된다. 따라서 젊은 직장인들은 평소 사회 전반의 다양하고 새로운 지식정보를 부단히 습득하고 깊이 사유하면서 생활하는 자세를 길러야 한다.

아무튼 필자가 그동안 우리 산업현장에서 체험해온 오래고 다양한 경험과 사례에 비추어볼 때 우리나라 대다수 회사원들(일반 국민들도 마찬가지이긴 하지만)의 지식, 상식 수준은 이루 말할 수 없이 낮다. 한마디로 대화가 안 통할 정도이다. 사람들은 무엇이든 다 아는 체 하지만 실은 그 무엇도 제대로 알지 못한다. 특히 인문학 분야는 더 그렇다. 조금만 깊이 따져들면 다들 맹탕이고 허당이다. 이는 필자가 평생 공부해온 경험을 토대로 가감 없는 진실을 말함이다. 물론 필자 역시 예외일 수 없다. 사람이 지닌 보편적 지능의 한계를 크게 벗어나지 못했다. 하지만 필자는 나 자신을 포함한 세상 모든 사람들이 그 무엇도 제대로 아는 것이 없다는 사실만큼은 분명히 알고 있다.

공부하라. 남들보다 매일 몇십 분씩만 더 공부하면 누구 못지않은 전문가가 될 수 있고, 주변인들의 멘토와 스승이 될 수 있다.

특히 오늘날과 같은 정보화 시대, 지식산업의 시대에는 직장인들 역시 사회 각 분야에 대해 끊임없이 공부하지 않는 사람은 직장조직에서뿐만 아니라 사회적으로도 낙오될 수밖에 없다. 변화하는 시대의 흐름에 맞추어 새로운 지식과 정보와 기술들을 부단히 습득하고 개발해야만 조직경쟁에서 살아남을 수 있다. 따라서 모든 직장인들은 이제부터라도 열심히 정보를 얻고 지식을 쌓고 깊이 사고하는 생활습관과 자세를 지녀야한다. 그 또한 인문학 분야의 공부보다는 가능한 경제경영, 과학기술 분야의 실용적 지식을 익혀야 한다.

필자 역시 60년 세월을 사는 동안 하루 평균 두세 시간 정도는 늘 읽고 쓰고 사유하는 공부를 계속해왔다. 지금도 마찬가지다. 더 이상 공부할 것이 없으면 외국어 공부라도 한다. 이는 비단 살아가는데 필요해서일 뿐만 아니라 스스로 궁금하고 알고 싶어서인 때문이기도 하다.

요즘은 대부분의 사람들이 워낙 공부를 안 하다 보니 무엇에 관한 것이든 남들보다 조금만 더 공부를 해도 그 분야 전문가로 대우받을 수 있다.

필자가 늘 하는 말이지만 바보란 따로 있는 것이 아니다. 남들이 다 아는 것을 자신만 모르고 있을 때 그가 바로 바보인 것이다.

막말로 '알아야 면장을 한다.'고 지식도 상식도 없는 무식한 사원들이 회사에서 가장 불필요한 사원임을 명심하라.

근면과 성실만으로는 더 이상 버틸 수 없다

예전엔 직장인들의 가장 중요한 덕목이 '근면과 성실'이었다. 가사 사람이 좀 덜 똑똑하고 업무능력이 그리 출중하지 않더라도 일단은 착실하고 꾸준한 성품을 지닌 사원이면 직장에서 인정을 받았고 또 그런 타입의 사원들을 대다수 경영자들이 선호했다. 하지만 근래엔 달라졌다. 그야말로 글로벌 무한경쟁시대, '최선이 아닌 최고'를 지향하는 능력제일주의시대가 도래한 것이다.

이제는 사람이 아무리 착실하고 품성이 반듯해도 능력이 부족할 경우 직장에서도 이른바 애물단지 취급을 받는 시대가 되었다. 물론 유능하기도 하고 인성도 반듯하면 금상첨화겠지만 그런 사원들이 워낙 드문 현실을 감안할 때 그렇다는 얘기다.

더구나 현대산업사회는 모든 분야가 전문화, 분업화, 고도화됨으로써 어느 한 분야의 전문지식과 기술을 갖추지 않고서는 회사 취업도 힘들 뿐더러 취업 후에도 직장에서 역량을 인정받기 어렵다. 특히 이익추구가 궁극의 목적, 최선의 목표인 기업조직에서는 본인 능력만 뛰어나고 그 능력이 회사발전에 크게 도움이 될 경우 그야말로 사장의 수염만 뽑으려들지 않는 이상 어느 회사에서든 평생 대우받으며 근무할 수 있다.

이러한 실정을 감안할 때 오늘날 직장조직에서 가장 중요한 것은 업무능력이고, 그 업무능력 중 핵심은 바로 사원들 각자가 지닌 창의력이라 해도 틀리지 않는다.

사람의 지적 능력은 기억력, 이해력, 판단력, 통찰력, 직관력 등 여러 가지로 세분할 수 있겠으나, 그 중 으뜸은 단연 창의력이라 할 수 있다. 기억력과 이해력, 판단력 등은 자신이 보고 듣고 경험한 정보데이터를 머릿속에 저장, 분석하는 능력인데 비해 창의력은 그러한 데이터를 기반으로 보다 새롭고 유용한 재화 및 서비스를 창출, 활용하는 남다른 감각과 지혜라 할 수 있다.

따라서 창의력이 부족한 사원은 결국 직장에서도 누구나 다 할 수 있는 단순 업무 외에는 할 일이 없게 되는 것이다.

직장조직에서 자신의 입지를 확고히 굳히고 그에 상응한 인정과 예우를 받으려면 반드시 대체 불가한 역량을 지닌 사람이 되어야 한다. 자신이 아닌 다른 누구를 투입해도 처리 가능한 업무라면 그것은 이미 전문성, 독창성이 요구되는 업무가 아닌 것이다. 더욱이 요즘은 회사에서도 과거와 같은 단순반복형 업무는 거의 사라지고, 어떠한 분야든 새로운 창의성이 요구되는 업무가 대부분이다. 기획, 전략 관련 업무는 말할 것도 없거니와 심지어 생산부서의 업무까지도 마찬가지다.

그렇다고 일반 직원들에게 요구하는 창의력이 무슨 거창하고 대단한 기술이나 제품을 새롭게 만들어내라는 것이 아니다. 평소 업무를 추진하면서 사소한 부분이라도 새롭게 아이디어를 도출함으로써 업무효율을 높이고 원가를 절감하고 성과를 제고할 수 있는 부분들이 유의 깊게 찾아보면 그만큼 많다는 의미다. 이를테면 생산현장에서 그동안 왼쪽에 설치, 가동했던 기계장비를 발상 전환을 통해 오른쪽으로 이동 설치함으로써 작업효율과 성과를 높이는 간단한 일도 따지고 보면 창의력의 소산이라 할 수 있다.

또한 흔히 기업경영을 '종합 예술'이라고 표현하듯 회사가 새로운 제품을 개발하고, 품질과 기술을 고도화하고, 홍보마케팅전략을 수립하고, 나아가 사업이익을 극대화하는 일련의 효율적 활동과 과정 역시 큰 틀에서 보면 모두 창의적 활동인 것이다. 따라서 기업 활동 전반에 걸쳐 창의력이란 어느 부문에서든 매 순간 끊임없이 요구되는 구성원들의 필수 역량이자 절대 요소라고 할 수 있다.

그러나 요즘 직장인들을 보면 대체적으로 창의력이 뒤떨어진다. 회사의 제반 업무를 단지, 기존 관행과 방식에 따라 답습하려들뿐 새롭고 획기적인 방법에 대한 모색을 게을리 한다. 이는 비단 직장인들뿐 아니라 일반 국민이나 정부 역시 마찬가지다. 무슨 일이든 '다른 나라, 다른 기업에서 그렇게 하니 우리도 그렇게 하자'는 식이다. 뭔가 자기 나름의 효율적 방식, 새로운 솔루션, 독창적 시스템을 개발, 시도하려는 발상을 거의 안 하는 것이다.

이처럼 매사 남의 사례를 모델삼아 따라하려고만 드는 자세로는 영원히 남들을 앞설 수 없다. 또한 그런 사고, 그런 자세를 지닌 이들은 거의가 창의력이 부족하다고 봐야 한다. 자기 나름의 독창적 아이디어가 없으니 그저 이곳저곳 남의 나라, 남의 기업들 사례나 수집하러 다니고, 이를 최선으로 여겨 그대로 모방하려고 하는 것이다. 가사 '다른 나라, 다른 기업에서는 그렇게 하더라고 우리는 좀 더 다르게 하겠다.'는 나름의 개성과 소신과 아이디어와 방법론을 피력하고 제시하는 사람들이 너무 드물다.

이는 결국 자질과 능력의 문제이기도 하겠지만 의식과 자세의 문제이기도 하다. 매너리즘, 귀차니즘에 빠져 그저 안일하고 수동적 의식행태로 생활하다 보니 뭔가 새롭고 남다르고 효율적인 것을 연구 개발하려는 노력들을 게을리 하거나 아예 안 하는 것이다. 주변에 사소한 것일지라도 눈여겨보면 새로이 개선할 점이 무수히 많건만 그런 점을 발견, 해결하려는 의지와 노력이 부족함으로써 늘 과거의 방식에 연연해하고 옛것을 그대로 답습하고 있는 것이다.

특히 기성세대가 고정관념에 물들지 않은 신세대 젊은 사원들에게 기대하는 것은 바로 이러한 창의력이다. 회사 발전에 도움이 될 만한 보다 유용하고 참신한 아이디어의 제시, 바로 그것이다. 하지만 이 역시 회사에 대한 깊은 애정과 남다른 관심, 기본지식이 있어야만 가능하다. 평소 무관심과 귀차니즘, 매너리즘에 빠져 변변한 아이디어 하나 제시 못하면서 기껏 궁리해낸다는 것이 꼭 자신들에게 유리한 요구 사항들만 잔뜩 제시한다. 그러니 너무 이기적이라는 비판을 듣게 되고 회사에서 능력 인정을 못 받는 것이다.

이와 관련 일상생활을 하면서 흔히 보고 듣고 겪게 되는 몇 가지 사례만 예를 들어보자. 우선 대표적으로 자동차회사와 관련된 경우다. 우리가 더러 길을 걷다보면 갑자기 등 뒤에서 울리는 자동차 경적에 크게 놀랄 때가 있다. 이로 인해 보행자와 운전자 간 서로 심하게 다투는 사례들도 종종 볼 수 있다. 이런 때를 대비하여 자동차 핸들에 비교적 낮은 경적음을 내는 보조 크락숀이라도 하나 부착해놓으면 보행자도 운전자도 주변인도 모두 좋으련만 자동차가 생산된 지 100년이 지났어도 메이커 측에서는 이런 간단한 문제 하나 개선하지 않고 있다. 이는 자동차회사 전 직원들이 고객의 불편 같은 것은 아랑곳하지 않거나 제품을 개선하려는 의지 자체가 없기 때문이라 해도 틀리지 않는다.

자동차 안전벨트 역시 마찬가지다.

지금 대부분의 승용차 안전벨트는 유격기능이 전혀 없다. 따라서 충돌사고 발생 시 탑승자는 안전벨트로 인해 가슴부위에 큰 충격을 받을 가능성이 상존한다. 이런 때에 대비, 안전벨트 제조 시 약 5~10cm 정도라도 일정 유격효과를 얻을 수 있는 스판소재 등을 사용한다면 사고 당시 충격을 훨씬 완화할 수 있으련만 이 또한 100년이 지나도 여태 개선되지 않고 있다.

또한 요즘 자동차 급발진으로 추정되는 사고도 수천 건에 달하고 있지만, 이에 대한 대응태도 역시 크게 다를 바 없다. 많은 이들은 그 대책의 일환으로 가속페달과 브레이크페달 부위에 카메라를 설치하자고 주장하지만, 이는 그야말로 하지하책도 아닌 거의 새머리, 쥐머리식의 일차원적 발상이다. 예컨대 화재예방을 위한 각종 안전장치를 설치할 생각은 않고 화재 원인규명이나 방화범을 잡기 위해 건물 주변에 CCTV를 설치하자는 주장과 전혀 다를 바 없기 때문이다. 이런 경우 역시 급발진 대응용으로 운전석에 자동차 동력을 원천 차단할 수 있는 비상스위치 같은 것이라도 하나 설치한다면 대형 사고를 미연에 방지할 수 있을 것이다.

그러나 이 같은 아이디어를 누구도 제시하지 않는다. 자동차회사들이 일부 품질이나 기능을 개선하는 경우란 대부분 회사 수익으로 연결될 때 뿐 고객의 안전과 편리를 도모하는 부분에 대해서는 거의 등한시하고 있는 것이다.

이뿐 아니다. 과거 필자가 숙취해소용으로 자주 복용했던 A라는 약품이 있었다. 그런데 이 알약 캡슐의 크기가 거의 손가락 한마디만큼 커서 삼킬 때마다 목에 걸리면 한참씩 고생을 하곤 했다. 캡슐 내부에 약재가 가득 차 있는 것도 아니고 실제 담긴 약 재료는 캡슐 절반에도 못 미쳤다. 이는 결국 캡슐사이즈를 절반으로 줄여도 아무 문제가 없음을 의미하는 것이었다. 그렇게 만든다고 원가가 더 드는 것도, 기술적 어려움이 있는 것도 아닐 터였다. 필자는 몇 차례 불편을 겪다 어느 날엔 하도 화가 나서 본사로 전화를 걸었다. 그리고 담당임원을 찾아 강하게 항의했다. 그 후 해당 약품 캡슐의 크기는 현재와 같이 거의 절반으로 줄었다. 이는 고객이 항의하기 전까지는 제약회사 임직원들이 자기 회사에서 생산된 제품을 단 한 번도 먹어보지 않았거나 또는 먹어 보고도 그때까지 어느 한 사람 그런 불편을 감지하지 못했거나 둘 중 하나일 것이었다.

비단 이 회사 제품뿐 아니라 국내 대다수 제약회사 알약 제품들 역시 그러하다. 삼키기 편리하도록 표면을 매끄럽게 코팅처리한다던가, 모양을 좀 더 동그랗게 만든다던가, 약제 성분을 고농축하여 크기를 줄인다던가 하면 훨씬 복용하기 좋으련만 고객들 불편 따위 아랑곳 않는다.

이밖에도 의류제조 회사들이 내의나 양말 등의 고무줄을 너무 조이게 만들어 놓아 신거나 입었을 때 매우 불편하다든가 등등 국내 기업들이 생산하는 각 분야 제품마다 이런 불편, 불만 사례들을 일일이 지적, 거론하자면 아마 백만스물두가지가 넘을 것이다. 따라서 위와 같은 몇 가지 사례에서만 보더라도 우리나라 기업 구성원들은 회사의 제품이나 기술에 대한 창의적 혁신의지, 개선노력이 너무도 부족함을 알 수 있다.

위에 거론한 사례들 역시 고객 입장에서 누군가 단 한번이라도 개선안을 생각해봤다면 이미 50년 전, 100년 전 다 보완되었을 사항들이다. 불편함이란 일면 편안함을 실현할 좋은 계기가 될 수도 있건만 그런 기회를 제대로 활용하지 못한다. 모든 기업들이 고객만족, 고객가치창출, 고객감동경영 등을 슬로건으로 내세우지만 그런 건 다 헛구호에 불과할 뿐 우리나라 기업의 고객지향경영 실상과 구성원들 의식행태는 아직도 한심할 지경이다.

일반 중소기업 직원들 역시 마찬가지다.

하다못해 회사에서 쓰는 서식 한 장, 명함 한 통, 서류봉투 하나라도 왜 좀 더 모양 있고 편리하게 만들어 쓰려는 발상들을 못하는가? 심지어 사무실 집기 같은 것이라도 약간만 위치를 이동, 배치하면 훨씬 업무를 편리하게 처리할 수 있음에도 사장이나 간부들이 지시하기 전에는 누구 한 사람 그런 발상을 떠올리지 않는다.

이러한 사례는 평소 직장인 의식개혁을 역설, 주창해온 필자의 회사 역시 크게 다를 바 없다. '중이 제 머리 못 깎는다'는 말이 실감날 정도다. 특히 출판 관련 업무를 하다보면 도서 편집디자인 담당 직원들을 대할 때마다 속에서 천불이 나는 경우가 많다. 창의성이 너무도 부족한 때문이다. 기업 관련 도서편찬 작업이란 일반 인쇄물과 달라서 편집디자인작업 시 글의 맥락이나 내용도 이해해야하고 책의 품격과 체제도 갖춰야 하고 유의, 고려해야 할 점이 한두 가지가 아니다. 따라서 편집디자이너들이 창의성은 물론 어느 정도 지적 역량과 안목, 감각 등을 갖추지 못할 경우 결과물의 수준이 낮아져 발주처로부터 클레임이 제기되기 마련이다. 즉, 편집디자인 담당직원들이 단순히 디자인 솜씨만 갖춰서는 책의 전체 체제를 짜임새 있게 편집하기 어려운 것이다. 하지만 이런 역량을 두루 갖춘 직원을 구하기란 그야말로 하늘의 별따기다. 어느 한 면이 괜찮다 싶으면 또 다른 분야 능력이 크게 떨어진다. 따라서 천상 필자가 직접 담당 직원들에게 '이 책은 이런 형태로 편집하고, 저 책은 저런 식으로 디자인하라'고 일일이 일러줄 수밖에 없다. 그냥 맡겨두면 마치 어린아이들 그림책마냥 조잡유치하게 만들어 놓기 때문이다. 그런데 문제는 편집디자이너들의 경우 그것도 무슨 대단한 창작활동이라고 자존심과 고집들이 세서 여간해 말을 안 듣는다. 끝까지 자기방식만 고집하려 든다. 사장이라 하여 고집센 사원들 이기는 것이 그리 쉬운 일 아니다. 요즘 직원들 좀만 잔소리 심하게 하면 짐 싸가지고 집에 가버린다. 마지못해 그냥 맡겨둘라치면 결국 발주처로부터 컴플레인이 제기되어 곤란을 겪고 만다. 수주처 책임자가 봐도 마음에 들지 않는 성과물이 발주처 여러 임직원들의 다양하고 까다로운 니즈를 만족시킬 수 없음은 당연한 것이다. 결국 아까운 시간만 낭비하고 재작업을 하게 된다.

이런 경우 필자가 늘 강조하는 것은 '벤치마킹을 하라'는 것이다. 벤치마킹도 제2의 창작이다. 어느 면에서는 가장 중요한 창작행위라고 할 수 있다. 매번 도서를 편집할 때마다 특별히 새로운 구도로 설계하려 애쓰지 말고 기존의 잘된 책 또는 다른 출판물의 디자인형태를 적극 참고, 활용하라는 얘기다. 남의 것을 그대로 따라하는 것은 모방이고 표절이지만, 그것을 참고로 새로운 모티브와 아이디어를 도출, 재창조하는 것은 벤치마킹이다. 크리에이터의 진정한 창작능력이란 바로 벤치마킹을 잘하는 능력이라고도 할 수 있다. '하늘 아래 새로운 것 없다'는 말처럼 결국 디자이너가 독창적 아이디어라며 제작한 작품도 따지고 보면 그동안 각자 의식, 무의식적으로 어디선가 보고 접한 것들에 대한 재조합, 재구성에 다름 아닌 것이다.

따라서 이런 효율적 방법을 도외시한 채 괜히 오랜 시간을 허비해가며 설령 꽤 괜찮은 작품을 내어 놓는다 한들 그에 대해 누가 특별히 보상을 더 해주는 것도 아니고, 본인이나 회사 역시 결국 힘만 더 들고 시간비용만 더 나간다. 또한 기한이 정해져 있는 프로젝트에 그리 오랜 시간과 노력을 투입해서는 사업 자체를 지속하기 어렵다. 정녕 자신만의 독창성을 그렇듯 중시하려면 회사에 근무하지 말고 프리랜서로 자기 집에서 혼자 작업해야 한다. 회사는 제품을 만드는 곳이지 개인의 작품을 만드는 곳이 아닌 것이다.

정황과 이치가 이러함에도 대다수 직원들은 상사의 벤치마킹 지시를 안 들어 먹는다. '언제까지 작업이 가능하냐?'고 물으면 늘 '구상 중'이란다. 필자는 편집디자인 담당직원들이 무엇을 구상만 한다 하면 지레 겁부터 난다. 그 구상품이 언제나 나올지, 제대로 나올지, 시한은 맞출 수 있을지 걱정이 태산이다. 그때마다 '제발 구상 좀 하지 말고 적절히 벤치마킹하라'고 아무리 당부해도 끝내 쇠고집이다. 발주처에 제출할 시한은 촉박한 데 표지 구상에 며칠, 목차 디자인 구상에 며칠, 내용 편집과 디자인에 또 몇 달, 그래가지고 석달 열흘쯤 지난 후 기껏 내어놓은 결과물이란 역시 수준이 하다. 이런 직원들은 현실인식이 부족하고 창의성이 없을 뿐 아니라 회사원으로서 갖춰야 할 기본 의식자세가 미달인 사원들이다.

물론 필자 회사의 경우 일반 기업들과는 조금 다른 케이스이긴 하겠지만, 어쨌든 모든 직장인들은 회사의 현실상황과 업무의 특성 등을 잘 살피고 고려하여 그에 적절한 새로운 사고와 혁신적 시각, 효과적 창의력을 발휘하여야 한다.

기업의 경영자들 역시 회사 내 제안제도 등을 적극 활성화시켜 사원들의 창의력 개발의욕을 고취시키는데 많은 관심을 기울여야 하고 구성원의 다양한 아이디어를 적극 활용해야 한다. 특히 우리나라 사람들은 대개 남의 머릿속에서 나온 아이디어는 우습게 알고 공짜로만 이용하려 들기 때문에 보다 좋은 아이디어가 안 나오고, 누가 열심히 머리를 짜내 아이디어를 개발하려들지 않는 문제점도 있다. 기업에서든 나라에서든 좋은 아이디어 하나가 엄청난 경제적 이익이나 예산절감효과를 가져올 수 있다는 사실을 알아야 한다.

사실 따지고 보면 기업의 모든 경영전략이나 국가의 정책이란 것 역시 일반인들로서는 도저히 생각과 접근을 못할 만큼 그리 어렵고 대단한 것 아니다. 특별한 첨단시설이나 장비를 동원하는 것 아닌 이상 이 역시 결국 사람의 머릿속에서 나온 창의적 아이디어에 불과한 것이다.

거듭 말하지만 이제 우리 사회는 그야말로 능력제일인 시대이고, 능력 중에서도 창의력이 최고능력, 핵심능력으로 인정받는 시대다. 어떠한 조직에서든 자신이 지닌 이러한 능력여하에 따라 자신의 입지가 결정된다. 특히 효율과 성과를 가장 중요시하는 기업집단에서는 더욱 그렇다. 누가 뭐라고 하던 일반 기업의 경우 무능하여 경쟁력이 없는 사원들은 스스로 도태되거나 타의에 의해 밀려날 수밖에 없다. 조직원 한두 사람의 무능력으로 인해 전체 집단에 폐해가 야기되어서는 안 되기 때문이다.

때로 무능한 사원들은 주위의 유능한 동료들까지도 곤혹스럽게 만든다. 아무리 경쟁조직이라고는 하지만 뒤쳐지는 동료를 그대로 둔 채 혼자만 앞서 나가자니 아무래도 좀은 미안하고 눈치가 보인다. 그렇다고 도와주자니 자기 업무에 지장을 받게 된다. 기업의 전체 효율과 성과에 끼치는 폐해 또한 크다. 따라서 이런 무능사원들이 직장에서 밀려나는 것은 지극히 당연한 일일 수밖에 없다. 기업을 굴러가는 자동차에 비유할 때 고장이 나거나 마모가 되어 제 기능을 발휘하지 못하는 부품은 신속히 교체해줘야 다른 장치에 무리가 가지 않는 것과 같은 이치다. 여기서 인격체인 사원을 기계 부속품과 비교한다하여 무리라고 생각하거나 기분상할 일이 아니다. 기업이 갖는 속성이나 기업집단에 속한 구성원들의 역할을 일체의 감정적 견해를 떠나 현실적으로 분석해 볼 때 그렇다는 얘기다. 너무 냉철하고 각박한 논리 같지만 이는 곧 적자생존이라는 인간을 포함한 자연생태계의 기본 현상, 기본 원리이기도 한 것이다. 기업을 운영함에 있어 경영자가 온정주의에 치우치다보면 나중엔 기업집단이 마치 친목집단 비슷하게 되어버리고 만다. 그리고 막상 경영이 어려워졌을 때에는 그동안의 정리(情理) 같은 것 때문에 최고경영자로서 합리적이고 냉정한 판단과 결단을 못 내리고 우물쭈물하다가 결국은 다 함께 침몰해버릴 수도 있다. 강호의 이론가들이 뭐라 하건, 기업의 가장 중요한 목표와 시급한 당면과제는 '최소의 투자로 최대의 이윤을 창출하는 것'이고 또한 기업은 이 목표를 실현하기 위해 법률이 허용하는 범위와 사회윤리에 반하지 않는 범위 내에서는 가능한 모든 수단을 동원할 필요와 의무까지도 안고 있는 것이다.

회사에서 무능사원으로 지목되어 인사조치를 당한 뒤 자신의 무능함은 탓하지 않고 회사의 경영자에 대해 냉혹하다느니, 비정하다느니 탓하는 사원들은 기업이라는 조직의 특성과 생리를 잘 모르는 사원들이다. 어느 조직에서든 능력 없는 사원은 스스로 도태되거나 타의에 의해 정리될 수밖에 없다. 따라서 이러한 여러 상황과 이치로 미뤄 볼 때 이제 현대 기업집단의 구성원으로서 가장 중요한 요건은 바로 자기에게 부여된 임무와 역할을 차질 없이 수행해 나갈 수 있는 업무역량임은 두말할 나위가 없다. 또한 그 업무역량 중 창의력이야말로 가장 중요한 핵심역량임을 잊지 마라.

1-5 판단력이 부족한 사원

하인의식이 아닌
주인의식을 지녀라

현대인들은 하루에도 수십 번씩 크고 작은 선택과 결정을 하며 살아간다. 직장에서는 물론 가정이나 사회생활을 함에 있어서도 모든 생활이 결국 '선택과 결정'의 연속이라 해도 과언 아니다. 그리고 이러한 선택과 결정기준이란 결국 당사자의 판단력을 바탕으로 이루어진다. 판단력이 부족한 사람은 최적의 선택, 최선의 결정을 내리기 어렵고, 잘못된 선택과 결정은 후일 여러 가지 차질과 손실, 실패로 이어지게 마련이다. 따라서 사람의 판단력이란 무엇보다 중요하다. 모든 선택과 결정의 척도이자 기준역량이 되기 때문이다.

그러나 바르고 정확한 판단력을 기르고 지니기란 쉽지 않다. 누구든 합리적 판단력을 지니려면 그만큼 오래고 풍부한 배경지식과 경험을 쌓아야하고 깊은 사유가 밑받침되어야 한다. 판단력 역시 사람의 두뇌능력 중 하나로서 지식과 정보력, 사유능력 등과 연동, 비례하기 때문이다. 물론 경우에 따라서는 '아는 것이 병, 모르는 것이 약'이라는 말처럼 너무 많은 지식과 경험을 지니고 있어도 일면 우물쭈물 신속, 정확한 판단을 못 내릴 수 있다. 특히 오늘날과 같은 지식정보의 범람, 과용시대에는 그러하다. 하지만 대개의 경우 무지, 무식한 사람들보다는 그래도 지식과 지혜와 경험이 풍부하고 깊은 생각을 하는 사람들이 훨씬 더 효과적 판단을 내리기 마련이다. 여기에 남다른 직관력, 통찰력, 선견력이 뒷받침된다면 금상첨화다.

특히 회사업무와 관련하여 경제적 이해득실이 걸려있는 판단을 내릴 때는 신중해야 한다. 순간의 판단착오가 차후 큰 손실로 이어질 수 있기 때문이다. 따라서 이때는 무엇보다 무리한 욕심을 부리지 않고 순리와 상식에 따라 판단하는 것이 중요하다. 어떤 일이든 사심 없이 순리와 상식에 맞게 판단, 결정하였을 경우 이후 대내외 상황변화로 설령 문제가 발생하게 되더라도 당시로서는 합리적이고 정당한 결정, 판단이었던 만큼 나름 명분이 서고, 후회 또한 크지 않을 수 있기 때문이다.

그렇다면 오늘날 우리 젊은 직장인들의 판단력 수준이란 어느 정도인가? 한마디로 평가 불가다. 판단력이 거의 없다 해도 과언 아니다. 이는 필자가 그동안 국내 수많은 기관 및 기업의 직장인들과 함께 머리를 맞대고 일하면서 경험하고 지켜본바 틀림없는 사실이다. 이들은 지극히 사소한 업무조차 스스로 판단, 결정하지 못한다. 거의 판단 장애, 결정 장애 수준이다. 하나에서 열까지 일일이 윗사람들 의견을 구하고 승낙과 결재를 받아야 업무추진이 가능하다. 담당부서장의 신속한 실무적 판단을 요구하는 긴급 사안이 생겼을 경우에도 이를 상사에게 전달, 보고하기에 급급하고, 그러한 보고와 연락 역할이 그들 업무의 대부분을 차지한다. 대리는 과장에게 과장은 부장에게 부장은 이사에게 전달, 전달하는 식이다. 설령 상사의 사전 승낙을 받아야 하는 사안일지라도 보고과정에서 어느 쪽으로 선택, 결정함이 합당한지 자기 나름의 의견이라도 적극 제시하면 좋으련만 그러한 의지와 기본능력조차 갖추지 못한 예가 많다. 결국 최종 판단과 그 판단에 따른 책임은 고스란히 최고경영자의 몫으로 돌아간다.

이러한 직장조직의 다단계식 의사결정시스템은 공연히 전달과정 및 보고절차를 복잡하게 하여 시간과 인력만 낭비하는 결과를 초래한다. 그리고 이러한 현상은 직장조직이 하부 직원들에게 재량권을 주지 않아서라기보다 직원들의 책임의식, 전문성, 자기 소신과 주관 등이 부족해 그런 경우가 많다. 나중에 혹시 뭐라도 잘못되었을 경우 상사에게 질책받기 싫고, 책임지기 싫으니 그저 윗사람에게 그 역할을 모두 떠넘기는 식이다. 또한 무엇을 판단할 능력도 부족하고, 판단하기도 아예 귀찮고 싫어서 그런 경우도 없지 않다.

일반 기업조직이란 상명하복의 엄정한 위계질서, 철저한 위임전결 규정이 적용되는 군대 등과 같은 공기관, 공조직이 아니다. 무엇보다 효율과 성과, 신속성을 중시해야 하는 조직이다. 시간과 인력은 곧 돈이기 때문이다. 공조직이야 시간이 오래 걸리든 말든, 인력낭비가 심하든 말든, 성과가 있든 없든 간에 어차피 국민세금으로 운영되는 방만한 조직이다 보니 특별히 무엇을 걱정할 것도 없고, 안타깝게 생각할 것도 없고, 급하고 아쉽게 여길 것도 없다. 일이 되든 말든 오직 원칙과 규정, 절차만 지키면 그만인 이른바 영혼 없는 고문관들 조직이다. 하지만 일반 기업이 그런 식으로 경영을 했다간 곧 적자이고 파산이다.

따라서 웬만한 사안의 경우 담당자 선에서 업무상 효율과 시간 비용 등을 고려, 회사에 이익이 될 수 있는 방향으로 적절히 판단, 처리해도 별 문제가 없다. 만일 이런 걸 가지고 굳이 절차나 권한 여부 등만 따져 시비 걸고 문제 삼는 중간간부가 있다면 그땐 곧바로 최고경영자에게 일러바치면 된다. 그런 간부들은 조직에서 추방하는 편이 훨씬 낫기 때문이다. 만약 이때에도 최고경영자가 간부 편을 든다면 그런 직장 역시 당장 때려치워야 한다. 그처럼 융통성 없고 꽉 막힌 경영자나 상사 밑에서 계속 근무해본들 10년, 20년이 지나도 아무런 발전과 비전이 없을 것이기 때문이다.

필자는 그동안 국내 수많은 기업, 기관들과 출판 관련 프로젝트를 진행하면서 심지어 회사소개서에 들어갈 간단한 문구 하나까지 일일이 부장, 임원, 최고경영자의 결재를 받아 결정하는 직원들도 숱하게 봐왔다. 모 그룹사의 경우 프로젝트 담당자, 책임부서장, 담당임원, 회장의 부인과 자녀 등에 이르기까지 총 예닐곱 단계 보고 및 결재과정을 거친 적도 있고, 어느 기관장의 발간사 문안을 놓고는 전 임원들과 외부 위원들까지 모여 몇 차례 씩 회의를 연 적도 있다. 그 외에도 온갖 기막히고 한심하고 웃기고 서글픈 사례들을 수도 없이 목도하고 경험하였다.

그야말로 우리나라 대다수 사회집단의 조직운영실태란 마치 봉숭아학당과 다름없다. 내막을 잘 모르는 이들은 국가 공기관이나 각급 사회단체 또는 거대 그룹사라하면 무언가 대단한 시스템에 의해 운영, 작동되는 줄 알겠지만, 막상 내부를 들여다보고 이들과 함께 일을 해보면 그 중 7할은 고문관들 집합소이거나 닭 머리, 새머리들의 집단 서식지다. 그래도 세상이 이만큼이라도 돌아가는 건 외계(?)에서 도입된 과학기술 덕분이 아닌가 싶다.

물론 위의 사례들 역시 근본적으로는 해당 조직 최고경영자의 경영스타일이 지극히 전근대적이고 조직문화 또한 미개한 때문이기도 하겠지만, 구성원들의 지나친 보신주의, 판단력 부재, 책임의식 결여도 큰 원인이라고 할 수 있다.

또한 머리 나쁘고 판단력이 부족한 사람들일수록 의심도 많다. 상대가 거짓을 말하는지 진실을 말하는지 또는 상대방이 좋은 사람인지 나쁜 사람인지 척보면 감으로 어느 정도 알 수 있어야 하는데, 그런 판단능력이 없으니 일단 남의 말은 무조건 안 믿고 의심부터 하게 되는 것이다.

각설하고, 판단력 부족과 관련하여 필자가 기회 있을 때마다 자주 인용하는 에피소드가 하나 있다. 이른바 주인과 하인의 '큰 감자, 작은 감자 고르기'에 관한 이야기다.

어느 날 주인이 외부에 볼일을 보러가면서 하인에게 지시했다.

"오늘 밭에서 캐낸 감자 중 큰 감자는 왼쪽 구덩이에 묻고, 작은 감자는 오른쪽 구덩이에 묻어라."

하인은 알겠다고 대답했다.

주인이 저녁 무렵 귀가하였다. 그런데 밭에서 캐낸 감자는 모두 구
덩이에 들어가지 않고 곳곳에 그대로 쌓여있었다.

주인이 하인을 불러 어찌된 영문인지 물었다.

하인의 왈.

"어느 것이 큰 감자이고 어느 것이 작은 감자인지 도무지 판단 할
수가 없었습니다."

이는 단지, 우스개소리가 아니다. 오늘날 실제 우리 직장조직에서
도 이와 비슷한 일들은 날마다 수없이 일어나고 있다.

이런 경우 큰 감자, 작은 감자의 규격기준을 정확히 알려주지 않은
주인의 잘못인가? 아니면 상황과 사안에 맞추어 적절히 융통성을
발휘, 크고 작은 것을 자기 판단 하에 구분한 뒤 임무를 완수하지
못한 하인 잘못인가?

물론 회사에 근무하다보면 더러 시급히 업무는 처리해야 하는데
명확한 규정이나 매뉴얼도 없고, 마땅히 자문을 구할 상사도 없는
경우 해당 업무를 어떻게 판단, 처리해야 할지 난감할 때가 있긴
하다. 그럴 경우 자신이 회사 직원 아닌 사장이라고 입장을 바꿔
생각하고 업무를 처리하면 크게 잘못될 일이 없을 것이다. 남의 일
이 아닌 자기 일인데 자신이 손해를 보거나 차후 곤란을 당하는 쪽
으로 업무를 처리할 사람은 없기 때문이다. 이런 사고, 이런 자세
가 바로 진정한 주인의식이다.

과거 어느 유명 기업인이 '머슴들은 평생 머슴일 뿐 주인의 마음을 알
수 없다'고 했던 말이 오랫동안 인구에 회자된 적 있다.

월급쟁이 고용인들의 경우 대체로 자기 소신이 부족하고, 사고범위에

한계가 있는 데다 주인의식, 책임의식이 결여되어 있다는 얘기다. 따라서 설령 구멍가게 주인을 하더라도 주인은 역시 주인이고, 대기업 임원을 할지라도 머슴은 역시 머슴일 뿐이라는 의미이기도 하다.

결국 판단력 부족이란 지식과 지혜, 자기 소신 부족, 책임의식과 주인의식 결여로 인해 비롯되는 현상이라 할 수 있다.

책임의식, 주인의식을 지닌 사람만이 모든 일에 책임자가 될 수 있고 주인이 될 수 있다.

특히 언제 어디서 무슨 일을 하던 남이 시키는 일만 하는 사람은 하인과 다를 바 없고, 자기 일을 스스로 찾아하는 사람은 실제 직분과 상관없이 주인이나 마찬가지인 것이다.

1-6 문제의식이 없는 사원

원인의 원인에 대한 탐구의지를 가져라

세상 모든 일의 혁신과 발전은 사안의 근본 문제점을 찾아 분석, 개선함으로써 이루어진다. 근본 문제점을 찾을 수 없다면 근본 대책 또한 구할 길 없다. 그리고 이러한 문제점을 찾는 일은 '왜?'라는 의문으로부터 시작되며, '왜?'라는 의문은 사안의 본질 즉, 원인의 원인을 궁금히 여기는 탐구심에서 출발한다. 단순 현상의 관찰을 통한 대증처방이 아닌 본질과 근원을 파악, 근본 대책을 수립하려는 깊은 사유노력, 탐구의지가 그것이다. 따라서 사람은 매사에 남다른 궁금증, 호기심, 탐구심을 지녀야 새로운 지식을 익힐 수 있으며, 문제해결의 지혜도 얻을 수 있다.

직장업무를 예로 들면 '이 일은 왜 이런 방식으로 밖에 할 수 없는 것일까?', '회사의 생산성, 효율성은 왜 높아지지 않는 것일까?', '매출실적은 왜 늘어나지 않고, 불량률은 왜 감소하지 않는 것일까?' 등등 이 '왜?' 라는 의문부호를 수시로 떠올려야 한다. 즉, 회사 일에 대해 단순한 관심을 넘어, 궁금증과 호기심을 넘어, 근본원인과 이유를 알고 개선점을 찾으려하는 심도 있는 탐구의지, 문제의식을 가져야한다는 얘기다.

평소 이런 의식과 자세를 지니고 연구하지 않으면 끝내 근본적 원인과 개선책을 찾을 수 없고, 자기 성장도 회사 발전도 이룰 수 없다.

특히 사람의 지적 역량이란 남들이 억지로 가르쳐서 나아지기란 어렵다. 본인 스스로 궁금해 하지 않고, 알고자 하지 않고, 배우려는 자세를 지니지 않으면 주위에서 백만스물두번 얘기하고 설명해준들 모두 들을 때 뿐, 이내 잊어버리고 말기 때문이다. 이를 전문용어로 '쇠귀에 경 읽기'라 한다. 자기 마음속에 의문이 없으니 해답을 구할 수 없음은 당연하다. 따라서 사람이 무엇 한 가지라도 제대로 알고 배우려면 반드시 스스로 궁금증, 호기심을 느끼고 주변 사람들에게 묻거나 직접 답을 찾아볼 때 비로소 핵심내용을 제대로 이해하게 되고 자기 지식으로 내면에 축적된다.

그러나 우리 주변에 보면 한 직장에서 몇 년을 근무했어도 입사 당시와 비교해볼 때 당최 무엇 한 가지 나아지고 달라진 것 없는 사원들이 있다. 회사가 어찌 돌아가는지, 현재 회사의 현안과 과제와 문제점이 무엇인지, 회사의 제품이 어떻게 생산되어 어느 경로를 거쳐 어디에 판매되고 있는지 기본의 기본적인 사안조차 모르고 있는 사원들이 한 둘이 아니다.

이런 사원들은 아무래도 감각과 지능이 남들보다 좀 뒤떨어지는 탓도 있겠지만, 보다 큰 원인은 매사 깊은 관심을 가지고 사유, 통찰하는 의식이 부족한 탓이 크다.

앞서 말했듯 사람은 스스로 관심과 의문을 갖지 않으면 아무리 쉬운 일일지라도 제대로 알 수 없는 법이다. 막말로 엿 만드는 공장에서 10년을 근무했어도 본인이 관심을 갖지 않고 스스로 알려고 노력하지 않으면 엿의 재료가 무엇인지, 엿의 제조공정과 핵심기술은 무엇인지, 판매전략은 무엇이며 주 고객층은 어떤 계층이며, 매출 대비 회사 수익은 어느 정도이며, 향후 발전방향과 미래비전은 무엇인지 제대로 알 수 없다. 엿 공장을 반도체공장, 자동차공장, 컴퓨터공장 등으로 이름을 바꿔 예로 들어도 마찬가지다.

결국 사람의 모든 지식이란 자신이 기울이는 관심도에 정비례하기 때문이다.

매사에 관심과 흥미가 없는 사원, 궁금증이 없는 사원, 기본적인 호기심마저 없는 사원들은 10년을 한 직장에 근무해도 초급사원이나 다를 바 없다.

AI시대, 챗GPT시대라 하여 사람의 기본 지식, 상식이 불필요한 것 아니다. 무엇을, 어디에, 어떻게 물어보고 찾아보느냐도 일단은 기본 상식, 배경지식이 있어야 하고, 알고자 하는 의지가 있어야 가능한 것이다.

세상 대부분의 위대한 발견이나 첨단기기 발명의 시발점도 실은 평범한 사람들의 단순한 호기심에서 비롯된 경우가 많다. 따라서 직장인들역시 업무지식과 지혜가 발전하려면 우선 자신이 하고 있는 일에 대해 관심과 궁금증을 가져야 하고, 동료나 상사, 선험자들에게 무엇이든 자꾸 물어보고 가르침을 받아야 한다.

그런데 직장에는 이런 기본적인 관심과 의문을 지닌 이들은 물론 이른바 호사가적 단순 궁금증조차 지닌 이들마저 많지 않다.

남에게 무엇을 물어본다는 것이 자존심 상해서 그런지, 세상만사 궁금한 것이 아예 없어서인지 또는 물어보는 것 자체가 귀찮고 싫어서인지, 정작 물어보지 않아도 될 지극히 간단한 업무절차나 방법, 쓸데없는 질문 등을 제외하고는 직장 상사나 선배들에게 무엇을 물어보는 사원들이 드물다.

직장에서 자기 스스로 처리하기 힘든 업무상의 문제점이 있으면 상사나 선배에게 자문을 구하고 '좀 도와주십시오.'라고 부탁하면 '그것도 못하느냐?'고 퉁명스레 핀잔을 줄 상사는 거의 없다. 사람이란 원래 남들을 가르치거나 잘난 척 하려는 본성을 지니고 있기에 대개는 자기 능력과시를 위해서라도 그러한 자문요청이나 부탁에 흔쾌히 응해주고 소상히 알려줄 것이다.

그럼에도 불구하고 더러 처리 곤란한 일이 발생했을 때 역시 혼자 끌어안고 끙끙거리는가하면, 상사가 '도와줄까?'라고 옆에서 물어보아도 '괜찮다.'고 대답하는 사례 또한 적지 않다. 이러니 능률이 오를 리 없고 부서 간, 동료 간 업무협조나 커뮤니케이션이 제대로 이루어질 리 없다. 예컨대 IQ 100인 사람이 열 명의 주변인들에게 자문과 지혜를 구할 경우 IQ 1,000의 역량을 발휘할 수 있는 것이다.

상사나 선배들의 오랜 업무경험과 지식 등을 적절히 활용할 줄 아는 것도 직장생활의 중요한 지혜일 수 있건만 대다수 사원들은 이를 기피한다. 이는 책임감, 독립심이 강한 것과는 별개 문제다. 자기 콤플렉스가 있거나 또는 지나치게 소심하거나 머리가 안 돌아가거나 융통성이 없어 그렇다 해도 틀리지 않을 것이다. 이런 사람들은 직장조직에서 발전성이 없다. 오늘이 어제 같고 내일이 오늘 같을 수밖에 없다.

뿐만 아니다. 때로 거래처나 고객사를 방문하고 돌아온 직원에게 상대측 반응을 물어볼라치면 '이번에는 좀 어렵겠다던데요' 또는 '이번 제품은 구매가 힘들다던데요'라고 대답하는 경우가 종종 있다. 이럴 때 상사가 '왜?'라고 되물어볼 경우 대부분의 사원들은 대답을 못한다. 고작 한다는 소리가 '그건 안 물어봤는데요' 또는 '잘 모르겠습니다' 하는 정도다. 상대가 '안 되겠다'거나 '어렵다'고 말하면 '왜?'라는 질문은 자동반사적으로 나와 줘야 하건만, 이 간단한 질문마저 안 되는 것이다. 이러니 관련 대책을 세우기 어렵고, 그 이유는 영원히 모를 수밖에 없다.

회사에서 매년 사원들의 호봉 수와 임금을 올려 주는 것은 근무연수에 따라 업무능력도 그만큼 향상되어야 함을 전제로 하는 것이다. 이는 법령이 정한 의무규정이 아닌 기업의 임의적 관행으로써 노사합의에 의해 얼마든지 철폐 또는 조정할 수 있는 사항이다. 그러나 입사 초기와 비교해 볼 때 업무역량은 물론 이렇듯 사고방식, 근무자세 등 무엇 한 가지 나아지고 달라진 면이 없다면 굳이 근무연수가 오래되었다고 자동적으로 호봉 수를 올리고 월급을 더 줄 필요가 꼭 있겠는가? 하는 점까지 다시 한번 생각해보게 된다. 이런 사원들은 자신의 오랜 근속연수를 자랑할 것이 아니라 오히려 부끄러워해야 한다.

직장조직에서는 흔히 말하듯 남들이 모두 '예스'라고 할 때 '노'라고 말할 수 있는 자기 특유의 생각, 발상, 소신이 있어야 한다. 그렇다고 눈치코치 없이 때와 장소 못 가리고 아무데서나 NO라고 말했다간 그야말로 상사 눈 밖에 나기 십상이겠지만 업무효율과 성과를 도모하는 면에서는 그렇다는 얘기다.

흔히 예로 들듯 세상 모든 사람들이 지구의 형태가 평면이거나 사각형이라고 생각할 때 갈릴레이만이 이에 대한 의문을 가졌다. 그 결과 그는 세계 최초로 지구가 둥글다는 것을 발견했다. 뉴턴 역시 '사과는 왜 익으면 땅으로 떨어질까?' 하는 지극히 단순한 궁금증을 가진 데에서 만유인력법칙을 발견했다. 이러한 예를 들자면 한도 끝도 없다.

자기 자신의 성장을 위해 그리고 직장조직의 발전을 위해 가장 필요한 한마디 말이 있다면 그것은 바로 '왜?'라는 단어일 것이다. 직장생활이나 사회생활을 하면서 일상의 자그마한 현상과 사물에 대해서도 늘 남다른 관심과 의문을 가질 때 비로소 답을 얻을 수 있고 지식, 지혜의 발전을 이룰 수 있다.

'회사라는 조직은 왜 존재하는 것이며, 회사에서는 왜 자신을 채용하고 월급을 주는 것이며, 왜 모든 직장인들은 맡은 업무에 최선을 다해야만 하는 것인가?' 등등.

'왜?'라는 단어를 하루에도 몇 번씩만 떠올려 본다면 본인의 지식 역량 배양은 물론 회사에서도 유능한 사람으로 인정받을 것이다.

항상 생각 끝에 의문부호를 다는 습관을 가져라. 그리고 주변인들에게 무엇이든 자꾸 물어 보라. 물어보는 것 역시 중요한 소통의 수단이며, 자기발전의 효과적 방법이기도 하다. 또한 질문과 답변이 거듭되는 과정에서 상사와 선후배, 동료 간의 인간관계 역시 더욱 돈독해질 수 있다.

모르는 것, 궁금한 것을 인터넷 검색으로만 해결하려 들지 말고 실전적 경험을 지닌 선험자들 조언을 듣는 것이 중요하다. 흔히 말하듯 검색보다는 사색하고, 늘 질문하는 습관을 지녀야 하며, 놀이에 취하기보다는 일에 취하고 공부에 취하고 생각에 취하는 습관을 길러야 한다. 특히 시류에 따라 수시로 변하는 분야보다 오래도록 변하지 않는 것들에 대해 공부하라. 그래야 노력에 대한 투자가치와 공부의 효용성을 지속적으로 높일 수 있다.

연공서열 문화가 중시되는 공직사회에선 어려울 수 있겠으나 일반 회사에서는 자신의 능력과 노력 여하에 따라 얼마든지 파격 성장과 발전을 거듭할 수 있다. 따라서 직장인들은 매사에 깊은 관심과 문제의식, 궁금증을 지니고 늘 생각하고 연구하는 자세가 필요하다. 그러다 보면 결국 보다 나은 대안과 답을 찾을 수 있고, 이는 곧 자기발전의 성과로 이어지게 된다.

1-7 융통성이 없는 사원

이렇게 안 되면
저렇게도 해보라

직장조직에는 융통성 없이 꽉 막힌듯한 꽁생원, 쫌생원 타입의 사원들이 더러 있다. 자신이 맡은 일은 별 무리 없이 처리해 나가는 편이지만 어딘지 모르게 무척 답답한 느낌을 주는 사원들이다.

원리원칙과 정해진 규범과 전래적 관습에 따라 곧이곧대로 매사를 처리하려드는 이런 사원들은 업무처리에 있어 크게 틀림은 없는 반면 신속성·창의력·추진력 등의 면에 있어서는 그만큼 뒤떨어지기 마련이다. 사람은 상황에 따라 어느 정도 융통성이 있어야 하는데, 매양 자로 잰 듯 판에 박은 듯 업무를 처리하다 보니 일의 진전이 느려 남 보기에 무척 답답하게 느껴지는 것이다. 이렇듯 융통성이 없는 사원들은 회사에서 경리회계나 총무업무 같은 것 외에 고객 상대 업무 또는 창의력이나 추진력이 요구되는 업무에는 잘 맞지 않는다.

우리가 더러 어떤 상품을 구입해 사용하다 사용 부주의 또는 제품 이상으로 생산회사에 전화를 걸어 A/S를 요구할라치면 그때마다 담당자 말이 대개 '회사의 업무원칙이 이러이러하기 때문에 서비스를 해줄 수 없다.'고 딱 잘라 말하는 경우를 자주 본다. 이로 인해 고객과 언쟁이 시작되고 결과적으로는 고객 불만과 고객 이탈로 이어진다.

이런 것이 바로 직원들의 융통성 부족에서 기인하는 대표적 사례라고 할 수 있다. 물론 경우에 따라서는 회사에서 정한 원칙대로 대응하는 것이 합당한 경우도 아주 없는 것은 아니지만 대개 그렇다는 얘기다.

소비자에게 불편, 불만을 주는 회사 원칙이 있다는 것도 잘못된 일이지만, 설령 회사규정이 그렇다 할지라도 고객 사정을 들어봐서 적절히 서비스를 해주는 것이 결과적으로 회사에 이익이 되겠다 싶을 때에는 굳이 원리원칙에만 얽매일 것이 아니라 상사에게 건의를 하던가 하여 얼마든지 고객의 불만을 해결해줄 수 있을 것이다. 만약 그랬다면 고객들은 고마운 마음에 계속하여 그 회사 제품을 사용하게 될 것이고, 회사 측 역시 고객이 이탈하지 않으니 서로 이익이 될 수 있을 텐데 담당 직원의 융통성 부족으로 결국 고객을 하나둘 잃게 되는 결과를 초래하게 되는 것이다. 또한 이렇게 불만을 가지고 이탈하는 고객들은 그 회사에 상당한 반감, 적대감을 지니게 됨으로써 향후 어떤 손실문제로 연결될지 알 수 없다.

비단 이러한 사례뿐 아니라 회사에서 사원들에게 업무를 맡겨보면 대부분의 사원들은 꼭 상사가 지시한 방식과 내용 그대로만 이행하려들 뿐 나름대로 융통성을 발휘, 좀 더 효과적으로 잘 해보려고 시도하는 사원들이 드물다.

일예로 부하 직원에게 어떤 문서작성이나 편집업무를 지시했을 경우에도 상사가 어느 위치쯤 선을 그으라고 하면 그것이 폼이 나건 말건 또는 잘못 됐건 잘 됐건 반드시 그 위치에다가 선을 그으려들뿐 위치를 조금 이동하여 모양을 살린다든가 나름 창의성을 발휘, 상사가 지시한 것 이상으로 잘 만들어볼 생각이나 노력을 하지 않는다. 심지어는 글자 하나, 부호 하나 써넣고 찍는 것까지 일일이 손가락으로 짚어 줘야하고 설명을 달아줘야 할 때도 있다. 그러다 보면 상사는 차라리 본인 손으로 하는 것이 낫겠다 싶어 나중엔 사원들이 할 일을 간부들이 대신하고 앉았는 예도 흔히 볼 수 있다.

또한 전화나 팩스 한 통이면 간단히 해결할 수 있는 일을 아까운 시간낭비하며 몇 번씩 거래처를 왕복하는 사원들도 부지기수다.

이와 관련해서 언뜻 생각나는 일화를 하나 소개하면, 전에 필자 회사 거래처 중 K 상무란 사람이 있었다. 그는 어찌된 영문인지 툭하면 이런 저런 일로 사람 불러들이는 것이 마치 무슨 취미인 듯 했다. 불러서 막상 가보면 별것 아닌 일을 가지고 수시로 사람을 오라가라하는 하는 것이다. 아무리 중요 거래처라지만 그것도 한두 번이지, 간단히 전화 한 통으로 해결할 수 있는 일을 가지고 일주일에 몇 번씩 바쁜 사람 불러 시간을 허비하게 만드니 나중엔 화가 나서 쫓아가 한바탕 따지고 난 뒤에야 그 습관을 고친 예도 있었다. 거래관계에 있어, 그 또한 소위 '갑'이 아닌 '을'의 입장에서 그런 문제를 가지고 거래처 책임자와 따지고 다툰다는 것이 다소 위험한 일인지는 잘 알고 있었지만, 그 친구의 너무도 잘못된 의식과 습성을 언제까지고 그대로 참고 감수할 수 없었던 것이다. 다행히 그 후 별 탈 없이 지내고 있기는 하지만, 바로 이런 것이 업무운용의 융통성 부족 내지는 전래의 그릇된 습관, 권위의식 등에서 비롯된 예라 할 수 있다.

발주처에서는 아무 것도 아닌 일을 가지고 수주처 사람들을 마치 자기 회사 부하직원 부리듯 수시로 불러들여 시간낭비를 시켜도 무방하고, 수주처 사람들은 발주처의 이러한 부당한 요구와 잘못된 관습에 아무런 내색조차 못하고 당연히 응할 수밖에 없다는 식의 고정관념, 융통성 부재, 그릇된 굴종의식 등이 기업의 효율성과 바른 상거래 풍토를 저해한다.

또한 발주처 사람들은 자기들 편할 대로 수주처 직원들을 열 번이고 스무 번이고 아무 때나 불러들이면 이들이 거저 와주는 걸로 생각할지 모르나 이는 절대오산이다. 오히려 수주처에서는 거기에 소요되는 인력, 시간 비용은 물론 그로 인한 담당자들의 정신적 스트레스에 대한 위자료(?)까지도 수주비용에 고스란히 반영시킨다는 사실을 간과해선 안 되는 것이다.

뿐만 아니라 각 거래처 간 이러한 부지기수의 그릇된 업무관행으로 인해 시내 교통체증이 가중될 뿐 아니라 불필요한 인력, 시간낭비 등으로 사회적 경제손실 또한 따져보면 만만치 않을 것이다.

이런 잘못된 관행과 습성은 우선 각자 자신부터 그리고 자신의 회사부터 솔선하여 뜯어고칠 생각과 노력을 해야 한다. 언제까지 전래의 방식과 관행을 그대로 답습하려는 자세로는 아무런 발전도 이룰 수 없다.

아무튼 회사업무를 처리함에 있어 적절한 융통성을 지니고 대응하는 일이란 참으로 중요한 것이다. 무슨 일이든 이렇게 안 되면 저렇게도 해보고, 저렇게 안 되면 이렇게도 해볼 줄 아는 융통성이 절대적으로 필요하다.

비단 직장조직에서 뿐 아니라 우리가 사회생활을 하는 데 있어서도 마찬가지이다. 너무 심한 논리의 비약 같지만 반 우스개 소리 삼아 몇 마디 덧붙이면, 우리나라 사람들은 사고의 융통성이 너무도 부족하다. 흑이 아니면 백이어야 하고 전부가 아니면 전무라야 한다. 중간은 없다. 더러 어중간한 논리를 펴거나 중립을 지키게 되면 기회주의자 내지는 소신 없는 사람이라고 매도당하기 십상이다. 무슨 일이든 맞지 않으면 틀리는 것이고 틀리지 않으면 맞아야 한다. 상황과 사안과 입장과 관점에 따라 맞을 수도 있고 틀릴 수도 있는 일이 얼마든지 있다는 것은 생각지 않는다.

심지어 누가 무슨 말을 해도 처음과 끝이 한 점 틀림없이 꼭 같아야만 된다. 상황에 따라 조금씩 다른 표현으로 말을 할 수도 있는 것인데, 처음 한 말과 나중에 한 말이 어휘만 조금 달라도 일관성이 없다느니 하며 말꼬리를 잡고 늘어진다. 한마디로 매사에 일체의 융통성을 허용하려들지 않는다.

특히 정치인들의 경우 더욱 그렇다. 때로는 그들 스스로 자신이 잘못 생각하고 잘못 말한 것이라는 것을 알면서도 말을 뒤집기 곤란해져 정책이나 공약 같은 것을 초지일관 억지로 밀어붙이는 예도 없지 않다. 사람의 의식은 시대환경 변화에 따라 늘 새롭게 달라지고 발전해야 함에도 우리나라 사람들은 오히려 10년 전에 했던 말과 지금 하는 말이 똑같은 정치인을 지조와 소신 있는 정치인이라 평가한다.

회사에서도 마찬가지다.

사장이 어떤 업무계획이나 방침을 확정, 지시한 후 이튿날 이를 다시 변경, 지시했을 경우 사원들은 대부분 '사장이 일관성 없이 이랬다, 저랬다 한다'며 내심 불만을 가진다. 사원들 입장에선 당초 계획과 방침을 다시 고쳐 실행하자니 일면 귀찮고 짜증나긴 하겠으나, 사장 입장에선 한 번 방침이 정해져 시행되고 나면 다시 변경이 어렵기에 최선의 방안을 모색하기 위함이다. 그러나 사원들은 사장의 일관성 없는 업무스타일만 탓할 뿐 그 방침을 변경하기까지 사장이 밤새 홀로 얼마나 많은 고민을 거듭했을지에 대해서는 아예 생각지 않는 것이다.

이 모든 것이 결국은 사고의 융통성이 부족한 때문이다.

한 번 결정한 방침은 그것이 옳은 것이든 그른 것이든 초지일관 시행해야 한다는 그릇된 일관성 논리에 연연하기 때문이다. 사람은 모든 면에서 완벽할 수 없다 보니 더러 잘못된 의사결정을 할 수도 있고, 차후 오류를 발견했을 때는 몇 번이고 고쳐 시행함이 지극히 마땅한 일이건만 그런 것은 생각지 않는다.

대부분의 사람들이 흑백논리에만 치우치다 보니 '이것 아니면 저것'이란 개념만 머릿속에 존재할 뿐 '이것일 수도 있고 저것일 수도 있는' 이치는 모르고 있다.

인간 세상에 만고불변, 만인공통의 절대적 진리, 옳고 그름이란 원래 없다. 모든 것은 결국 상대적이며, 관점과 생각 차이며, 때와 장소에 따라 각자의 논리주장이 달라질 수 있는 것이다. 동서고금 인류역사를 돌아봐도 예나 지금이나 정파 간, 학파 간, 개인들 간 끝없는 갑론을박, 설왕설래의 연속일 뿐 무엇 한 가지 일치된 결론을 얻은 적 없다. 따라서 매사 그 기준조차 애매한 옳고 그름의 분별심에만 연연할 것이 아니라 상황별로, 사안별로 과연 무엇이 보다 효율적이고 이로운지를 따져 판단함이 마땅하다.

더러 언론사 같은 데서 여론 조사를 실시하는 것만 봐도 그렇다.

'현재 여당이 잘하고 있느냐, 잘못하고 있느냐?', '김 대통령이 지금까지 정치를 잘했다고 생각하느냐, 못했다고 생각하느냐?' 등등 매양 이런 식이다.

'무엇을 잘 했고, 무엇을 잘못 했느냐?'하는 것은 따지지 않고 무조건 어느 한쪽에만 ○표를 하란 얘기다.

사안에 따라서는 여당이 잘한 정책도 있고 잘못한 정책도 있고, 김 대통령이 잘한 일도 있고 잘못한 일도 있건만, 이런 질문에 대체 어떻게 답을 하라는 것인지 한심한 생각이 들 때가 한두 번이 아니다. 뿐만 아니라 조사내용에 대한 객관성, 합리성, 공정성, 전문성 등을 확보하려면 그것이 어떠한 계층의 사람들을 대상으로, 어떤 방법에 의해 실시한 조사결과냐 하는 것도 고려해야 하고 또 이를 분명히 밝히는 것이 옳은 일이건만, 거의 대부분은 '본사가 전국의 성인 남녀 ○○○명을 대상으로 실시한 여론조사 결과에 따르면 …'하는 식이다. 성인 남녀도 성인 남녀 나름인 것이지, 시골노인네나 동네 아낙 또는 길거리의 아무나를 붙잡고 조사를 한 경우와

관련 분야에 대한 전문지식을 어느 정도 갖춘 사람들을 대상으로
한 조사결과와는 엄청난 차이가 있다는 것은 아랑곳하지 않는다.
그런 뒤엔 또 의례히 국민들 중 몇 퍼센트가 찬성했다느니, 반대했
다느니 하며 단순한 수치적 결과만 가지고 여론을 호도한다.

이런 잘못된 관행과 습성은 하루 빨리 고쳐야 한다.

주제와 동떨어진 얘기를 길게 늘어놓은 감이 있지만, 그러나 우리 기
업조직도 따지고 보면 사회조직의 축소판이나 다름없다. '회사'라는
글자도 거꾸로 읽으면 '사회'가 되듯 결국 회사조직 역시 사람들로 구
성된 집합체이고 보면 조직집단에서 도출되는 여러 문제점 또한 대부
분 공통점을 지니고 있다. 따라서 기업의 문제는 곧 사회적 문제점으
로 나타나고 사회의 제반 문제들 역시 기업의 문제로 연결되는 예가
많기에 우리 사회 각 분야의 이런저런 잡다한 얘기들을 덧붙이게 되는
것이다.

아무튼 우리가 직장에서 업무를 처리하는 데 있어 융통성이란 매
우 중요하다.

흔한 예로 회사의 공장장은 시달된 생산계획이나 지시에 의거, 납
기 내에 차질 없이 제품만 만들어내면 그만이라고 생각하고, 경리
부장은 금전출납에 대한 계산만 빈틈없이 하면 된다고 생각한다.
그러나 최소한 기업의 공장운영을 책임진 공장장이라면 제 때에
제품을 만들어내는 일은 기본일 뿐만 아니라 장기적인 인력과 원
자재의 수급 계획과 전망, 신제품 및 신기술에 대한 업계동향, 제
조원가 절감 및 생산성 증대방안 같은 사안까지도 폭넓게 관심을
기울이고 연구노력을 해야 유능한 공장장이라 할 수 있다.

경리부장 역시 마찬가지다. 회사의 금전출납 상황만 틀리지 않게 체크하려면 신입사원에게 전자계산기만 들려줘도 누구나 할 수 있다. 작든 크든 일개 기업의 자금담당 부서업무를 책임지고 있는 사람이라면 회사의 자금운용계획에 차질이 발생되지 않도록 대금의 회수 및 지급 상황 등을 미리 면밀히 체크, 조정함은 물론 자재부서나 영업담당 부서의 매입매출에 대한 사전 점검까지도 세심한 신경을 써야 하는 것이다.

자신이 맡은 한 가지 일만 실수 없이 처리하면 그만이라고 생각하는 사람은 조직의 간부로서는 자격미달이다. 그런 생각은 갓 입사한 초급사원들이나 갖는 사고방식이다.

사람은 무엇보다 제반 사안을 보는 시각과 의식이 훤히 트여 있어야 한다. 그런 사람들이 큰일을 한다. 지엽적인 문제만 물고 늘어져 꼬치꼬치, 시시콜콜 이론과 절차 등만 따지려드는 이들처럼 답답하게 느껴지는 사람은 없다. 무슨 일이든 한가지만을 생각하고, 그저 판에 박은 듯 '이것 아니면 저것'이란 식으로 매사를 융통성 없이 생각하고 처신하려드는 태도는 회사 내의 원활한 업무운용을 그르치게 할 뿐더러 사회생활을 하는 데 있어서도 꽉 막히고 쫌스럽다는 소리를 듣게 된다는 것을 명심할 일이다.

1-8 지혜롭지 못한 사원

작은 지혜로
큰 위기를 넘길 수 있다

우리가 세상을 살아가는 데 있어 또는 직장생활을 하는 데 있어 가장 필요한 것이 있다면 그것은 바로 '지혜'라고 말할 수 있다. 지혜라고 하면 너무 범위가 넓고 흔한 말로 들릴 수 있으니까 그냥 기발한 재치 또는 아이디어라고 하자.

아무튼 사람이 사회생활을 하는 데 있어 시시때때 반짝이는 재치나 아이디어가 얼마만큼 중요하고 대단한 것인가는 두말할 나위가 없다. 특히 크게 성공을 거둔 기업인들의 자서전을 읽어본 이들이라면 누구나 절실히 느꼈을 것이다.

과거 현대그룹 정주영 회장의 경우 유엔군 묘지 단장 공사를 수주, 진행할 때 한 겨울 밭에서 보리포기들을 캐다가 푸른 잔디인 양 묘역에 임시로 입히고 급한 난관을 모면한 일이며, 각종 공사현장에서 전문기술자들도 전혀 생각지 못한 기막힌 아이디어를 즉석 제안하여 막대한 공사비를 절감한 일이며, 오직 번득이는 재치 하나로 수백억 원에 달하는 해외공사를 수주했던 일화 등은 사람의 지혜라는 것이 쓰기에 따라서는 참으로 대단한 성과를 거둘 수 있음을 충분히 깨닫게 해준다.

이처럼 지혜로운 한사람의 빛나는 아이디어는 때로 머리 둔한 수십, 수백 명의 사람들이 몇날 며칠 쥐어 짜낸 생각보다 더 큰 성과를 발휘할 수 있다.

사람이 직장생활, 사회생활을 하다 보면 갑자기 어려운 상황에 부딪힐 때가 있는데, 이것을 여하히 극복하느냐는 결국 그 사람의 지혜에 달렸다 해도 과언이 아니다.

굳이 이런저런 거창한 예를 들 것 없이 우리 주위의 지극히 사소한 일 즉, 사원들이 회사에서 전화를 받는 일만 해도 그러하다.

회사로 전화를 걸어오는 사람들과 그 용건은 천차만별일 수밖에 없다. 따라서 기본적인 전화응대예절 외에 수많은 전화 한건 한건에 대해 수신요령을 사원들에게 일일이 교육시키는 것은 불가능하다. 단지, 전화를 받는 담당사원들이 그때그때 상황에 따라 적절히 기지(機智)를 발휘하여 응대를 해줘야 모든 일이 원활하게 돌아간다. 특히 판매회사 같은 곳의 고객 전화일 경우엔 더욱 그러하다.

하지만 회사의 경영자 또는 상사의 입장에서 사원들의 전화응대 모습을 지켜보면 참으로 답답하기 그지없는 경우가 많다. 센스나 재치, 임기응변술이라고는 거의 찾아 볼 수 없고 그저 어리버리 장황하게 또는 '네.', '네.'하는 대답만 반복하다 통화를 끝내고 마는 경우가 허다하다. 차라리 자동응답기를 가져다 놓는 편이 나을 정도다. 한마디로 감이 둔해도 너무 둔하고 센스가 없어도 너무 없다. 그렇다고 남들에게 거짓말을 늘어놓으라거나 또는 고객들을 상대로 무슨 사기를 치라는 얘기가 아니라, 제발 좀 '있는 사실'만이라도 제대로 홍보하고 설명하란 말이다.

자신의 회사 제품이 왜 좋은지, 장점과 특징은 무엇인지, 가격·성능, A/S 면에선 또 어떤 장점이 있는지 등등 고객들이 구매욕과 신뢰감을 느낄 수 있도록 적절히 자랑도 하고 센스 있게 설명도 좀 한다면 고객들 역시 자세한 안내를 받을 수 있어 좋고 회사 또한 매출이 오를 수 있어 좋으련만 정말 다들 입은 뒀다 어디다 써먹으려는지 한심하고 딱할 때가 한 두 번이 아니다.

얘기 나온 김에 한 가지 더 사소한 예를 더 들자면, 회사의 경영자나 임원들에게 걸려오는 전화의 경우 역시 마찬가지다. 어느 조직이든 고위관리자 직위에 오르면 내방객들도 많아지고, 사장이나 상무, 전무가 그들을 일일이 만나 섭섭잖게 응대를 하려면 오랜 시간이 소요되어 업무를 제대로 볼 수 없게 됨은 당연하다. 이럴 때는 좀 뭣한 말 같지만 비서 역을 맡은 사원이 중간에서 상황판단을 하여 적당히 역할을 좀 해줘야 하는데, 한마디로 감이 너무 둔하다 보니 만나야 할 사람, 안 만나야 할 사람, 전화를 연결해야 할 사람, 안 해야 할 사람, 보고를 해야 할 사항, 안 해야 할 사항 등을 구분도 못할 뿐더러 정반대로 처리해버리는 경우도 적지 않다. 그리하여 사장이나 임원들이 이런저런 불필요한 전화를 자주 받게 되고, 상대하기 싫은 내방객들까지 만나 시간을 허비하게 되는 경우도 흔하다. 또 직원들의 잘못된 안내와 설명으로 차후 업무차질은 물론 나중엔 사장이나 임원들이 상대방으로부터 듣기 싫은 소리까지 듣게 되는 사례도 생기고 보면 사람이란 그때그때 상황에 적합한 순발력 있는 재치와 센스를 지닌다는 것이 직장생활은 물론 사회생활을 하는 데에 있어서도 절실히 필요한 것임을 알게 된다.

임기응변술이 뛰어나고 재치와 꾀가 많은 것을 꼭 그 사람의 진실성 여부와 연관시켜 부정적으로 봐서는 안 된다. 이는 일면 사회생활을 함에 있어 꼭 갖춰야 할 기본 센스와 역량인 것이며, 그런 기본을 못 갖추면 직장생활은 물론 사회생활하는 데도 피곤해질 수밖에 없다.

진정한 지혜란 반드시 어떤 거창하고 대단한 데에만 쓰이는 것이 아니다. 일상의 사소한 일에서부터 적절히 발휘될 때 더욱 소용과 가치가 있다.

흔히들 꾀 많은 사람을 일컬어 '잔머리 굴리고 잔재주 피운다.'고 폄하하지만 이는 지혜를 옳지 못한 쪽으로 사용했을 때나 가당한 얘기지, 좋은 쪽으로만 사용하게 되면 사용할수록 빛나는 아이디어가 되는 것이다.

또한 머리 나쁜 사람들이 지나치게 머리를 많이 쓸 때 그 결과가 뒤틀리거나 나쁜 방향으로 빠지기 쉽지, 진짜 머리 좋고 지혜를 제대로 활용할 줄 아는 사람은 머리를 써도 좋은 쪽으로만 쓰게 된다.

우리가 세상을 살아가는 데 있어 또는 직장생활을 함에 있어 때로 순발력 있는 재치 하나로 큰 위기를 극복한 사례는 수없이 많다. 따라서 사람은 언제 어디서든 시시각각 지혜를 짜내 생활하는 습관을 길러야 한다.

1-9 전문역량이 부족한 사원

자기만의 전문지식과 기술을 지녀라

사회 모든 분야가 전문화, 분업화, 고도화된 현대산업시대에는 직장인들 역시 자기만의 전문지식과 기술을 지녀야 경쟁력을 갖출 수 있다. 남들 누구나 할 수 있는 일반 행정사무나 관리업무 등은 전문역량이라 할 수 없다. 특별히 자격증이 주어지는 전문지식, 전문기술이 아니더라도 남다른 노하우가 필요한 실무능력을 지녀야 한다는 얘기다.

일반 회사에도 각종 생산 관련 기술을 비롯하여 IT, AI, 설계나 디자인 분야 등 전문성이 요구되는 기술들은 많다. 이런 역량을 지니지 못할 경우 취업도 어려울 뿐더러 취직 후에도 직장조직에서 대우받기 힘들다.

특히 요즘은 100세 시대, 취직 전후만 걱정할 게 아니라 퇴직 이후까지 대비해야 한다. 자기만의 전문 지식과 기술이 없는 사람은 60

대에 정년퇴직하고 나면 할 일이 없어진다. 사업을 해도 자기만의 상품이 있어야 하고, 월급쟁이를 해도 자신만의 기술이 있어야 경쟁력을 갖출 수 있다. 단순 노동력만으로는 나이 60까지 버티면 끝이다.

필자는 은행지점장 출신의 지인이 명퇴 후 주차관리업무를 하는 경우도 봤고, 중앙부처 서기관급 공무원이 정년퇴직 후 택시운전을 하는 예도 본 적 있다. 따라서 누구든 젊었을 때, 현직에 있을 때, 자기 나름의 전문지식과 기술을 익혀두지 않으면 퇴직 후 이처럼 답답하고 막막해진다.

다행히 요즘은 각 직장에서도 사내 인재양성을 위한 구성원 직무교육에 많은 투자를 하고 있다. 직장인들은 이런 기회를 활용, 자기능력배양에 적극 힘써야 한다.

회사를 단순히 일만 하는 곳이라 여기지 말고, 오히려 월급 받아가며 공부하는 학교라 생각하며 뭣 한 가지라도 열심히 배우려는 의지와 자세를 지녀야 한다. 대학에서 고작 4년간 어영부영 공부한 것만 가지고도 평생 간판으로 활용하며 살아가는데, 직장에서 10년, 20년 어느 한 분야 업무에 대해 꾸준히 공부하면 그 몇 배의 실력을 쌓을 수 있다. 특히 직장업무란 힘들어도 해야 하고, 하기 싫어도 날마다 계속 할 수밖에 없다 보니 그 과정에서 실무 숙련도와 직무 역량은 저절로 높아지기 마련이다.

더구나 요즘은 온라인 교육시스템이 발달되어 자신이 배우려는 의지를 가지고 적극 노력만 하면 거의 모든 분야 자격증 취득이 가능하다. 바로 지금, 오늘 이 순간부터 당장 시작해도 결코 늦지 않다.

하루 한 두 시간씩만 꾸준히 공부해도 3, 4년 후면 각종 자격증 취득은 물론 놀라운 자기 발전과 업무역량 축적성과를 얻을 수 있다. 이제는 직장업무를 남들보다 열심히 하고, 많이 하는 것이 중요한 게 아니라 남들보다 잘하는 것이 중요한 시대다. 앞서 말했듯 고도의 전문성이 요구되는 지식기반시대에는 자기만의 특별한 기술이 없는 사람은 사회에서 할 일이라곤 단순 노동일 밖에 없다.

그럼 전문역량을 갖추고 남들보다 일을 잘하려면 어찌 해야 하는가? 이 역시 방법은 간단하다. 누구나 태어날 때부터 일 잘 하는 사람은 없다. 오랫동안 자기 나름대로 공부하고 연구하고 열심히 경험 쌓고 노력했기에 그만한 역량을 지니게 되는 것이다.

직장을 선택하더라도 무엇 한 가지 장래에 효용성 있는 기술과 지식을 배울 수 있는 직장을 선택해야 한다. 배울 것이 전혀 없는 직장은 당장은 편하고 좋을지 모르지만 장래 비전이 없는 직장이다. 특히 10년을 근무해도 단순 반복적 업무처리만 계속할 뿐 미래 활용할 전문지식이나 기술역량을 기를 수 없는 직장은 최하의 직장이다.

이와 관련한 일화 한 토막.

필자가 사는 청담동 아파트 옆에는 꽤 넓은 공원이 있다. 더러 산책을 나가보면 구청에서 고용한 일용직원이 근무한다. 이른바 노년층 공공근로자이다. 그런데 이 사람 하는 일이란 온종일 공원 운동장이나 산책로에 떨어진 낙엽과 휴지 등을 빗자루로 쓸고 줍는 일이다. 공원 한 편에 가만히 서 있다가 이쪽에서 나뭇잎이 하나 떨어지면 그쪽으로 쪼르르 달려가 그걸 쓸고, 저쪽에서 또 한 잎 떨어지면 저쪽으로 달려가 쓸어 내는 식이다. 그야말로 온종일, 1

년 내내 쓸데없는 짓만 반복하고 있다.

이뿐 아니다. 시내를 오가다보면 도로변을 어정거리며 하루 몇 시간씩 잡풀 뽑고 휴지 줍는 일하는 사람들도 흔히 볼 수 있다. 나는 이들을 볼 때마다 이 나라 위정자들에게 참을 수 없는 분노를 느낀다. 이것은 공공근로도 아니고 노인 일자리 창출도 아니다. 노동의 의미와 가치라고는 1도 없는, 생산적 효용이라곤 전혀 없는 이런 일에 막대한 국민 혈세가 투입된다는 사실에 분기탱천하게 된다.

국민 세금을 쏟아 부어 억지로 만든 일자리는 일자리가 아니다. 국민이 납부한 피 같은 세금을 이런 무가치, 무의미한 일에 함부로 쓰는 자들, 이들은 세금을 탈루하거나 체납한 자들보다 몇 배 더 나쁜 자들이다. 다들 제 돈 아니라고 매년 수십, 수백억 원의 국민혈세를 전혀 가치 없는 일에 펑펑 쓰고 있다. 정부와 각 지자체들 세금 낭비 사례를 전수 조사할 경우 아마 엄청난 규모일 것이다. 사회복지 차원에서 영세민이나 노년층을 지원하려면 차라리 생계비를 그냥 지급하던가, 아니면 인력난에 시달리는 중소기업들 일손이라도 돕게 하던가, 직업교육을 시키는 데에 예산을 투입함이 백번 옳다.

또한 누구든 사람으로서 기본적인 상식과 지능을 갖췄다면 이런 일은 남들에게 시켜서도 안 되고, 시킨다고 또는 돈을 준다고 무조건 해서도 안 되는 것이다. 누가 일당을 넉넉히 준다하여 몇 달간 또는 몇 년간 흐르는 강물을 한 바가지씩 떴다 쏟았다 하는 짓만 반복하라면 그 무의미, 무가치한 일을 계속 할 수 있겠는가? 이는 인간의 존엄성 문제를 떠나 사람이 지닌 최소한의 체면과 품격의 문제이며, 지극히 잘못된 사회복지정책의 소산이다.

따라서 직장인들 역시 젊었을 때 열심히 공부 안하고 능력배양 안하면 후일 나이 들어 이런 비참한 상황에 직면하게 될 수 있음을 명심해야 한다. 거듭 강조하건대 인생이란 행복하게 살기엔 너무 짧지만, 힘들게 살기에는 또 너무 길다는 사실을 절실히 인식하고 미리미리 자신의 미래에 대비하는 노력을 기울여야 한다.

세상에는 남이 대신해 줄 수 없는 일이 몇 가지 있다. 밥 먹고 잠자고 배설하는 일이 그것이다. 여기에 더해 자신이 먹고사는 일 역시 마찬가지다. 어디에서 무슨 일을 하여 생계를 유지하고 돈을 벌 것인가? 하는 문제 또한 결코 남이 대신해 줄 수 없다. 오직 스스로 공부하고 연구하고 노력하여 본인이 해결할 문제인 것이다.

그리고 무슨 일이든 열심히 하려다가 실패하거나 생활이 곤궁해진 경우 재기도 할 수 있고 남들이 이해도 할 수 있고 주변인들로부터 도움도 받을 수 있다. 하지만 애당초 게으르고 놀기 좋아하고 노력 의지가 없어 어려운 삶을 살게 될 경우 그야말로 구제불능이다.

특히 근래엔 인공지능과 로봇, 첨단정보통신기술의 급격한 발달로 일자리는 더욱 줄어들고, 생존경쟁은 날로 치열해져 자기만의 전문기술을 지니지 못하면 최악의 경우 굶어 죽을 수도 있다. 따라서 한 살이라도 젊었을 때 다들 정신 바짝 차리고 열정을 다해 공부하고 노력하며 살아야 한다.

안정은 곧 정체로 이어질 수 있다

주위에 보면 직장의 안정성 운운하며 일자리를 구해도 꼭 안전하고 편한 곳만 찾는 젊은이들이 있다. 이들은 주로 공공기관이나 대기업 같은 곳에 취직하는 것을 유일한 희망으로 삼는다. 이유는 자신의 적성·소질 등이 그 쪽에 맞아서도 아니고, 공직자로서 국가와 국민에 대한 충성심, 희생심, 봉사심이 있어서도 아니고, 대기업에 들어가 자신의 꿈과 능력을 마음껏 펼쳐보고 싶은 큰 야망이 있어서도 아니다. 단지, 보수가 좀 낮아도 일단 한 번 들어가면 정년이 보장되니까, 하는 일이 편하니까, 퇴직 후엔 연금이 나오니까, 부도날 염려가 없으니까 하는 등등의 이유로 그 쪽을 선망한다.

물론 직업의 안정성을 추구하는 것이 나쁘다는 것은 아니다.

공기관이나 대기업 같은 곳에 취직, 정년까지 편안하고 무난하게 직장생활을 하는 것도 개인적으로는 괜찮은 일일 수 있다. 그러나 문제는 자신의 능력이나 적성은 고려하지 않은 채 그렇듯 편한 직장에 입사하기 위해 몇 년씩 시험공부를 계속하며 허송세월을 보낸다는 데 있고 또한 젊은이로서 어떤 것에든 새롭게 한 번 도전해 보고자 하는 패기나 야망이 부족하다는 데 있다.

특히 요즘 젊은 사원들 중에는 회사에 입사를 해도 영업 관련 부서에 근무하는 것을 극력 기피하는 경향이 있는데 이는 매우 잘못된 사고방식이라 할 수 있다. 영업업무의 개념과 흐름을 익히지 않고서 어떻게 회사의 생리를 이해하고 적응할 수 있겠으며 또 무슨 개인적 성장과 경제적 풍요를 실현할 수 있겠는가. '생산과 판매 행위', 이는 인간의 가장 원초적 욕구와 지혜, 노력 등이 집약된 중요한 생존활동인 것이다. 최대한 싸게 구입하려는 소비자와 최대한 비싸게 팔고자 하는 생산자가 만나는 시장이란 그야말로 생존경쟁의 격전장이며, 온갖 전술 전략이 투입되는 치열한 지혜 겨룸의 현장이다. '인생은 영업'이라는 말이 있듯, 자기 손으로 제품과 서비스를 만들어 팔아본 사람만이 세상물정을 제대로 알 수 있는 것이다.

필자는 더러 신문, 잡지 등에서 톱 세일즈맨들의 기사를 읽을 때마다 그들이 존경스럽다. 필자가 개인적으로 아는 사람 중에도 몇 년 동안 열심히 세일즈활동을 하여 모은 자본으로 회사를 설립, 성공한 사람이 있다. 그의 나이 또래들이 회사에서 겨우 대리나 과장 직함 달고 있을 때 그는 이미 중소기업 사장이 된 것이다.

젊은 나이에 안정된 것만 찾는 사람은 남달리 성공하기 어렵다. 가슴에 큰 야망을 품고 숱한 고난과 역경의 길을 두려움 없이 걸어가는 사람이 발전하고 성공한다. 직장을 구해도 꼭 대기업이나 관공서 같은 데 들어가 편안히 안주할 생각을 가지는 것보다 어려운 중소기업체라도 자신의 능력과 재능을 발휘할 만한 곳을 찾아 힘껏 젊음을 불태워보는 것도 의미 있는 일일 수 있다.

샐러리맨으로 성공한 사람들 중엔 거의가 처음엔 열악한 환경의 중소기업체에 입사하여 온갖 고생을 해가며 열심히 능력을 발휘하다 차츰 회사가 커지고 오너에게 인정을 받음으로써 임원이 되고 사장이 된 사람들이 많다. 실패를 두려워하거나 안정만을 추구하는 사람들은 그만큼 발전도 더디다는 것을 명심할 일이다. 안정이란 어떤 의미에선 곧 정체를 의미할 수 있기 때문이다.

우리가 직장에서 흔히 볼 수 있는 예로, 공직(公職)에 오래 몸 담고 있다가 정년퇴직 뒤 여차저차해서 일반 기업체 임원 등으로 날라 온 사람들을 보면 그 중 대부분은 실제 업무능력 면에 있어 말 그대로 '고문관'이나 다름없는 이들이 많다. 창의력, 기획력, 추진력, 융통성, 순발력 등은 말할 것도 없고 사회실정, 현실감각, 지능지식 면에서도 일반 기업체에서 산전수전 다 겪으며 잔뼈가 굵은 사람들에 비하면 크게 뒤떨어진다. 몸에 밴 권위주의, 원리원칙주의 성향 또한 강해 회사조직과 업무진행에 끼치는 폐해와 차질도 적지 않다.

수십 년 동안을 안정된 공조직 안에서만 천하태평하게 생활해오다보니 그 의식과 감각이 크게 퇴화된 결과인 것이다. 이런 의식행태가 바로 평생 월급쟁이로만 살아온 이들의 공통점이다. 따라서 젊은이들일수록 험난하고 새로운 일에도 두려움 없이 도전할 수 있는 패기를 지녀야 하고, 거친 광야에 홀로 나서 스스로 먹이를 구할 수 있는 자립성, 진취성을 길러야만 한다.

제2장
조직화합을 위한 장

2-1 현실인식이 없는 사원
기업은 공조직이 아니다

2-2 직업의식이 부족한 사원
직업의 소중한 의미와 가치를 인식하라

2-3 이기주의형 사원
나도 이롭게 남도 이롭게 하라

2-4 질시심이 강한 사원
배 아프면 지는 것이다

2-5 기회주의형 사원
사람으로서 기본 양식은 갖춰야 한다

2-6 경거망동형 사원
겸손과 신중함도 중요한 능력이다

2-7 배려심이 부족한 사원
소인은 소심하고 군자는 세심하다

2-8 불평불만형 사원
만인이 평등한 사회는 지구상에 없다

2-9 배은망덕형 사원
은혜를 잊을지언정 원수로 되갚지 말라

2-10 의욕과잉형 사원
넘치는 것보다 모자라는 게 낫다

2-1 현실인식이 없는 사원

기업은
공조직이 아니다

입사한지 몇 년이 지나도 도무지 상황파악, 현실인식이 안 되는 사원들이 있다. 그야말로 '여긴 어디?', '나는 누구?'인지 분간 못하는 사원들이다. 이들은 툭하면 회사에서 공정, 평등, 정의, 합리, 투명, 민주 등을 주장하며 이상론을 늘어놓는다.

기업은 국민 세금이나 성금으로 운영되는 공공기관 또는 공익활동단체가 아니다. 구성원들이 공동출자한 동업형태의 협동조합 조직도 아니다. 자본주의 시장경제체제 하에서 엄연히 최대 주주가 법적 권리를 지니고 이익창출을 궁극의 목적으로 운영되는 사조직 즉, 개인회사일 뿐이다.

백 번 양보하여 주인 없는 국가기관 또는 사회단체들이라 할지라도 마찬가지다. 그런 기관들 역시 모두 원리원칙, 윤리도덕 등을 철저히 준수하며 공정무사하고 투명, 평등, 합리적인 시스템으로

운영되지 않는다. 대표적 예로 역대 정부 부처 및 산하기관들의 조직운영 실태를 보았으면 충분히 목도했을 것이다. 인사제도에서부터 사업운영에 이르기까지 그야말로 각종 부정과 비리와 불합리한 사례들이 얼마나 많았는가. 따라서 이 세상에 100% 공정, 평등, 정의롭게 운영되는 사회조직이란 어디에도 존재하지 않는다. 인류가 오욕칠정의 본능적 감정과 욕망을 지니고 살아가는 한 이는 단지, 이상론에 불과할 뿐 현실에서는 이루어질 수 없는 무망한 꿈이다. 하물며 사적 이익을 추구하는 조직인 기업들이야 말할 것도 없다. 따라서 일반 기업에 근무하면서 툭하면 이런 대의명분, 이상론이나 따지고 주장하는 사원들은 철부지 몽상가들일 뿐이다. 이는 자신이 현재 몸담고 있는 곳이 공조직인지 사조직인지 분간조차 못하는 데서 비롯된 한심한 의식행태이다.

필자의 논리가 지나치게 친기업적이라고 할 수도 있을 것이다. 그렇다. 필자는 누구보다 친기업적 사고를 지니고 있으며, 우리 사회 반기업적 정서를 지닌 이들에 대해서는 대단히 잘못된 의식을 지닌 이들이라 생각하고 있다. 나라를 위하는 길이 궁극적으로 국민을 위하는 길이듯 기업을 위하는 길이 곧 노동자를 위하고 국가경제를 위하는 길이라는 확고한 신념을 지니고 있다.

물론 기업 또는 기업주의 부도덕한 행위, 불합리한 경영행태가 적지 않은 것도 사실이다. 그러나 이는 해당 기업, 해당 사안에 국한된 것일 뿐 그렇다고 하여 기업집단 전체를 싸잡아 비난하거나 그들의 역할을 폄훼할 수 없는 일이다.

어느 사회든 기업이야말로 국가경제, 국민생활을 발전시키는 핵심주

역이자 원동력이다. 기업은 지속적 사업활동으로 다수 국민들의 일자리를 창출함은 물론 세수증대, 외화획득 등을 통해 국익에 기여한다. 아울러 유용한 상품과 서비스의 생산, 공급으로 대중의 편익을 증진하고 신기술, 신제품개발을 통해 국가산업성장에 이바지한다. 즉, 기업은 존속 그 자체로서 국가 사회발전, 국민복리 증진에 가장 크게 공헌하는 집단인 것이다. 한마디로 기업 덕분에 전 국민, 온 나라가 먹고 산다 해도 과언이 아니다. 세상이치로 볼 때도 인류 최고의 지향가치라 할 수 있는 '홍익이념' 또한 기업인들이 앞장서 실천하고 있는 것이다. 그럼에도 불구하고 기업의 역할과 공로에 대해 왜 다들 제대로 된 인정과 평가를 안 하는지 안타깝기 그지없다.

물론 여기에는 근로자들의 노고도 한몫을 차지한다. 그러나 기업이 없으면 근로자도 있을 수 없다. 기업주가 온갖 불확실성의 리스크를 감수하면서 과감히 자기 자본을 투입, 기업을 설립하지 않았다면 근로자들 역시 일자리를 구할 수 없음은 당연하다. 따라서 순서상으로 보나 실질적 역할과 성과, 공로 면에서 보나 기업의 국가 사회적 기여도는 근로자들의 그것에 비할 바가 아니다. 이러한 측면에서 모든 국민들은 기업의 중요성을 절실히 인식해야 하며, 당연히 친기업적 정서를 지니는 것이 지극히 옳은 것이다.

그럼에도 불구하고 요즘 노동자단체나 환경단체, 일부 인권단체 등에서는 기업을 마치 악덕 자본가집단쯤으로 인식, 매도하는 경향이 적지 않다. 다들 경제관, 기업관, 사회관을 바르게 인식, 정립하지 못한 탓이다.

특히 요즘 젊은이들 중에는 기업에 근무하면서도 회사 경영이 투명,

공정하지 못하고 민주적, 합리적이지 못하다고 불평하는 사원들이 많다. 심지어 '직장상사들과 자신들이 일하는 시간은 똑 같은데 왜 월급이나 성과급은 그들이 더 많이 받는지 공정, 평등하지 못하다'고 주장하는 사원들도 있다. 이는 필자가 지어내서 하는 얘기가 아니다. 요즘 매스컴이나 SNS 등을 보면 실제 이런 주장을 하는 직장인들 한둘이 아니다. 너무 어이가 없어 할 말을 잃을 정도다. 이 모든 것이 결국 MZ세대들에 대한 가정교육, 학교교육, 사회교육이 잘못된 탓이다.

군대에 입대하면 군대조직의 질서규범에 맞게, 회사에 입사하면 회사의 조직문화에 맞게 사고하고 처신해야 하는데, 한마디로 자신이 지금 어느 조직에 속해 있는지조차 모르는 것이다. 군에 입대해서도 왜 반찬이 자기 집만 못하고, 왜 매일 힘든 훈련을 해야 하며, 왜 자신보다 상관들이 더 나은 대우를 받는지 불만을 토로한다면 그를 제 정신이라 여길 사람 아무도 없을 것이다.

그러나 요즘 회사에는 이런 정신 나간 주장을 하는 사원들이 적지 않으며 또 이런 불평불만, 요구사항들이 실제 먹혀들기도 한다. 특히 나라의 법령이나 제도 역시 근로자들에게 절대적으로 유리하게 제정, 운용되고, 노조의 힘 또한 지나칠 정도로 강성하다. 여기에 대중여론도 근로자 편이다. 경영자들 역시 이런 편향적 사회시스템에 대해 불만을 가지면서도 이를 논리적으로 설명, 대응할 지적 역량을 지니지 못하고 있다.

그러다 보니 때로 노조가 엉터리주장과 요구를 해도 그대로 받아들여지는 예가 많다. 특히 근로자들의 불법파업 등 단체행동에 기업은 그야말로 속수무책일 수밖에 없다. 생산활동을 계속하기 위해서는 어쩔 수 없이 이들의 요구를 수용해야만 한다. 이러니 헌법 위에 '떼법'이란 말이 나올만 하다.

근로자들이 주장하는 공정과 평등, 분배의 논리도 크게 잘못되었다. 필자가 늘 하는 말이지만 사원과 사장은 동업자 관계가 아니다. 회사 이익이 발생했을 경우 사장은 직원들에게 당초 근로계약 시 약정한 급여와 성과급 외에는 더 지급할 의무가 없다. 이는 회사가 적자일 때 직원들에게 그 손실금을 청구할 수 없는 이치와 같은 논리이기도 하다. 따라서 '분배'라는 개념과 용어 또한 '보상'이라 칭함이 마땅하다.

회사가 직원들에게 임금을 아무리 많이 지급해도 받는 쪽에선 100% 만족하기 어렵다. 사람의 욕심이란 끝이 없기 때문이다.

예컨대 생산직 사원의 경우 하루 10개 제품을 생산하면 10개 분량에 대한 임금을, 20개 제품을 생산하면 20개에 해당하는 임금을 지급하는 것, 다시 말해 노력과 능력에 상응한 임금을 지급하는 것, 이것이 진정한 공정이고 평등이다. 만일 적게 일한 사람과 많이 일한 사람에게 똑 같이 임금을 지급한다면 그것이야말로 불공정, 불평등이다. 물론 회사업무란 것이 대부분 협업시스템에 의해 이루어지기에 사원 각자의 업무성과를 정확히 측정할 수 없어 현실에서는 평균적 계산을 통해 임금을 책정, 지급하고 있지만 이치상으로 그렇다는 얘기다.

따라서 회사는 각 사원들에게 제반 업무에 참여할 기회만 공정히 제공하면 되고, 업무성과에 대한 평가만 공정히 실시하면 되고, 업무활동에 대한 지원만 공정히 시행하면 된다. 즉, '보상에 대한 공정'이 아니라 '기회제공과 능력평가 과정에서의 공정'을 추구하는 것이 합당하다는 얘기다.

이 세상에 만인이 만족할만한 공정함이란 있을 수 없고, 만민에게 평등한 조직 또한 있을 수 없다. 만일 있다면 그런 것을 이상으로 추구하는 사이비종교나 공산국가들뿐이다. 하지만 그들의 궁극적 지향이념 역시 단지, 대중을 속이는 감언이설에 불과하였음은 동서고금 역사가 증명하고 있다.

현실에서 이루어질 수 없는 이상론이란 마치 잠자면서 꿈을 꾸는 것이나 다를 바 없다. 따라서 눈길은 하늘을 바라보더라도 발끝은 땅을 딛고 서 있음을 항상 잊어선 안 되는 것이다.

기업에서도 공정과 투명, 동반성장, 상생경영, 소통경영 이런 거 너무 내세우고 강조하지 마라. 철부지 직원들 들으면 진짜인줄 오해하고 착각한다.

아무튼 사원들은 지금 각자가 처해있는 현실상황과 자신의 직분 등을 정확히 파악, 그에 맞는 냉철한 현실인식을 지니고 직장생활에 임하는 자세를 갖춰야 한다.

2-2 직업의식이 부족한 사원

직업의 소중한 의미와 가치를 인식하라

어떤 연유로든 남들 허물을 일일이 지적하고 비판한다는 건 몹시 곤혹스러운 일이다. 그러나 또 한편 젊은 직장인들에게는 칭찬과 격려도 필요하지만 때로 따끔한 지적과 훈계도 필요하다고 생각한다. 이들이 그릇된 의식행태를 지니는 것, 그것을 선뜻 고치려하지 않는 것은 본인들 역시 제반 이치를 잘못 알고 있기 때문일 수 있다. 필자를 포함하여 그 누구도 20, 30대 시절에는 사실 세상이치를 제대로 알 수 없다. 따라서 선험자들이 이들의 오류와 그릇된 인식 등을 적극 바로잡아줘야 할 필요가 있는 것이다.

그런 의미에서 또 한 가지 문제점을 지적하자면 요즘 젊은이들의 직업의식 즉, 일에 대한 개념과 인식이 매우 잘못되었다는 점이다. 예컨대 근래 직장인들 중에는 워라밸을 최고 근무요건으로 꼽으며 여가활동이나 취미생활, 재충전을 위한 시간활용의 중요성 등을 강조하는데 다 좋은 얘기다. 그러나 이 역시 다시 한번 생각해볼 필요가 있다.

지금 우리가 사는 이 사회와 직장현실이 그렇게 젊어서부터 여가생활도 하면서, 취미생활과 휴가도 즐기면서, 쉬엄쉬엄 일하며 살아가도 남들과의 경쟁에서 뒤지지 않고, 노후 생활이 보장되며, 평생 아무런 어려움 없이 생활할 수 있을 정도로 과연 여유로운 곳인가 하는 점을 되살펴볼 필요가 있다는 뜻이다.

또한 틈나는 대로 놀면서 일할 것인가, 열심히 일한 뒤 좀 더 보람 있고 안정되고 가치 있는 여가생활을 즐길 것인가 하는 방법과 순서의 문제에 대해서도 숙고해볼 필요가 있다. 특히 요즘은 100세 시대, 젊었을 때 열심히 공부하고 일해도 나이 들어 쉬고 놀고 즐길 수 있는 시간 충분하다.

물론 '노세, 노세, 젊어 노세'하는 식의 인생관, 가치관을 지닌 사람들에게야 더 할 말이 없겠으나, 최소한 미래 자기 행복을 실현하겠다는 목표를 지닌 이들이라면 그래서는 곤란하다는 얘기다.

그릇된 의식풍조일수록 전염성 또한 강하다. 요즘 하도 '일 만이 삶의 전부가 아니네, 어쩌네' 하면서 틈만 나면 모두들 놀고 즐기자는 풍조가 만연되다 보니, 이젠 정말 회사에서 아무리 급한 일이 있어도 사원들에게 야간 근무나 휴일 근무를 시킨다는 것은 어렵게 됐다. 지금껏 열심히 일해 왔던 사람들마저도 주말이나 휴일만 다가오면 괜히 기분이 싱숭생숭해지고, 밤늦도록 사무실에 앉아 있노라면 일종의 소외감 같은 것까지 느끼게 될 때가 있다.

특히 요즘 MZ세대 직장인들 경우 정상근무시간 외에는 단 10분도 회사 일에 시간투자를 하려들지 않는다. 아홉시 땡 하면 출근해서 여섯시 땡 하면 총알같이 퇴근한다. 또한 직장에서뿐만 아니라 개인생활을 함에 있어서도 무엇 한 가지 생산적인 데에 시간을 쓰기보다는 그저 놀고 즐기자는 쪽이다.

때로 이들 신세대 특유의 개성과 자기표현, 고정관념에 얽매이지 않은 발상, 능숙한 정보통신기기 활용술 등은 긍정적으로 평가할 만 하지만 가장 중요한 문제 즉, 자기개발과 자기성취를 위한 열성적 노력의지의 부족, 전체를 생각지 않는 부분적 시각과 사고, 그릇된 사회·경제 인식 등은 심히 우려할만한 현상이 아닐 수 없다.

앞서 언급했듯 혹자들은 이러한 풍조를 두고 시류에 따른 '가치관과 생활트렌드의 변화' 또는 '세대 간 의식문화의 차이'라고 당연한 듯 말하기도 하지만, 그러나 인간의 궁극적 삶의 목표가 최소한 그저 하루하루 편하고 재미있는 삶을 보내다 가는데 있지 않는 한 이런 의식은 분명히 잘못되었다는 것을 알아야 한다.

이는 어느 쪽 생각이 더 옳고 그르냐를 논하기에 앞서 어떤 것이 더 효율적이고 어떤 의식자세가 자신에게 더 이익이 되는가를 따지는 문제다. 대중의 일반적 의식성향과 가치관, 도덕문화 등은 복잡한 철학, 사회학적 문제라 100년을 논쟁해도 만인이 공감할 해답을 얻을 수 없지만 효율과 이익, 순서와 방법을 따지는 일만큼은 단순 산수의 문제이기에 비교적 쉽게 정답을 찾을 수 있는 것이다.

우리보다 몇십 년쯤 경제·문화적으로 앞서 있는 선진국 국민들도 요즘 우리 젊은이들처럼 놀기 좋아하고 근로의식이 해이해져 있지는 않다. 우리는 정말 너무 일찍 들뜨고, 너무도 작은 성과에 만족하고 도취해 버렸다.

흔히들 우리경제가 눈부신 발전을 했다며, 마치 한국이 경제부국, 선진강국 반열에라도 오른 양 야단법석들을 떨고 있지만 그러나 착각들 좀 하지 마라. 한국이 무슨 선진국은 선진국인가? 국민소득 수준으로 볼 때 아시아권에서 마저 대만, 홍콩, 싱가포르 등에도 뒤져 있음을 알아야 한다.

여기에 각종 우울한 경제지표 등은 차치하고라도 한창 일할 나이에 취직조차 하지 못해 집안에서 놀고 있는 2030세대 청년들만도 무려 수십만 명에 이르고 있다. 다들 눈은 높고, 힘든 일은 하기 싫고, 지닌 재주와 기술은 없다 보니 결국 백수 생활을 계속할 수밖에 없는 것이다. 어디에 취직을 한다 해도 불과 몇 달, 몇 년을 못 버티고 또 다시 실업자로 전락하고 만다. 이는 평소 자기개발 노력에 소홀하고 그릇된 의식을 지닌 본인 탓도 있지만, 자녀들에 대해 진로지도를 제대로 하지 못하고 과잉보호를 해온 부모의 잘못도 크다.

정말이지 우리나라는 모든 국민들이 아직은 좀 더 허리띠를 졸라 매야 하고, 좀 더 땀 흘리고 뛰어야 할 때인 것이다.

어느 나라를 막론하고 국민들의 근로의식이 해이해지기 시작하면 더 이상의 경제성장은 이루기 어렵다. 아르헨티나, 인도네시아, 필리핀 등 한때 우리보다 발 빠른 경제성장을 보였던 나라들이 중도에서 모두 후진국으로 전락해버린 원인 또한 되새겨봐야 한다. 원래 가난했던 사람들이 부자가 되기 어려운 것은 일단 일신의 배고픔만 극복하고 나면 더 이상 노력들을 안 하기 때문이다.

개인이든 기업이든 국가든 흥하기는 어려워도 망하는 건 실로 순식간이다. '무너지는 것은 언제나 한꺼번에 무너진다'는 말도 있다. 특히 근래 인공지능과 로봇기술의 발달로 향후 일자리 역시 엄청나게 줄어들 것이다. 그때는 다들 뭐 해 먹고 살 것인가?

사람이 일하기 싫어하고 놀기만 즐겨서는 지속적 삶의 안정과 풍요를 누릴 수 없음은 너무도 당연한 이치인 것이다.

모두 익히 알고 있는 얘기겠지만, 과거 창업 1세대 기업인들 경우 평생의 생활이 일로 시작해 일로 끝난다고 해도 과언이 아니었다. 자신의 모든 에너지와 혼과 정열을 오직 일하는 데에 쏟아 부었다. 그 결과 자기 삶의 큰 성취를 이루고 기업을 성장시켰으며 국가경제발전에도 크게 이바지했다. 그리고 일에 대한 이 같은 열정적 자세는 예나 지금이나 우리 사회 모든 성공한 사람들에게서 공통적으로 볼 수 있는 삶의 모습이며 특징이기도 하다. 이들의 생활자세, 열성적 노력, 투철한 직업의식 등을 누가 과연 시대에 뒤떨어지고 고루한 삶의 방식이라고 폄하할 것인가? 100년의 세월이 지나도 사람이 살아가는 이런 근본이치란 달라지지 않는 것이다.

자신이 열심히 일하는 것은 곧 자기 자신의 발전과 이익을 위함이지 회사나 다른 사람을 위해서가 아니다. 직장에서 이럭저럭 시간이나 때우다가 과장이나 부장쯤에서 정년퇴직하는 걸로 만족할 수 있는 사람이라면 남들보다 더 열심히 일하거나 공부하지 않아도 된다. 또한 자신의 삶에 있어 아무런 목표의식이나 성취욕구 없이 그저 하루하루 편하게만 지내려는 사람이라면 1년 내내 자기 집 안방에서 뒹굴며 놀아도 민주주의 국가에서 누가 강제로 일하라고 끌어낼 사람 없다.

필자가 기회 있을 때마다 백만 번도 더 강조하는 얘기지만, 결국 우리는 각자 자신의 행복을 실현하기 위해 열심히 노력하는 것이고, 반드시 그리 해야만 하는 것이다. 또한 그럼으로써 직장조직은 물론 우리 사회의 발전도 이루어진다. 사회구성원들이 저마다 열심히 노력하는 삶을 살아야 하는 것은 이처럼 논리적으로도 현실적으로도 지극한 당위성과 필연성을 지니고 있다.

하지만 요즘 직장인들을 보면 마치 일하는 것을 자기 자신이 아닌 남을 위해 하는 것으로 착각하고 있는 듯한 느낌이 들 때가 적지 않다. 누가 사원들에게 '열심히 일하라.'고 얘기하면 그것이 의례히 회사를 위해 그렇게 하라는 것이려니 짐작하고 시큰둥한 반응을 나타낸다. 그러다 보니 심지어는 직장에서 남보다 몇 시간 더 일하면 오히려 그만큼 손해를 보는 것으로 생각하는 경우까지 있게 되는 것이다.

밤을 새워 일해도 힘이 남아돌 정도의 젊은이들이 하루 8시간 일하는 것도 힘겨워하고, 이제는 주 5일근무제가 정착되어 공휴일까지 합치면 1년 중 거의 3분의 1은 놀고 쉬는 날이다.

흔히들 재충전, 재충전 하지만 재충전의 방법 또한 여러 가지가 있다. 막말로 사람의 심신이 무슨 전기 배터리도 아닐진대 얼마간 일하고 얼마간은 꼭 쉬어야 재충전이 된다는 이론이 어디 있느냐 말이다.

물론 사람이 1년 365일 쉬지도 말고 계속 일만 하자는 얘기가 아니다. 놀고 쉬는 것도 질(質)과 양(量)의 문제라는 얘기다.

그리고 무엇보다 안타까운 것은 왜 많은 사람들이 일하는 것을 꼭 '견디기 힘든 노역(勞役)을 하는 것' 쯤으로 생각하는가 하는 점이다. 오히려 쉴 때보다도 일할 때가 사람에겐 더 보람 있고 활기찬 시간이 될 수도 있다. 직장에서 퇴근시간, 휴일마저도 잊은 채 열심히 일할 때 진정한 삶의 의미를 찾는다는 프로직장인들 또한 우리 주위에 많다. 휴일임에도 불구하고 매일 직장에 나오고 싶어 하는 사원들 또한 적지 않다. 문제는 일하는 것 자체를 단순히 힘든 '노역', '고역'으로만 생각하는 아마추어 직장인들의 나태한 직업의식이라 할 수 있다. 자기만의 특별한 삶의 목표나 성취의지 없이, 일하는 것을 오직 먹고살기 위한 방편으로만 생각하니 어떻게든 구실을 만들어 놓고 쉬려는 것이다.

물론 생산현장에서 힘겨운 육체노동을 하는 근로자들의 경우야 다르겠지만, 일반 사무직 사원들의 경우 이런 사람들은 단언컨대 한 달에 보름을 쉬어도 생산성이 올라가지 않고 삶의 질, 노동의 질이 향상되지 않는다.

솔직히 말해 요즘 냉난방 시설이 완비된 초현대식 사무실에서, 흰 와이셔츠에 넥타이 매고 앉아 자기 개인적으로 온갖 할 짓 다해가며, 하루에 고작 몇 시간 컴퓨터 자판이나 두들기다 퇴근하는 것도 과연 힘든 일이라고 할 수 있는가? 그마저 힘들다고 하소연하는 사람은 이 세상에 할 수 있는 일이란 아무 것도 없으며, 직장이나 사회에서 성공하고 출세하기란 애당초 틀렸다고 봐야 한다. 막말로 사람이 무조건 많이 쉬고, 많이 논다고 하여 삶의 질이 높아질 것 같으면 시정의 한량이나 백수건달들 삶의 질이 가장 높다고 봐야 할 것 아니겠는가.

일하는 것을 삶의 낙으로 삼고, 돈 버는 것을 일생의 목표로 삼아 꾸준히 노력하는 사람과 노는 것을 즐거움으로, 돈 쓰는 것을 재미로 여기며 사는 사람과는 5년, 10년만 지나면 엄청난 삶의 격차가 발생한다. 이는 그야말로 토끼와 거북이, 개미와 베짱이의 삶보다 더한, 평생 좁히기 힘든 초격차이다. 특히 직장인들의 경우 어느 회사에서든지 한곳에서 5년, 10년 꾸준히, 열심히 노력하면 대개는 그에 상응한 예우와 보상을 받을 수 있기에 그 격차는 더욱 커진다.

혹자는 이런 말하면 '꼭 노인네 같은 소리만 한다.'거나 또는 '지극히 구시대적 사고방식을 지니고 있다.'며 반감을 가질 수도 있다. 그러나 요즘 젊은이들에게 이른바 '꼰대'라는 멸칭으로 불리는 기성세대들이 한결같이 비슷한 말을 하는 데는 다 그만한 이유가 있다. 그들 역시 젊은 시절을 살아봤고, 살아본 결과 그것이 정녕 최선, 최고, 최상임을 충분히 확인하고 깨달았기 때문이다. 따라서 요즘 젊은이들 또한 앞으로 나이 들어보면 필자의 말이 결국 옳았음을 절실히 실감하게 될 것이다.

아무튼 근래 소위 신세대 직장인들의 의식행태를 보면 매사에 너무 나태하고 안일하다는 느낌을 지울 수 없다. 물론 남다른 능력과 전문기술을 지니고 열성적, 모범적으로 생활하는 사원들도 전혀 없는 것은 아니지만 다수의 직장인들이 그렇다는 얘기다. 이 세상 어느 누구를 막론하고 평소 열심히 일하지 않으면 성과가 있을리 없고, 성과가 없으면 본인은 물론 국가 사회 역시 발전을 이룰수 없음은 너무도 자명한 이치다. 이는 윤리학, 도덕학이 아닌 기초 과학, 기본 수학의 원리다.

대학을 졸업하고도 공문서 한 장 기안 못하고, 상용한자마저 제대로 못 읽고, 자기회사 사업구조가 어찌 되는지, 생산제품의 원료는 어디서 어떻게 조달하는지도 모르면서 어떻게 남들 쉴 때 따라 쉬고 남들 즐길 때 함께 즐길 생각들을 할 수 있는가?

또한 그러면서도 저마다 어디서 한 마디씩 주워들은 말은 있어 가지고 '일에 대한 진정한 의미를 찾기 어렵다'느니, '보람과 가치를 발견하기 어렵다'느니, '회사에서 열심히 일할 수 있도록 동기부여를 안 해준다'느니 투정만 부리는 예가 허다하다.

하지만 단언컨대, 정녕 그렇듯 의미와 보람과 가치를 느낄 수 있는 일, 날마다 동기부여가 팍팍되는 일, 매일매일 신나고 재미있고 행복감을 느낄 수 있는 일, 자신이 꼭 하고 싶은 일만 찾아 평생을 계속하며 살 수 있는 사람은 이 세상에 단 한 명도 없다는 사실을 알아야 한다.

필자가 이런 말하면 또 어떤 사원들은 '그럼 기업의 모든 문제가 사원들에게만 있고 회사 측에는 전혀 개선할 부분도 노력할 점도 없다는 얘기냐?'고 반문할 수 있겠지만, 한국말은 끝까지 들어 보랬다고 그런 뜻의 얘기가 아니다.

우리나라에는 사실 문제기업, 문제사장, 문제상사들의 유형 또한 문제사원들 수만큼이나 많다. 따라서 회사 측에서도 제반 경영시스템과 조직관리체제 등을 합리적으로 정비하여 구성원들의 불만을 해소하고 근로의욕을 진작시키고 업무효율 제고를 도모하는 노력들을 당연히 경주해야만 한다. 그러나 필자가 말하고자 하는 근본취지는 사원들이 회사에 대해 무엇을 자꾸 기대하거나 의지하려들거나 불만만 토로하지 말라는 것이다. 남의 탓, 주변상황 탓만해서는 평생 가도 문제가 해결되지 않는다. 회사의 문제점, 사장과 상사의 문제점은 그들이 각자 알아서 개선할 문제이고, 사원들의 발전방안을 모색하는 일은 사원들 각자가 스스로 알아서 도모할 문제라는 얘기다. 즉, 회사의 구조와 현실이 이러저러하기 때문에 또는 경영자나 상사가 이러저러하기 때문에 사원들 역시 그럴 수밖에 없다는 식의 의식과 자세로는 아무런 해결책도 없을 뿐더러 끝내 자기발전을 이룰 수 없다. 이는 마치 세상의 부조리함을 원망하고 한탄하는 것만큼이나 부질없는 일이다. 따라서 어느 직장에서든 이유와 상황 여하를 막론하고 자신의 발전은 자기 스스로 모색해야 한다는 뜻이다.

사실 민간기업들의 경우 그 본질적 특성, 생태적 속성, 현실적 구조상 경영자의 의식행태가 어떠하든, 조직관리시스템이 어떠하든 경영자 스스로 개선하기 전에는 사원들이 이를 바꾸기란 거의 불가능하다. 대기업이든 중소기업이든 우리나라 거의 모든 기업들 경영실상을 깊이 알고 보면 그야말로 어느 기업할 것 없이 구멍가게식, 주먹구구식 경영이다. 평소 시스템경영이 어떻고, 지속가능경영이 어떻고 주창하지만 그런 건 다 헛구호에 불과할 뿐 실상 내막을 들여다보면 거의 엿장수식 오야 맘대로 경영이다. 이는 대다수 중소기업들은 물론 재벌그룹사 역시 마찬가지다. 거기다 경영자들의 윤리도덕의식이나 지적, 정서적 수준 또한 매우 낮다. 공기업들은 그나마 나름의 객관적, 합리적 규정에 의해 운영되니 조금 다를 수 있지만 민간 오너기업인 경우 최고경영자의 말이란 곧 거역할 수 없는 지엄한 법이다. 그것이 설령 잘못된 것일지언정 이들의 의식행태를 바로 잡을 수 있는 방법이란 지금까지는 발견된 바 없다. 물론 구성원들의 충정어린 건의에 의해 다소 개선될 여지는 있겠지만 사장의 근본적 의식행태까지 바꿀 수는 없는 것이다. 이러한 경영자의 의식행태, 경영스타일이 불합리하게 느껴지고 도저히 마음에 안 드는 직원들은 결국 회사를 그만두는 수밖에 없다.

따라서 회사 또는 경영자가 무엇을 먼저 개선하고 배려해주기를 기대하는 것은 어리석은 생각이다. 물론 사측이 먼저 그리해주면 더 없이 고맙고 좋겠지만, 이를 기대하기란 현실적으로 난망한 일이기 때문이다. 그러므로 사원들은 미래 자기성장을 위해선 자신이 속한 회사 실정이 어떠하든 각자 스스로 나름의 발전방안을 모색하고 적극 노력을 기울여야만 한다.

앞서 말했듯 직장인들이 '문제 사원'의 의식행태를 보이는 배경에는 '문제 사장', '문제 상사'들로부터 비롯되는 원인도 적지 않은 것이 사실이다. 그러나 세상 모든 문제를 원인의 원인의 원인까지 규명하려다보면 결국 단군할아버지까지 거슬러 올라가야 하고, 그럴 경우 끝내 명확한 책임소재도 현실적 개선책, 해결책도 찾기 어렵다.

따라서 사원들은 회사와 적절한 전략적 협업, 전술적 공생, 일시적 동반자 관계를 유지하며 각자도생을 추구해야 한다는 의미다. 어차피 세상 모든 관계란 영원히 지속될 수 없다. 설령 사장이 거지 같고 상사가 막돼먹은 사람들이라 할지라도 자신이 그 회사에서 계속 근무하는 것이 스스로에게 도움이 되고 필요하다면 요건이 충족될 때까지는 모든 것을 감내하며 근무하는 것이다. 그리고 근무하는 동안만큼 회사 일에 최선을 다하는 것이 자신에게도 회사에도 도움이 되고, 도의에 어긋나지 않는다는 뜻이다.

따라서 세상물정 모르는 젊은 직장인들은 괜히 기업에서 공정이니, 평등이니, 합리이니 이런저런 쓸데없는 궤변 늘어놓지 말고 오직 자기발전, 자기성취를 위한 열성적 노력을 기울이는데 온 힘을 쏟아야 한다. 그것만이 자신과 조직 발전을 위한 유일한 방법이자 대안인 것이다.

사원들과 회사 또는 경영자의 관계는 서로가 무엇을 똑같이 요구하고 주장하고 따지고 들 수 있는 대등한 관계가 아니다. 이는 단순히 직장 조직에서의 개별적 신분이나 지위의 격차만을 두고 하는 말이 아니라 또는 어떤 고루한 권위의식에서 비롯된 말이 아니라, 자본주의 사회체제 하에서 기업이라는 특수 집단의 조직구조와 생리 등을 냉철히 분석, 직시해볼 때 그렇다는 얘기다. 따라서 '회사가 또는 사장과 상사가 먼저 뭘 고치고 배려해주면 나도 그에 맞춰 뭘 하겠다'는 식의 사고로는 어떤 해답도 찾을 수 없다. 사람이 현실인식을 제대로 갖지 못하면 매사에 자꾸 착각을 하게 되고 엉뚱한 헛소리들을 늘어놓게 되는 것이란 점을 명심해야 한다.

2-3 이기주의형 사원

나도 이롭게,
남도 이롭게 하라

'인간은 이기적 유전자를 지닌 동물'이란 흔한 말을 굳이 인용하지 않더라도 사람이란 누구나 자신의 이익을 추구하며 살기 마련이다. 이는 모든 인간이 타고난 선천적 생존본능이기 때문이다.

더러 남다른 이타심을 지니고 자기 자신의 이익보다 국가와 민족, 나아가 세계인류를 위해 헌신하고 봉사하며 사는 사람들도 있겠지만 그런 이들은 극히 예외적이라 할 수 있고, 보통사람들의 경우 대저 그렇다는 얘기다.

이런 맥락에서 볼 때 우리가 흔히 근래의 각박한 이기주의, 개인주의 행태 등에 대해 지적들을 하지만, 남들과의 치열한 경쟁을 하며 살아가야 하는 현대사회구조 속에서 매사를 자기 이익 위주로 또는 자기중심적으로 처신하게 됨은 어쩔 수 없는 현실이기도 하다. 물론 대다수 사람들의 정서와 사회 상규에 비추어 볼 때 그 정도가 지나칠 때는 남들에게 비난받을 수 있겠지만, 실생활에 있어 어느 정도의 이기주의, 개인주의행태에 대해서는 사실 누구도 섣불리 옳다 그르다 말하기 어렵다.

사원들에게 '회사를 위해 열심히 일하라.'고 하는 말처럼 쓸데없고 하나마나한 소리는 없다고 본다. 주위에서 누가 그런 말 한다고 회사를 위해 열심히 일할 생각을 갖는 사원들은 거의 없다. 혹 그런 사원들이 있다면 대부분 가식이고 위선일 뿐이다. 회사를 위하는 일이 곧 사원들 자신을 위하는 일이 될 수도 있겠지만, 그런 거시적 의식을 갖춘 사원들은 드물다. 사람들은 대부분 우선 자기 코앞의 성과와 보상에만 더 급급해 하는 심리를 가진 때문이다. 그리고 이는 당연한 인간본능이기도 하다.

따라서 필자가 기회 있을 때마다 직장인들에게 강조하는 말은 '차라리 이기적이기라도 하라.'는 말이다. 즉, 회사를 위해서가 아닌 자기 자신의 이익과 발전을 위해 열심히 노력하라는 얘기다. 구체적으로 말하면 직장에서의 지위 상승과 금전적 보상의 향상, 장래 유용한 기술 및 지식 연마 등 개인적 성취욕구 실현을 위해 부단히 노력하다보면 그것이 오히려 회사발전에 더 효율적으로 기여하게 되는 결과를 가져오게 된다.

또한 우리가 살고 있는 이 사회란 곳 역시 모두들 자기보다 남을 위해 살아가야만 반드시 살기 좋은 세상이 되는 것은 아니다. 오히려 각자 자신의 이익과 발전, 행복을 실현하기 위해 열심히 노력하며 살 때 효율과 성과 면에서 더 빠르고 큰 발전을 이룰 수 있기도 하다. 흔히 드는 예로 시골 농부들이 인류의 식량난 해결을 위해 땀 흘려 일하는 것은 아니지만, 이들 역시 각자 자신의 일에 충실하고 자기 이익을 도모하고자 열심히 일하다 보니 그것이 결과적으로 인류의 먹거리문제를 해결하고 사회발전에 기여하게 되는 이치와도 같다.

이러한 사실들을 미리 전제하고 또 인정하면서 필자는 직장조직 내에서의 지나친 이기주의, 개인주의 행태에 대해 몇 가지를 지적하고자 한다.

어느 직장을 막론하고 꼭 몇몇은 자기 개인사정을 우선으로 생각하고 행동하는 사람들이 있게 마련이다.

사소한 몇 가지 예를 들면, 회사에 아무리 바쁜 일이 있어도 개인적 약속이 있을 경우 퇴근시간이 되기 무섭게 가방 챙겨 퇴근하는 사원, 무슨 사적인 볼 일이 그리도 많은지 툭하면 결근이나 지각, 조퇴를 일삼는 사원, 옆의 동료나 타 부서에서 아무리 일거리가 많아 힘들어해도 본인 업무가 아니면 손끝 하나 까딱하려들지 않는 사원, 걸핏하면 개인용무로 자리를 비우거나 외출이 잦은 사원, 주변 동료의 입장은 아랑곳없이 매사를 자기편익 위주로 처신하는 사원 등등.

이런 사원들은 일단 문제가 있는 사원들이라 할 수 있다.

앞서 말한 이기주의적, 개인주의적 사고방식과 행태는 어디까지나 그것이 자신의 사생활 범주 내에서만 용인될 수 있는 것이지 군대나 학교, 회사 등과 같은 특정 조직구성원으로 생활할 때엔 그 조직의 질서유지에 필요한 여러 가지 제약을 받게 마련이고, 여기에서 일탈할 경우 주위에 상당한 폐해를 야기할 수 있기 때문이다. 그리고 이는 결과적으로 조직생활의 부적격자라는 나쁜 평판을 얻게 되어 자기 자신에

게도 이익을 가져다주지 못함은 물론 오히려 유무형적 손실로 되돌아
오게 된다.

따라서 사람은 언제 어디서든 '나도 이롭고 남도 이롭게' 하는 의
식행태를 지니고 생활해야 한다. 이는 자리이타(自利利他)의 불교
경전 이치와도 같다. 즉, 남을 이롭게 하는 것이 결과적으로 자신
을 이롭게 하는 일이며, 반대로 남에게 손실을 끼치는 행동은 차후
자신에게도 손해가 될 수 있다는 얘기다.

쉬운 예로 기업인들이 자기 이익을 위해 좋은 제품을 생산, 적정가격
에 공급할 경우 소비자들의 편익도 제고하고 자신의 이익도 실현할 수
있다. 또한 사원들 역시 회사에서 열심히 노력했을 때 회사의 생산성
도 높아지고 본인 역시 그에 상응한 대우와 인정을 받게 되는 이치와
도 같다. 그러나 문제는 상대의 이익은 전혀 고려하지 않고 자신의 이
익만 추구할 때 당장은 이익이 될지 모르겠지만 결과적으로는 손해를
볼 수 있다는 얘기다.

매사에 코 앞의 이해득실만을 따져 철저히 계산적으로만 행동하다
보면 결국 주위 사람들에게 소외될 수밖에 없고 밉상으로 보일 수
밖에 없는 것이다. 남들과 함께 더불어 살아가야하는 공동체생활
에서, 특히 팀웍이 중요한 회사조직 내에서 이런 식으로 처신해선
곤란하다.

주위 동료들이야 어떻게 되든 자기 혼자만 편하면 되고, 손해를 안
보면 되고, 잘 먹고 잘 살면 된다는 식의 지나친 이기심은 지양해
야 한다. 직장에서 자신이 조금 손해를 보더라도 동료들에게 양보
하고 베풀 줄 아는 자세를 기른다면 언젠가 그 이상의 보상이 뒤따

르기 마련이다. 그렇다고 단순히 어떤 온정적 차원에서 무조건 남들에게 적선하고 베풀라는 얘기가 아니다. 사람이 성인(聖人)이 아닌 이상 현대경쟁사회에서 어떻게 남들에게 늘 손해보고 양보하고 베풀기만 하면서 살 수 있겠는가. 얘긴즉, 매사에 좀 더 지혜롭고 현명하게 처세술의 방법을 익히라는 것이다. 즉, 1을 먼저 손해 보더라도 나중에 2로 돌려받을 수 있도록 처신하라는 의미다.

다음으로 사원들의 개인주의적 의식행태에 대해서도 한 가지 지적하고 싶은 점이 있다. 바로 직장에서 정해진 규율과 질서를 준수하지 않음으로서 조직의 기강을 어지럽히는 사례다. 주위에 보면 지극히 기본적인 회사규칙 마저도 제대로 안 지키는 사원들이 많다. 가장 흔히 볼 수 있는 예는 직장에서 이런저런 개인사정을 내세워 지각이나 조퇴, 결근 등을 일삼는 사원들이 바로 그런 경우다. 이는 정말 하루빨리 고쳐야 할 그릇된 습성이다.

어느 직장을 막론하고 직장 상사들은 부하직원들이 아침 출근시간에 늦는 것을 싫어한다. 남보다 이삼십 분 먼저 출근해 커피를 마시고 잡담을 나누며 앉았더라도 일단은 회사에 일찍 출근하는 사원들을 선호하는 것이다. 이는 누가 일을 몇십 분 더하고 덜하고의 문제가 아니라 상사들은 직장인으로서 기본적인 정신자세 문제라고 생각하기 때문이고, 사실이 그렇기도 하다.

회사에서 지각이 잦은 사원들은 거의 정해져 있다. 이들은 거의 습관적으로 지각을 한다. 사유를 물어보면 대개 전날 밤 과음을 해서, 늦잠을 자서, 차가 막혀서, 자명종이 안 울려서, 심지어 출근길에 아는 사람을 만나서 등등 그야말로 온갖 이유 같지 않은 이유들을 늘어놓는다. 하지만 이런 것이 지각의 타당한 이유가 된다면 아마 제 시간에 출근할 사람 거의 없을 것이다. 이런 개인 사정이야 누구에게든 있다. 그러나 회사에 정시 출근하는 사원들은 조직생활에서의 질서와 규율을 지키기 위해 이런 모든 개인 사정들을 극복하고 정시 출근하는 것이다.

이 세상에 자고 싶은 잠 다 자고, 쉬고 싶은 것 다 쉬고, 자기 개인 볼일 볼 것 다 보고 제 시간에 출근할 수 있는 사람은 없다. 한마디로 자기 관리의 문제이고 책임의식과 성실성의 문제인 것이다.

또한 이렇듯 근무자세가 불성실한 사람들일수록 유심히 관찰해볼라치면 평소 할 일이 없을 땐 멀뚱멀뚱 온종일 자기 자리를 지키고 앉았다가 어쩌다 바쁘거나 급히 필요할 때면 꼭 무슨 개인사정으로 결근을 하거나 자리를 비우게 되는 예가 많다. 이는 물론 고의는 아니겠으나 마치 머피의 법칙처럼 공교롭게도 타이밍이 그렇게 맞아떨어지는 경우가 흔하다. 그럴 때 주위 동료들이나 상사들이 그 사람에 대해 느끼고 평가하는 감정이 어떨지는 굳이 말하지 않더라도 짐작이 갈 것이다.

어쨌든 직장에서 이런저런 개인사정을 내세워 한 달에 3회 이상 지각이나 결근을 하는 사원들은 일단 '문제사원'이라고 봐야 한다. 친구 결혼식, 조카 돌잔치, 동료들의 집들이, 증조, 고조 할아버지의 제삿날 등등 모두 개인적으로 중요한 일일 수는 있다. 그러나 자기 체면을 차리고 인사치레를 하고 다니는 것도 좋지만 직장 조직에 몸을 담고 있는 사람으로서, 그것도 이제 한창 업무를 배우고 익히며 조직생활에 충실하고 몰두해야 할 말단 사원의 신분으로서 사돈의 팔촌, 친구의 친구에 이르기까지 온갖 모임이나 경조사란 경조사는 일일이 다 쫓아다닐래서야 어찌 자기 본연의 직무에 충실할 수 있겠으며, 또 어찌 조직에서 인정받기를 기대할 수 있겠는가. 직장에서도 볼라치면 근무시간에 여기저기 주변 사람들로부터 온갖 쓸데없는 전화가 빗발치듯 걸려오는 사원들 치고 자기 실속 변변히 차리는 사원들을 보지 못했다. 속된 말로 맨날 별 영양가 없는 사람들이나 만나러 다니고, 전혀 도움되지 않을 곳이나 쫓아 다니다 보니 정말 하는 일 없이 바쁘기만 하고, 직장 일은 직장 일 대로 차질을 빚게 되는 것이다. 나중에 나이 들어보면 그런 인간관계야말로 얼마나 소용없고 부질없는 것인지를 깨닫게 된다.

아무튼 이런저런 온갖 주변사정들을 내세워 툭하면 결근, 조퇴, 지각을 일삼는 사원들 치고 직장에서 인정받는 사원들은 드물다. 직장조직에서는 특별한 사건, 사고로 인한 것이 아닌 한 그 어떤 것도 지각이나 결근의 정당한 사유가 될 수 없다.

툭하면 개인사정을 내세워 지각, 결근을 일삼는 일은 일면 사소한 것 같지만 조직의 규율과 질서를 저해하는 심각한 문제로 비화될 수 있다. 직장에 그런 사원들 몇 명만 있어도 전체 조직의 기강이 흐려진다.

거듭 강조하지만 직장 구성원들은 프리랜서가 아니다.

사람이 자기 혼자 생활하는 데 있어서야 무엇보다 개인사정이 우선일 수 있겠지만, 직장조직의 일원으로 생활하려면 조직의 상황이 개인사정에 우선함을 잊지 말아야 한다.

사실 어찌 생각하면 직장조직에서 자신이 어떻게 사고하고 행동하는 것이 결과적으로 자신에게 보다 이익이 되고 장래에 도움이 될 것인가 하는 것쯤은 초등학생들에게 물어보아도 누구나 다 계산할 수 있고 인지할 수 있는 사실이다. 그럼에도 불구하고 요즘 우리 사회에는 이런 기초적 행동요령을 다룬 각종 처세술서와 교육프로그램들이 쏟아져 나오고 또 많은 이들이 그것을 보고 익히는데 적잖이 시간들을 투자하고 있는 것은 그만큼 우리나라 직장인들 의식수준이 낮은 때문이라고 해도 과언이 아니다.

필자가 하는 얘기 역시 마찬가지다. 직장인들이 한두 살 먹은 어린 아이들도 아니고 모두 그만한 것쯤 알만한 성인들일진대 이런 일차원적인 얘기를 줄줄이 늘어놓는다는 것 자체가 어떤 면에선 스스로 한심하고 부질없다는 생각이 든다. 하지만 문제는 이런 기초적인 것조차 스스로 생각하고 깨우쳐 행동으로 옮기지 않는 사원들이 우리 주위에 적지 않다는 데 있다. 직장에서 상사에게 자주 지적 받고 잔소리 듣는 것이 때론 야속하고 언짢을 수 있겠지만, 그런 과정을 거치지 않으면 자기발전이 더딜 뿐 아니라 오히려 퇴보할 수도 있다.

따라서 이 책은 바로 그런 사원들이 읽고 각성하여 좀 더 나은 직장생활, 자기발전, 조직화합을 이루었으면 하는 바람에서 쓰여진 것이다. 또한 직장에서 모범사원이라 할지라도 필자 얘기를 참고하여 가일층 자기 발전을 도모하라는 격려와 성원의 뜻이 담겨있다는 점도 덧붙인다.

2-4 질시심이 강한 사원

배 아프면
지는 것이다

세상에서 흔히 쓰이는 말 중 '사촌이 땅을 사면 배 아프다.'는 말이 있다. 또한 '배고픈 건 참아도 배 아픈 건 못 참는다'는 말이 있는가 하면 '여자들 시샘에는 부처님도 돌아앉는다'는 말도 있다. 모두 인간이 내면에 지닌 질시심(嫉視心)이 얼마나 지독한 것인지 여실히 나타내주는 말이다.

옛 속담이나 격언 등이 인구에 널리 회자되는 것은 오랜 세월 수많은 사람들이 삶의 경험을 통해 익히 검증, 확인, 공감해온 내용이기 때문이다.

필자가 옛 속담을 자주 인용하는 이유 역시 고대로부터 전해져온 속담, 격언치고 틀린 말이 없기 때문이다. 더러 상반되는 내용이 있긴 하지만, 그 또한 상황에 따라 각기 맞는 말일 수 있다.

우리나라 사람들은 시기질투심이 유독 강하다. 과거 다들 가난하고 어럽게 살아오다 보니 주변 사람 누군가가 자신보다 월등히 나은 위치에 오르거나 소위 잘 나가는 경우 스스로 심한 열패감을 느끼게 되고, 이 것이 곧 시기질투심으로 이어지는 것이다.

따라서 주위에 누군가 잘 되었다하면 면전에서는 마지못해 축하의 뜻 을 전하지만 진심으로 기뻐해 주는 사람은 드물다. 특히 자신과 가까 운 사람들일수록 더욱 그렇다. 이는 누구나 알고 있는 사실이지만 아 무도 말하지 않는 불편한 진실이기도 하다.

필자는 얼마 전 TV에서 어린이 노래경연프로그램을 잠시 보다가 소름이 끼친 적 있다. 그 프로그램에 출연한 어떤 여자아이는 함 께 출연한 친구가 자신 보다 노래를 훨씬 잘 불러 청중들로부터 큰 박수를 받자 대기석에서 마구 흐느껴 우는 것이었다. 그것은 단순 히 승부욕, 경쟁심이 강해서만은 아니었다. 극도의 열패감과 질시 심이 작용했다고 볼 수 있을 터였다. 경쟁자인 친구가 거둔 성과를 진심으로 축하해주지 못하는 심정까지는 이해할 수 있다. 하지만 친구의 선전에 그토록 서럽게 흐느껴 울 정도라면 이는 참으로 모 골이 송연해질 일이 아닐 수 없다. 인간 내면의 본성이 그 어린아 이 행태를 통해 여지없이 드러나는 것을 보면서 '사람이 질시심에 사로잡히면 못할 짓이 없겠구나'하는 생각까지 들었던 것이다.

실제 시기질투심에 눈이 멀어 상대에게 못된 해코지를 하는 사례 들을 직간접적으로 흔히 볼 수 있다. 사극에 단골로 등장하는 옛 궁궐 후궁들 간 온갖 암투를 비롯하여 동서고금 수많은 역사적 예 화들이 있다.

요즘도 마찬가지다.

한밤중 경쟁업체 공장건물에 몰래 침입, 기계에 모래를 끼얹어 망가뜨리거나, 손님 많은 옆집 식당 반찬통에 소변을 보다 붙잡히거나, 이웃집 어장에 농약을 뿌리다 걸린 사례 등 별별 사건들이 매스컴에 보도되기도 한다. 질시심이란 인간 내면에 공통적으로 잠재된 본성의 일부라고는 하지만 그래도 이 정도에 이르면 끔찍한 병증이 아닐 수 없다.

특히 이런 심리성향은 자신이 남들보다 무엇 한 가지라도 잘 하는 것이 없는 사람들일수록 강하다. 자기만의 남다른 능력과 자신감을 지닌 사람은 그처럼 심한 질시심을 느끼지 않는다. 어느 한 분야, 어느 한 가지 일만큼은 자신도 남들보다 잘할 수 있다는 자부심, 자긍심이 있기 때문이다. 따라서 이런 질시심에 사로잡히지 않으려면 어느 한 분야에서라도 자기만의 특기나 장기를 지녀야 하고, 그런 역량을 기르기 위해 남다른 노력을 해야 한다.

필자 역시 내면을 뒤집어보면 그런 심리가 전혀 없지 않을 것이다. 예컨대 더러 실력 없는 사람이 나보다 더 잘 나가는 것은 기꺼이 이해, 수긍할 수 있다. 실력 있다고 다 잘나가는 것은 아니니까.

그러나 아주 드물게 나보다 지적 능력이 훨씬 뛰어난 사람을 발견했을 때 또는 내가 아무리 노력해도 그를 능가할 수 없겠다고 여겨질 때는 열패감 비슷한 것을 느끼게 된다. 다행히 20대 초반 白水 정완영 선생 글을 읽으며 탄복했을 때를 제외하고 지금까지 그런 감정을 거의 느껴본 적 없긴 하지만.

아무튼 심리학적으로 분석해보면 주변 사람들 잘 되는 것을 배 아파하는 한국인 특유의 놀부 근성은 결국 자기 콤플렉스와 패배의

식에서 기인하는 것이라고 볼 수 있고, 사회 하류계층에 속한 사람
들일수록 이런 증세가 심하다. 그래서 아무리 큰 성공을 거둔 사람
도 자기 고향마을에서는 단지, 어릴 적 코흘리개 누구로 평가 받을
수밖에 없는 것이다.

엊그제 한강 작가가 노벨문학상 수상한 것도 마찬가지다. 이 나라
에 소위 글깨나 쓴다는 사람들치고 내심 배 아파하지 않을 사람 드
물 것이다.

우리 사회에 온갖 모략성 투서와 고발, 비방, 근거 없는 유언비어
등이 난무하는 것도 대개는 남 잘되는 것 배 아파하는 사람들의 질
시심 때문인 경우가 많다.

이와 연계하여 성공한 사람들의 처신 역시 중요하다.

**평소 주변인들 처지를 잘 살피고 헤아려 자신이 좀 잘 나가더라도 겸
손하고 신중하게 언행해야 하는데, 툭하면 남들에게 자랑질이나 일삼
고 과시와 건방을 떨고 다닐 경우 예기치 않은 화를 자초할 수 있다.
그래서 예부터 '병(病) 자랑은 해도 돈 자랑, 권세 자랑은 하지 말라.'
는 속담도 생겨난 것이다.**

필자 역시 과거 한때 반짝했던 시절, 많은 일들을 겪었다. 사업 관
련 여러 기관에 대한 투서질에서부터 온갖 업무 방해공작 등에 이
르기까지. 나중에 알고 보니 이는 모두 나와 평소 교류가 깊었던
경쟁업체 사장 등 몇몇 주변인들 소행이었다.

필자는 그 후부터 누구를 만나든 이른바 불가근불가원의 원칙을
고수했다. 특히 쓸데없는 자랑질은 극도로 삼갔다. 남들에게 그 어
떤 기대도 하지 않았으며, 누구도 깊이 신뢰하지 않았다. 또한 주

변 사람들을 만날 때면 늘 앓는 소리, 죽는 소리로 일관, 소위 불쌍 모드를 연출하는 습관까지 지니게 되었다. 이는 물론 당시 일로 인한 트라우마, 지나친 피해의식에서 비롯된 것일 수도 있다. 그러나 또 한편 주변의 어떤 사람일지라도 자신을 도와줄 힘은 없으나 해를 끼칠 방법은 수없이 많다는 것을 진즉 경험하고 깨달았던 때문이기도 하다.

따라서 누구든 주변에 괜한 자랑질과 과시적 언행을 일삼아 남들 질시심을 유발하고 배를 아프게 만들어서는 안 된다. 그로 인해 야기되는 온갖 문제들도 결국 자신의 철없는 행동에 대한 과보일 수 있다. 절대로 남들에게 무엇을 과시하여 자신의 능력과 성과를 인정받으려 하지 마라. 오히려 겸손하고 근검절약하는 성실한 면모를 보이는 것이 상대에게 호감과 신뢰감을 주고, 더욱 높은 평가를 받게 된다는 점을 명심하라.

예컨대 돈 잘 버는 사람이 자신이 돈 많이 번 것 아무리 자랑해본들 주변인들에게 몇 푼씩이라도 그냥 나누어주지 않는 한 그것을 진심으로 기뻐해줄 사람은 드물다. 아마 부모자식 간 또는 배우자를 제외하고는 거의 없다 해도 과언이 아닐 것이다. 더러 돈이라도 좀 빌려 쓸까, 알랑방귀 뀌는 사람들은 있겠지만 진심으로 친구, 선배, 후배가 돈 잘 버는 것 축원, 축하해 줄 사람은 흔치않다는 얘기다. 오히려 아니꼬워하거나 미워하지 않으면 다행이다.

다만, 주변인들이 그런 질시심을 갖지 않는 경우란 오직 상대가 만인이 인정할 만큼 아주 대단한 성공을 거뒀을 때뿐이다. 이는 상대가 이미 자신과는 비교 불가한 위치에 올랐기에 시기와 질투심마저 아예 포기하게 되기 때문이다. 그래도 내심으로는 절대 그를 인정하거나 존경하지 않을 것이다.

특히 자신과 오래전부터 잘 알고 지내며 사이가 가까울수록 더 그렇다. 이를테면 예전엔 쌀 꾸러 다니던 이웃집 여자가 같잖게 골프 치러 다닌다든가, 지게 지고, 리어카 끌던 놈이 외제차 타고 폼 잡는다던가 하는 등등의 말로 주위의 잘 된 사람들을 폄하하려든다. 그래야 자신의 열패감을 조금이라도 변명하고 위로받을 수 있기 때문이다. 쌀 꾸러 다니던 여자가 골프 치러 다니는 것, 리어카 끌던 친구가 외제차 타는 것이 다들 본받고 부러워할 일이지 어떻게 깔보고 업신여길 수 있는 일인가. 우리나라 사람들 중 과거 조상이 가난뱅이 아니었던 사람 드물다. 굳이 출신성분을 따지고 들자면 이 나라에 소위 귀족행세, 부자행세 할 수 있는 사람이 과연 몇이나 되겠는가.

또한 흔히들 '개구리 올챙이 적 생각 못한다.'는 식의 말로 괜히 성공한 사람들 흉이나 보려들지만, 올챙이가 자라서 개구리가 된 뒤엔 개구리로 행동하는 것이 당연한 일일 수 있다. 이미 개구리가 되었는데 언제까지 올챙이 적 사고와 행동을 계속할 이유는 없는 것이다.

어쨌든 주변 잘난 사람들을 깎아내리려는 언행은 지지리 못난 사람들의 패배의식으로부터 비롯된 것이라 할 수 있다. 자신이 그만 못하니 괜히 주위의 잘난 사람, 잘된 사람들 야유하고 폄하하고 헐뜯으려 든다.

주위 친구의 사업이 '잘될 것'이라고 다른 친구들한테 얘기해 주는 사람은 드물다. 대부분 '그거 해봐야 잘 안될 것' 또는 '얼마 못가 망할 것'이라는 식으로 얘기한다. 어쩌면 내심 빨리 망하기를 학수고대하고 있을지도 모를 일이다. 특히 이런 예는 '집안 귀신이 사람 잡는다'는 말처럼 평소 데면데면하게 지내온 친인척 간일 경우 더 심하다.

회사조직에서도 마찬가지다.

평소 친한 사이라도 동료가 자기보다 더 빨리 승진하는 것, 자기보다 연봉을 더 많이 받는 것, 자신보다 윗사람에게 더 두터운 신임을 받고 있는 것을 달가워할 사원들은 흔치 않다. 흔치 않은 것이 아니라 거의 없다.

회사조직에서는 능력 차이에 따라 후배가 선배보다 더 좋은 대우를 얼마든지 받을 수 있음에도 불구하고 자기의 노력 부족이나 무능력은 탓하지 않고 잘 되는 사람 시기만 한다. 즉, 자신이 잘 되지 못할 바엔 다른 사람도 잘 되지 말아야 하고, 혼자 뒤쳐지는 것보다는 동료와 같이 뒤쳐지는 것이 그나마 마음 편하다는 심보다. 망해도 같이 망하자는 식의 이런 물귀신 기질은 우리 조직과 사회를 망치는 가장 나쁜 근성이다. 특히 직장에서 상사들에게 동료의 단점만 얘기하며 흉을 보는 사람은 비단 심성의 문제를 떠나 그 능력 또한 크게 부족한 사람이다. 동료보다 자신의 실력이 월등하다고 여긴다면 굳이 동료의 단점을 들춰 깎아내릴 이유가 없기 때문이다.

사람은 누구나 어느 정도의 질시심을 지니고 있지만 우리나라 사람들은 그 정도가 심해도 너무 심하다. 겉으로는 안 그런 척 하지만 실제로는 주위의 잘난 사람 등을 밀어주기는 고사하고 발목을 잡아 끌어내리려든다. 주위 사람들이 잘 되면 기뻐해주지는 못하더라도 진심으로 그것을 부러워할 때 자기 노력도 따르게 되고 발전도 있는 것이지, 그저 패배의식에 젖어 시기질투나 하고 냉소적 반응이나 보이는 사람은 성공하기 어렵다. 한마디로 성공한 사람을 부러워하는 사람만이 성공할 수 있다. 흔히 말하듯 '부러우면 지는 것'이 아니라 '배 아프면 지는 것'이다. 특히 상대의 성공을 질시하여 괜한 해코지나 하려드는 사람은 자신이 먼저 망한다.

사족으로 한마디 덧붙이면 남에게 해를 입히는 사람의 경우 크게 세 가지 유형으로 분류할 수 있다.

첫째, 자신의 행위가 남들에게 피해를 준다는 사실을 인지하지 못하는 경우 둘째, 자신의 이익을 위한 경우 셋째, 남이 잘되는 것이 배 아파하는 경우다.

첫 번째와 두 번째의 경우는 정도에 따라 정상을 참작할 수도 있겠지만, 세 번째의 유형만큼은 절대 용서받을 수 없는 인간이하의 저급한 행위임을 명심해야 한다.

2-5 기회주의형 사원

사람으로서
기본 양식은 갖춰야 한다

얼마 전 모 경제연구소가 국내 대기업에 근무하는 직장인들을 대상으로 '현재 회사보다 보수가 더 나은 곳이 있다면 직장을 옮기겠는가?'라는 설문조사를 실시한 적이 있었다. 그런데 '옮기겠다.'고 답한 사원들이 전체의 60퍼센트 이상을 차지했다고 한다. 근로환경이나 대우 면에서 그래도 꽤 괜찮은 편에 속하는 대기업 사원들이 이 정도니 중소기업 사원들은 훨씬 더할 것이다.

사실 현재 직장보다 여러 가지 면에서 좀 더 유리한 조건의 직장이 있다면 그곳으로 옮기고 싶은 욕구가 생기는 것은 사람의 당연한 심리다. 어차피 월급쟁이로 일할 바엔 좀 더 보수가 높고 근로환경이 좋은 회사에서 근무하고 싶은 것은 인지상정이다. 그러나 이직을 결정할 때도 반드시 고려해야 할 요건이 있다.

첫째, 현재 근무 중인 회사가 미래 발전성이 거의 없는 경우 둘째, 자신이 맡은 업무가 적성에 맞지 않고 또한 전혀 배울 것이 없는 경우 셋째, 현재 회사의 경영자가 너무 막가파인 경우 넷째, 새로운 회사로 옮겨 꼭 하고 싶은 일이 있는 경우 다섯째, 이직을 하는 것이 향후 본인 삶의 목표에 부합하는 경우 등이다.

이 다섯 가지 요건 중 어느 하나에라도 해당될 때는 이직을 고려해 보는 것이 좋다. 사원들이 회사에 근무하는 것도 결국 자기 삶의 목표를 이루기 위해서인 바, 위의 경우처럼 이직 외에 달리 방도를 찾기 어려운 상황에 처했을 때는 망설임 없이 회사를 옮기는 것이 낫다는 얘기다.

그러나 이런 경우가 아니고 고작 월급 얼마 더 받는 것, 상여금 몇 퍼센트 더 받는 것, 일하기 조금 더 편리한 것 등에 현혹되어 이리 저리 수시로 직장을 옮겨 다니다보면 결과적으로 자신에게 득보다 실이 되는 예가 더 많다는 점도 생각해봐야 한다. 이직이 잦을 경우 회사 업무에 대한 전문지식이나 깊이 있는 노하우를 익히기도 힘들 뿐더러 대인관계에 있어서 역시 오래고 두터운 친분과 인맥을 유지, 관리하기 힘들다. 또한 이후 자신의 성실성, 근면성을 평가받는 데에도 마이너스 요인이 될 수 있다.

이밖에도 상사들과의 트러블로 이직을 결심하는 경우도 많은데, 이 문제 역시 신중히 고려, 결정해야 한다.

예컨대 박 부장이 괴롭혀서, 김 과장이 매일 스트레스 받게 해서 더 이상 못 견디고 회사를 옮길 생각을 한다는 것은 이미 자신이 생존경쟁의 전장(戰場)에서 한판 패를 당한 것이나 다를 바 없다. 혹 회사의 최고경영자가 자신을 특별히 싫어하고 미워하는 경우라면 또 모를까, 중간 간부들과의 문제야 본인 노력 여하에 따라 얼마든지 관계를 개선할 수 있기 때문이다. 단지, 박 부장, 김 과장이 꼴 보기 싫다고 다른 회사로 옮겨가본들 그 회사에도 박 부장, 김 과장은 있게 마련이다. 우리나라에 박 부장, 김 과장 없는 회사란 없다.

앞서 말했듯 기왕 보수 문제로 직장을 옮기려면 현재에 비해 파격적 수준의 대우를 받던가, 그도 아니라면 자신의 역량을 더 기르고 싶어서라던가, 원대한 장래 꿈을 펼치고 싶어서라던가, 하다못해 출퇴근거리가 너무 멀어서라든가 하는 것은 그나마 나름의 명분과 이유가 될 수 있다. 그렇지 않고 단지, 눈앞에 보이는 지극히 자잘한 잇속의 유혹 때문에, 아니면 단순히 몸 좀 편하자고 이 회사 저 회사 수시로 직장을 옮겨 다닐 생각을 한다면 그건 직장인으로서 너무 가벼운 처신이다. 막말로 공사장에서 일당 받는 잡역부도 아니고, 저자거리 장돌뱅이도 아닌 다음에야 어찌 사람이 편한 것만을 바라 또는 잇속 몇 푼만을 더 바라 평생의 일터를 이곳저곳 옮겨 다닐 수 있겠는가.

최소한 대학을 졸업하고 사회에 진출한 엘리트 직장인들이라면 나름대로 분명한 직업관이 있어야 하고, 각자의 인생관, 가치관이 정립되어 있어야 한다. 어느 직종을 자신의 직업으로 선택, 어떤 자세로 일하며 살아갈 것인가 하는 자기 삶의 계획과 진로에 대한 깊이 있는 의식과 철학을 지녀야 한다는 뜻이다. 그렇지 않고 회사에 근무하면서도 매일 사원모집 광고나 찾아보는 사람, 더 나은 직장에 들어가기 위해 기회만 엿보고 있는 사람, 이런 사람들은 아예 처음부터 회사를 잘 골라 들어갔어야 했다. 일단 집에서 놀기 뭣하니까 아무 회사든 입사해 얼마간 월급이나 받아 챙기고 언제든 다른 데로 옮길 기회만 노리는 것은 매우 무책임하고 비양심적인 일이다.

특히 사원들이 이직할 때는 대개 동종 업계, 경쟁기업으로 옮겨가게 되는 예가 많은데, 이런 경우 기존에 근무하던 회사의 기술, 영업기밀 유출이나 내부 사정 발설 등으로 문제가 발생하는 사례도 잦다. 따라서 부득이 경쟁기업으로 이직을 하는 경우에도 이전 근무하던 회사에 대해서는 신의를 지키려는 마음자세를 지니는 것이 중요하다. 그것이 사람이 살아가는데 있어 최소한의 기본 양식이고 도리인 것이다.

기회주의자라고 해서 다 나쁜 것은 아니다.

사람은 따지고 보면 누구나 기회주의자일 수 있다. 그러나 주변에 폐해를 끼친다거나 상식 이하의 행동과 처신을 하는 기회주의적 태도는 비난받을 수밖에 없다.

때에 따라서는 자신의 잇속을 우선으로 생각하여 행동하더라도 최소한 다른 사람에게 폐해가 없어야 하고, 그 잇속 또한 앞서 말했듯 결과적으로 자신에게 진짜 이익이 되는지, 손해가 되는지 하는 점을 종합적으로 계산, 판단하여 행동해야 한다.

그러지 않고 단순히 작은 이익을 챙기기 위해 이쪽저쪽으로 왔다 갔다 하는 사람은 남들에게 신의와 지조가 없어 보여 나중에는 그 어느 쪽에서도 받아주려 하지 않는다. 이는 직장생활에 있어서도 그렇고 사회생활을 하는 데 있어서도 마찬가지다.

우리가 더러 직장인으로 성공한 사람들의 공통점을 살펴보면 대부분 한 직장에서 몇 십 년씩 자기희생을 무릅쓰고 열심히 노력해온 사람들임을 알 수 있다.

현재 업무가 자기 소질과 적성에 맞고, 현재 회사가 장래성이 있는 회사라면 비록 당장은 만족할만한 수준의 대우를 못 받는다 해도 몇 년이고 한 우물을 파다보면 노력에 상응한 보상이 뒤따르기 마련이다.

너무 조급히 서둘지 마라. 자신이 어느 분야든 충분한 역량을 기르고 갖추게 되면 반드시 새로운 기회가 생기고 인연이 따르게 된다.

특히 젊은이들이 첫 직장을 구할 때는 자신이 하고 싶은 분야의 일을 찾는 것이 매우 중요하다. 그래야 업무성과도 높일 수 있고 재미와 보람도 느낄 수 있으며 장래 비전도 있다. 또한 사람은 대개 첫 직장에서 배운 지식과 기술을 토대로 평생을 살아가는 경우가 많기 때문이다. 따라서 첫 직장은 당장 급하다 하여 아무 직장이나 구하지 말고 신중을 기해 선택해야 한다.

필자 역시 나이 30세에 사업을 시작했다. 당시 모 경제단체장의 투자를 받았으나 이는 단지, 운이 좋았던 것만은 아니었다. 첫 직장에 근무하는 동안 늘 자기사업에 대한 강한 의지를 지니고 관련 역량을 꾸준히 축적, 준비한 결과 그런 기회를 맞은 것이다.

너무 성급히 작은 기회를 탐하는 사람은 큰 기회를 놓치게 된다는 점을 명심하라.

2-6 경거망동형 사원

겸손과 신중함도 중요한 능력이다

사람이 평소 너무 점잖거나 신중하기만 해도 때에 따라서는 좀 답답하게 느껴져 뭣하지만 또 너무 경박하고 촐싹거리는 스타일 역시 매사 실수가 잦고 믿음성이 없어 뵌다.

옆에서 남이 무슨 말만하면 끼어 들지 않고는 못 배기는 형, 무엇이든 모르는 것 없이 다 아는 척하는 형, 입만 뻥긋하면 자기자랑뿐인 형, 남의 말은 입 다물고 가만히 앉아 5분을 채 못 들어주는 형, 얘기가 끝나기도 전에 결론부터 내리는 형, 다른 사람 흉을 안보면 화제가 없는 형, 그때그때 기분에 따라 함부로 행동하는 형, 주위를 아랑곳하지 않고 자기주장만 하는 형, 대답은 쉽게 하고 실천은 안 하는 형, 매사 큰 소리만 치고 아무런 성과가 없는 형, 세상에서 자기가 최고로 잘난 줄 착각하는 형 등등.

이런 유형이 바로 경거망동형 사원들이라 할 수 있다.

이들은 대체로 속내에 어떤 악의, 흉의는 없으나, 매사 언행이 너무 경솔한 관계로 실수가 잦으며 함께 큰일을 도모하는 데는 적합하지 않다. 따라서 주위 가족이나 친구, 직장동료, 상사들이 관심을 가지고 바로 잡아줄 필요가 있다. 그러나 가족 간, 친한 친구 간에는 그것이 가능할 수 있겠지만, 사실 남남끼리 모인 직장 조직 내에서는 그런 인정적 배려를 기대하기란 어려울 뿐더러 또한 자칫하면 상대의 자존심을 건드릴 수도 있는 민감한 문제이기에 함부로 지적, 조언해 주기도 어렵다.

그러다 보니 이런 사원들은 조직 내에서도 공주병, 왕자병, 잘난척병 환자로 왕따를 당하기 십상이다.

사회에서는 개인적 실수와 잘못 또는 평소 언행에 문제가 있는 경우 곧바로 그에 응당한 질책과 평가가 뒤따르게 마련이다. 가정이나 친구 간에서처럼 이해와 관용의 개념이 작용하기 어렵다. 예컨대 '저 사람은 성격이 좀 그러니까 우리가 너그럽게 이해하고 도와줘야지'라고 생각하는 것이 아니라, '저 사람은 성격이 원래 안 좋으니까 상대를 말아야지' 또는 '저 사람은 아무래도 기본인성이 안 갖춰졌다'라고 생각하는 예가 대부분이다. 따라서 사람은 언제 어디에서든 말과 행동을 신중히 할 필요가 있고 특히 서로들 매일 얼굴 맞대고 생활해야 하는 직장조직 내에서는 더욱 그렇다.

설령 남들보다 능력이 조금 앞선다 해도 그것을 스스로 과시하려 들거나 우쭐거리려 하면 남들이 결코 인정해주지 않는다. 오히려 남들보다 일솜씨가 조금 굼뜨더라도 다소곳한 자세로 겸양의 미덕을 갖추고 행동하는 사람을 주위에서는 더 인정해주고 좋아한다.

사람이 아무리 제 잘난 멋에 산다지만, 지나치게 자기 잘난 척만 하고 다니다보면 실언이 잦게 마련이고 남들에게 무안을 당하기 십상이다. 특히 우리나라 사람들은 자기 주위에서 누가 잘난 척하고 튀려하는 것을 제일 싫어하고 못 봐주는 성격들을 지니고 있기에 어디서든 겸손하고 점잖은 태도는 자신에게 그만큼 플러스요인이 된다.

직장에서도 보면 더러 의욕과잉으로 동료들 앞에 나서 설치는 듯한 인상을 주는 사원들이 있는데, 이 역시 조직의 화합과 결속력을 해치는 대표적 사례 중 하나다. 설령 동료보다 일을 조금 더 잘한다고 해서 자기 혼자 회사의 모든 일을 처리할 수는 없는 것이며, 직장업무를 추진하는데 있어서는 구성원들 간 단합력과 결속력이 무엇보다 중요하다할 수 있기 때문이다. 그렇다고 남들이 하는 대로 그저 적당히, 말없이 따라하라는 얘기가 아니라 자신의 행동이 결과적으로 자기 자신과 조직에 손해를 끼칠 행동인지, 이익을 가져올 행위인지 깊이 생각하여 매사 신중히 처신하라는 얘기다.

진짜 능력 있는 사원은 조직의 화합을 깨트리지 않고, 동료들에게 크게 반감을 사지 않으면서도 적절한 리더십과 업무역량을 발휘하는 사람이다. 직장에서 마치 자신만이 회사를 위해 최선을 다하고, 자신만이 회사업무를 제일 잘하는 양 동료들 앞에서 드러내놓고 자랑하고 설치게 되면 주위로부터 미움을 받거나 따돌림을 당할 수밖에 없으며, 다른 동료들 의욕을 꺾어놓을 수도 있다는 사실을 명심해야 한다.

사람은 개인적으로 능력이 좀 뛰어날지라도 겸양의 미덕을 갖추는 것이 무엇보다 중요하다(그러나 한 가지 안타까운 점은 재승박덕이란 말이 있듯 능력 있고 재주 있는 사람들의 공통적 특징이 겸양 지덕을 제대로 못 갖추고 있다는 사실이다. 그러다 보니 사람이 좋으면 능력이 부족하고 능력이 있으면 인성(人性)이 부족한 현상이 발생한다).

사람이 남들에게 한 번 밉게 보이면 그가 무슨 짓을 한들 다 미운 법이다. 따라서 평소 주변인들에게 밉상으로 낙인찍히지 않도록 처신에 각별히 주의해야 한다. 때로는 알아도 모르는 척, 잘 해도 못하는 척, 있어도 없는 척하는 자세가 필요하다. 굳이 남들이 먼저 무엇을 물어오거나 도움을 청하지 않는 일에 괜히 나서서 아는 척, 잘난 척하지 말라는 얘기다.

그리고 사람이란 현재까지 자신이 이룬 객관적 실적과 성과, 사회에서의 위치 등에 의해 그 역량을 평가받는 것이다. 직장에서 똑같은 말단 처지에 남들보다 뭐 한 가지 조금 더 잘한다고 해서 그것을 내세워 암만 잘난 척 해봐야 도토리 키 재기일 뿐 누가 인정하려들지도 않을 뿐더러 주위 동료들로부터는 괜한 미움만 산다는 사실을 명심해야 한다.

거듭 말하지만 사람은 언제 어느 곳에서든 항상 신중하고 겸손하고 원만한 성격과 태도를 가지고 생활해야 주위로부터 인정과 신뢰를 받는다. 겸손하고 원만한 품성을 기르고 갖추는 것도 보통사람들로선 결코 행하기 어려운 아주 중요한 능력이고 덕망이다. 오죽하면 '겸손은 힘들다'는 유명 방송프로그램까지 생겼겠는가.

한 예로 필자의 직장에는 그 태도가 무척 성실하고 겸손하고 예절 바른 성격을 지닌 여사원이 한 명 있는데, 그런 타입의 사원들이 대부분 그렇듯 실무능력 면에서는 아무래도 좀 뒤쳐지고 답답하고 부족한 점이 있다. 하지만 다른 부서 사람들은 그 사원의 인성적인 면만 보고 무조건 그가 일도 제일 잘하는 걸로 생각할 뿐더러 설령 어떤 실수를 해도 그의 잘못이라고 생각하려들지 않을 정도다.

이렇듯 언제 어디에서든 성격과 태도가 성실하고 겸손하고 예의바른 사람은 무조건 50점 이상은 기본점수를 따고 들어간다 해도 과언이 아니다. 특히 인간관계에 있어 이성적인 면보다 감성적인 면을 중시하여 사람을 평가하는 우리 국민정서와 사회조직풍토 하에서는 더욱 그렇다.

따지고 보면 회사도 하나의 작은 사회다.

회사원으로서 올바른 행동규범과 예의범절을 익히는 일은 모범적 사회인으로 성장하는 지름길이라 할 수 있다.

이제라도 각자 한 번쯤 '나는 과연 경거망동형 사원은 아닌가?' 하는 것을 자문자답해볼 일이다. 이는 필자 자신에게도 해당되는 말임을 인정한다.

2-7 배려심이 부족한 사원

소인은 소심하고
군자는 세심하다

사소한 일에도 지나칠 만큼 꼼꼼하게 신경을 쓰는 이들을 일컬어 우리는 흔히 소심하다거나 또는 세심하다고 표현한다.

그러나 '소심(小心)'한 것과 '세심(細心)'한 것은 일면 비슷한 말 같지만 그 용어가 지닌 함의와 간극은 매우 크고 또 전혀 다르다. 소심함이 주로 자신의 이익과 안위를 챙기고 우려하는 데서 비롯되는 마음이라면 세심함이란 남들의 안위를 우선 염려하고 배려하는 마음이라고 할 수 있다.

예컨대 단돈 몇백 원 또는 몇천 원의 계산을 꼼꼼히 따지고 챙기는 경우라도 그것이 자신의 이익을 위한 것이라면 '소심하다' 할 것이고, 반대로 남에게 손해를 끼치지 않으려는 마음에서 비롯된 행동이라면 '세심하다' 할 수 있을 것이다. 또한 상대가 무심코 던진 말에 자기 기분이 못내 언짢으면 소심한 것이고, 자신이 무심코 내

뱉은 말에 남들이 기분 상할까 염려하는 마음이 크면 세심하다 할 것이다. 공자 역시 '소인(小人)은 소심(小心)하고, 군자(君子)는 세심(細心)하다'고 말한 바 있다.

직장에서도 보면 평소 자신의 안위만 생각하고 자기 이익만 챙기려는 얌체형 사원들이 더러 있다. 회사에 혹 무슨 일이라도 생길라치면 우선 자신에게 어떤 불이익, 불편이 따르지 않을까 그것만 계산하고 우려한다. 전형적인 소심형 사원들이다.

이와 관련 전에 모 회사 임원들과의 회식자리에서 들었던 말이 기억난다.

"저희 사장님은 사업을 추진할 때는 스케일이 아주 크고 성격도 호방하신데 비해 더러 작은 일에 대해서는 의외로 '소심'하십니다. 굳이 직접 신경을 안 써도 될 사소한 일들까지 너무 꼼꼼히 챙기고 확인을 거듭하여 직원들이 힘들 때가 많습니다. 특히 안전관리업무나 고객 관련 업무에 있어서는 더욱 그렇습니다."

바로 이런 예가 소심함과 세심함을 혼동하여 표현하는 경우다. 이는 당연히 '소심'함이 아닌 '세심'함이라 표현해야 맞는 것이다.

회사 최고경영자들 중 세심하지 않은 사람은 드물다. 세심하지 않고서는 기업을 성공적으로 경영하기 어렵기 때문이다.

특히 안전관리업무나 고객관련업무 등에 있어서는 지극히 사소한 부분이라도 소홀히 여길 경우 의외의 사건, 사고로 이어질 수 있다. '사람은 큰 산에 걸려 넘어지는 것이 아니라 작은 돌부리에 걸려 넘어진다'는 말이 있듯 대형 사고나 사건 역시 최초 원인을 알고 보면 일선 담당자의 지극히 사소한 부주의로부터 비롯되는 경우가 많다. 따라서 회사의 총괄책임, 무한책임을 지고 있는 최고경영자로서 이러한 부분을 평소 철저히 살피고 챙기는 것은 너무도 당연한 것이다.

이런 경우를 두고 '사장님이 너무 소심하다'느니, '스케일이 작다'느니 불평하는 것은 직원들이 잘못 생각하고, 잘못 말하는 것이다. '성공한 기업가들 중 평소 사소한 것을 중시하지 않았던 사람은 드물다'는 피터 드러커의 말도 그래서 대중의 공감을 받는 것이기도 하다.

사원들 역시 자신의 안위와 이익만을 챙기는 소심한 사람이 되지 말고, 남들의 불편과 손해를 먼저 생각하고 배려하는 세심한 사람이 되려는 자세를 지녀야 한다.

2-8 불평불만형 사원

만인이 평등한 사회는
지구상에 없다

직장인들 중 매사 불평불만이 심한 이들이 있다.

틈만 나면 상사 흉을 본다거나, 식사시간 또는 술자리 같은 데서도 회사에 대해 불평불만을 늘어놓는 사원들을 흔히 볼 수 있다. 심지어 거래처를 방문해서도 자기 회사에 대한 불평을 하거나 사장 흉을 보는 사원들도 없지 않다.

사원들의 이런 행태는 한마디로 누워서 침 뱉기다. 그런 말을 듣는 이들은 '오죽 무능하면 저렇듯 맨날 불만을 늘어놓으면서 그 회사에 계속 다니고 있을까'하는 생각을 하게 된다.

회사에서의 대우가 그렇듯 못 마땅하면 차라리 사표 내고 딴 일을 하던가, 아니면 정당하게 시정요구를 하던가 해야 한다. 그도 저도 아니고 맨날 뒤에서 불평이나 늘어놓는 것은 졸장부 짓이다.

따지고 보면 사원들만 사장이나 상사에게 불만이 있는 것 아니다. 상사들 역시 사원들에게 불만이 더 많을 수 있다. 단지, 이런 불만사항들을 서로 적절히 이해하고 감내하면서 개선방안을 찾아가는 것이 직장 조직에서의 바람직한 의식과 자세다.

어디 갈 곳이 마땅치 않아 억지로 다니는 회사에 애정이 있을 리 없고, 능률이 있을 수 없고, 성과와 발전이 있을 수 없다. 또한 이런 사원 한두 명이 전체 조직에 끼치는 폐해도 크다. 불평불만이란 파급성이 강해 주위 사람들에게까지 그 영향을 미침으로서 조직결속을 해치기 때문이다.

사람은 어디에서든 자신이 발휘한 능력과 자신이 기울인 노력만큼 대우받는 법이다.

많은 직장인들의 공통된 불만사항 중 하나인 보수에 관한 문제만 해도 그렇다. 대부분의 근로자들은 자신이 일하는 양이 어느 정도인지, 자신의 능력과 담당하고 있는 업무의 가치가 어느 정도인지 또는 회사에 대한 기여도가 어느 정도인지는 생각지 않고 그저 단순히 회사에서 지급 받는 보수의 총액만을 따진다. 그 또한 자신이 알고 있는 주위 사람들 중 가장 높은 임금을 받는 사람들과 비교한다. 학력, 경력, 능력, 전문기술 등 무엇 한 가지 내세울 것 없는 중소기업 근무사원이 일류대학을 졸업하고 어려운 공채시험을 통과, 삼성이나 현대에 근무하는 먼 친척 또는 친구들과 급여수준을 비교하니 불만이 쌓일 수밖에 없다. 이는 아마추어 운동선수가 프로선수들과 연봉을 비교하는 것이나 다를 바 없다. 실제 자신이 지닌 역량을 정확히 분석, 평가한다면 아마 봉급을 현재보다 더 깎여야 할 사원도 없지 않을 것이다.

노동시장에도 관행적, 묵시적으로 정해진 가격이란 것이 있다. 따라서 현재 지급받는 보수의 총액이 자신이 지닌 역량, 자신이 기울인 노력의 총합이라고 보면 거의 틀림없을 것이다.

이와 관련하여 한 가지 더 짚고 넘어가야 할 점은, 우리가 아무런 거부감 없이 흔히 사용하고 있는 '임투(賃鬪)'라는 말도 아주 잘못 쓰이고 있는 말이다. 어째서 '임금협상'이지 '임금투쟁'인가? 임금이란 싸워서 쟁취하는 것이 아니라 일한만큼 대가를 지급받는 것이다. 임금이 적절치 않으면 협상을 통해 높일 수 있으나 싸워서 찬탈할 수는 없다. 인식이 잘못 되어도 한참 잘못 되었다.

또한 얼마 전 언론보도에서 보았듯 모 대기업의 경우 성과급 지급문제를 놓고 논쟁이 뜨거웠던 적이 있었다.

어느 젊은 사원이 사내 통신망에 '임원들과 사원들 간 성과급 차이가 너무 크다'며 항의성 글을 올렸고, 이것이 사내외로 널리 알려지면서 결국 그 기업은 사원들의 성과급을 재조정했다, 이는 해당 기업의 재정여건이 워낙 탄탄한 데다 그해의 이익 폭도 컸던바 매우 이례적이긴 하지만 그나마 어느 정도 이해는 할 수 있다. 하지만 문제는 이러한 기업의 관행과 문화가 다른 기업으로까지 급속히 확산, 전파되는 데에 있다.

기업이 경영을 잘해서 이익이 많이 발생하면 사내 유보금으로 축적하거나 주주들에게 공정히 배분하는 것이 자본주의 경제체제하에서의 기업경영원칙이다. 사원들에 대한 성과급은 당초 약정대로 지급하면 되는 것이고, 상황에 따라 주주 및 경영진 의결로 좀 더 많은 금액을 지급할 수도 있을 것이다. 그러나 다수의 사원들이 머릿수만으로 마치 떼쓰듯 밀어붙여 전 구성원들에게 성과급을 평등하게 지급하라고 요구한다는 건 있을 수 없는 일이다. 이렇게 되면 민주주의, 자본주의, 시장경제체제의 근간이 흔들리고 만다. 결국 만인 평등을 지향하는 사회주의체제로 갈 수밖에 없다.

진정한 경제민주화, 자유시장경제체제란 기회의 평등이 보장되는 사회이지, 소유나 소득의 평등을 보장하는 사회가 아니다. 그러나 많은 사람들이 이를 거꾸로 알고 있고 반대로 말하고 있다. 또한 다수의 국민 여론이 그러하기에 누구 한사람 전면에 나서 바른 말을 못하고 있다. 그동안 우리 국민은 정치적으로 너무 오랜 억압구조 속에서 생활해온 탓인지 많은 이들이 민주주의, 민주화라는 것에 대해 지나친 환상과 그릇된 인식들을 지니고 있다. 민주주의, 민주화라 하면 무조건 만병통치약인양 착각하고 그 개념 구분조차 제대로 못하고 있다. 한마디로 한풀이식 민주의의가 성행하고 있는 것이다. 그러다 보니 근래에는 직장에서도 학교에서도 심지어는 군대에서까지도 민주화, 자유화를 요구한다. 그리고 누가 여기에 토를 달았다가는 단박에 구시대적, 반민주적 인물로 매도당하기 십상인 사회풍토가 조성되어 버린 것이다. 토인비가 이런 말을 했다. '세상의 모든 불행과 혼돈은 하늘나라에서나 실현 가능한 이상사회를 지상에서 이루고자 하는 사람들의 어리석은 욕망에서 비롯된다.'고.

인류사회에서 평등이 이루어지는 곳이란 새로운 재화의 유입이나 생산력이 거의 없는 공동체에서만 가능하다. 예컨대 아프리카 원주민들의 경우 모두가 평등하게 가난하다. 이 같은 하향식 평준화야 말로 사회주의적 평등구조다.

직장에서도 무능한 사원들의 불평요인을 제거하고 나면 유능한 사원들이 불만을 갖게 될 수 있다. 거듭 말하지만 모든 사람들이 다 함께 만족할 수 있는 사회와 제도는 지구상에 존재하지 않는다. 진정한 평등사회란 각자의 능력과 노력에 따라 엄정한 차등적 평가 및 대가가 적용되는 사회다. 능력과 노력을 발휘한 사람에게나 그렇지 않은 사람에게나 일률적 보상이 주어지는 사회라면 그야말로 불평등한 사회라 할 수 있다.

모두 다 똑같이 잘 살자는 구호만큼 근사한 구호는 없다. 그러나 그것은 단지, 구호일 뿐. 현대사회에서는 특히 자본주의 경쟁사회에서는 남보다 열심히 노력한 사람만이 그리고 남보다 능력 있는 사람만이 잘 살 수 있는 것이며 또 그것이 지당한 일이다. 따라서 직장인들은 언제 어느 곳에서든 자신이 속한 조직에 단순히 불평불만을 갖기보다 자신의 능력을 개발하려는 노력을 우선해야 한다. 특히 사원들은 대부분 자신이 근무하는 회사의 경영체제나 운영방식 등에 대해 불만을 터트리는 예가 많지만 이는 자본주의 사회에서는 어찌할 수 없는 문제일 수 있다.

세상 모든 문제에 반드시 정답, 해답이 있는 것이 아니다. 특히 사람이 살아가는 일에 있어서는 그러하다. 인간이 늙고 병들어 죽는 데에 속수무책이듯, 무능하고 불성실한 사람들이 잘살 수 있는 비결이란 존재하지 않듯, 세상엔 그 어떤 방법도 해답도 찾을 수 없는 문제들이 훨씬 더 많다. 이를 철학적으로 일컬어 '어찌할 수 없는 문제'라고 한다.

회사의 경영체제가 불법적이거나 건전한 사회양식에 반하지 아니하는 한 사원들은 회사 경영방침을 따를 수밖에 없고 이에 대항할 수 없는 것이다. 또한 회사가 사원들의 요구조건을 다 들어준다 한들 역시 조직에서의 불평불만은 사라지지 않는다. 사람의 욕심이란 끝이 없기 때문이다. 이러한 점들을 노사가 상호 이해하고 인정하고 수용해야만 한다.

요즘 더러 우수한 근로환경과 복지제도, 선진형 조직문화를 자랑하는 일부 대기업들 사례가 매스컴에 보도되면서 많은 직장인들이 현재 자신이 근무하는 회사의 제반 여건에 대해 불만을 가지는 경우도 많다. 하지만 앞서 언급했듯 중소, 중견기업 근로자들이 삼성, SK, 네이버 같은 일류 대기업 직원들과 근로조건을 수평 비교, 불만을 가진다는 건 있을 수 없는 일이다. 우리나라에 그런 회사 몇 안 된다. 만일 중소, 중견기업들이 그런 대기업들 따라하다가는 얼마 못가 곧 적자이고 파산일 수밖에 없다.

정녕 회사에 대해 또는 경영자에 대해 불만이 많은 사원은 그것을 스스로 해결할 수 있는 능력이나 용기가 없으면 더 이상 망설이지 말고 지금이라도 자신이 원하는 곳, 자신이 만족할 수 있는 곳을 찾아 떠나야 한다. 그것만이 자신과 회사를 위하는 유일한 길이다. 어느 사회, 어느 조직을 막론하고 주위에 큰 폐해를 끼치는 건 불평분자들이다. 그리고 이런 사람들의 공통점은 한결 같이 무능하다는 것이다. 거듭 말하거니와 매사에 불평불만을 늘어놓기보다는 자신의 능력을 기르기 위한 노력을 우선할 일이다.

은혜를 잊을지언정
원수로 되갚지 말라

얼마 전 모 건설회사 퇴직간부가 재직 시 알게 된 회사의 약점을 이용, 자신이 다니던 회사에 금품을 요구하며 온갖 공갈협박을 일삼다 경찰에 구속되었다는 신문기사를 읽은 적 있다.

이외에도 자신이 근무하는 회사의 중요 영업정보들을 경쟁회사에 팔아넘기려다 처벌받는 사원들이 있는가 하면, 한 때 경영자의 심복으로 수족 역할을 다했던 사람들이 현실적 이해관계로 하루아침에 표변하여 자신이 다녔던 회사와 사장을 매도, 비방하고 다니는 경우도 종종 본다. 뿐만 아니라 회사의 알짜배기 영업정보들을 빼낸 뒤 자기 회사를 차려 운영하거나 얼마간 노하우만 익힌 뒤 경쟁사로 옮겨가는 경우 또는 퇴사하는 즉시 사람이 돌변하여 회사를 적으로 여기고 시비를 거는 경우 등등 한마디로 기본이 안 된 사람들의 행태를 자주 보게 되는데, 이런 유형의 사원들을 일컬어 이른바 배은망덕형 사원이라 할 수 있다.

세상이 아무리 각박하기로서니 사람이 살아가는 데는 기본적 신의와 도리라는 것이 있는 법인데, 요즘은 이렇듯 사람으로서 최소한의 도의마저도 갖추지 못한 사람들이 적지 않다.

전에 필자 회사의 간부 직원 중 한사람 역시 박사학위를 소지하고 한 때 대학 강단에도 섰던 사람이 어느 날 회사에서 중점 추진하던 신사업 프로젝트에 관한 자료를 몽땅 빼가지고 나가 자기 회사를 차린 후 신문에 버젓이 광고까지 해가면서 영업하는 경우도 있었다. 또한 몇 해 전엔 국내 모 유명 그룹사의 회장 비서실장이 자리에서 밀려난 후 자신이 다니던 회사와 경영자의 비리를 폭로하는 책을 출판하려 한 적도 있다.

이 같은 사례가 빈번하다 보니 노사 간에도 서로 신뢰가 쌓이지 않을뿐더러 경영자는 근로자들을 내심 경계, 불신하게 되고 그것이 노사분쟁의 원인으로까지 작용하게 된다.

혹자는 우리 기업이 인적자원 개발과 투자에 소홀하고 족벌경영체제의 구습을 탈피하지 못하고 있다며 비난하지만, 거기엔 기업인들 나름의 고충과 연유도 있다고 본다. 한마디로 믿고 열쇠를 맡길만한 직원이 없기 때문이다. 기껏 일할 만큼 투자하고 가르쳐 놓으면 거의 예외 없이 등을 돌리고 만다. 게다가 경쟁기업으로 옮겨 가버리거나 동종의 자기 회사를 차린 뒤 역공을 가해오기도 한다. 그렇다고 붙잡아 두려니 요구사항은 날로 커지기만 한다. 따라서 기업을 오랫동안 경영해온 경영자들은 '비즈니스의 세계에는 영원한 동지가 없다'는 것을 체험으로써 실감하게 된다.

회사에 몸담고 있을 때는 회사를 위해 마치 무슨 일이든 다 할 것처럼 너스레를 떨던 사람들이 막상 떠날 때에는 180도 태도를 바꾸는 예가 부지기수다.

혹자는 이런 경우를 두고 경영자들이 사람을 제대로 '관리'하지 못한 때문이라고도 말하지만, 그러나 사람이란 누가 관리할 수 있는 성질의 대상이 아니다. 국어사전이나 경영용어에도 '인사관리'라는 말은 있지만 '인간관리'라는 말은 없다. 한마디로 각자의 의식과 품성의 문제인 것이다.

필자는 가끔 이런 사람들의 모습을 볼 때마다 인간관계 자체에 대해 심한 회의를 느끼게 됨은 물론 이 사회에 대해 정나미가 떨어지곤 한다. 마치 인간 속성의 저열한 밑바닥을 들여다보는 것 같아 기분이 우울해진다.

흔히들 '사람을 믿지 못하는 것처럼 나쁜 것은 없다.'고 얘기한다. 그러나 이런 말은 언뜻 들을 땐 그럴 듯하게 들릴지 모르지만, 지금 우리 사회현실을 놓고 볼 때 가당치 않은 말일 수 있다. 오히려 '사람을 믿는 것만큼 어리석은 일은 없다.'는 말로 고쳐져야 맞는 게 아닐까 싶다. 또 더러 남들에게 배신을 당한 뒤 '사람이 어찌 그럴 수 있냐?', '사람이라면 절대 그럴 수 없다'며 개탄들을 하지만 이 역시 '사람이기에 충분히 그럴 수 있다'고 바꿔 말해도 틀린 말이 아니다. 인간이란 원래 양면성, 다면성을 지닌 존재이기에 누구든, 언제든 그럴 가능성을 지니고 있는 것이다.

기업들 역시 계속적으로 사업을 발전시켜 나가려면 열 명, 백 명의 동지를 만드는 일도 중요하지만 더 중요한 것은 한 명의 적을 만들지 말아야함을 명심해야 한다.

예부터 '열 사람이 한 도둑 못 막는다'는 말이 있듯 아무리 큰 회사도 한두 명의 적대적 감정을 지닌 이들에 의해 심각한 타격을 입을 수 있기 때문이다. 특히 내부 사정을 훤히 알고 있는 사원들이 회사의 적으로 돌변했을 때는 무서운 결과를 초래할 수 있는 것이다. 따라서 사원을 채용할 때는 그 사람의 여러 가지 면을 충분히 검토한 후 채용해야 한다. 업무능력과 경력은 물론 출신환경, 성장환경, 가정환경, 생활환경, 장래희망, 예의범절, 성격, 취미, 인상, 주위 평판 등 업무와 직접 관련 없는 부분까지도 면밀히 살펴야 한다. 그렇지 않고 우선 급한 사정 때문에 어느 한 면만 살핀 후 사람을 덜컥 채용해놓고 보면 나중에 문제를 발생시키는 경우가 많다.

거듭 말하거니와 인간관계에 있어 배신만큼 큰 실망을 주는 것은 없다. 이는 당사자 간 문제를 넘어 불신사회의 단초를 제공한다. 예부터 견리사의(見利思義)라고 했다. 직장인들은 항상 이익을 추구함에 앞서 신의와 도리를 먼저 생각하는 사람이 되어야 한다. 직장에서든 사회에서든 단순한 실수는 용인될 수 있지만 고의적으로 저지른 잘못은 결국 본인이 책임져야 하는 것이다.

차라리 은혜를 잊을지언정 원수로 되갚는 일만큼은 없어야 한다.

많이 넘치는 것보다
조금 모자라는 게 낫다

무엇이든 부족한 것도 문제지만 정도에 넘치는 것 역시 문제다. 어느 면에선 많이 넘치는 것보다 그나마 다소 모자란 편이 나을 수도 있다. 모자라는 것은 좀 더 채우면 되겠으나 넘치게 되면 그로 인해 여러 가지 폐해가 발생하고 이후 수습이 힘들어지기 때문이다. 그래서 과유불급이란 말이 생겨났다.

직장조직에도 이런 사람들 꼭 있다.

회사에 대한 애사심, 경영자에 대한 충성심과 존경심이 지나쳐 매사에 너무 앞장서 설치는 사람들이다. 이런 경우 회사와 조직발전을 위한 명분을 내세우고 있으니 대놓고 뭐라 할 수도 없고 대략 난감한 상황이 된다. 정당으로 치면 마치 극성지지자. 열혈투사형 당원들인데, 어느 조직이든 이런 사람들로 인해 전체 분위기가 흐려지고 여러 부작용이 발생한다.

예컨대 부서 회의 시간 어느 직원이 '제품 납기가 촉박하니 이번 주엔 전 팀원들이 야근 좀 합시다' 또는 '일요일에도 모두 출근합시다'하며 앞장서 나서는 경우다.

사장이 그런 말을 한다면 팀원들도 충분히 이해, 수용할 수 있겠지만 같은 사원 주제에 매번 총대 메고 나서 마치 자신만이 회사를 위하는 최고 충신인양 설치니 주변 동료들은 내심 끓는 것이다. 이런 사원들은 결과적으로 다른 구성원들의 사기를 떨어뜨린다. 회사 발전을 위해 본인 의욕이 넘치는 것은 일면 가상한 일이나 전체 조직의 분위기를 저해할 수 있다는 얘기다. 따라서 사람은 언제 어디서든 자신의 직분에 맞게 처신해야 한다.

직장에서도 직급이 비슷한 동료가 너무 설치고 나대면 꼴불견일 수밖에 없다. 설령 그것이 진심일지언정 애사심도 지나치면 가식으로 비쳐지고, 충성심도 정도가 심하면 아부로 느껴지는 것이다. 매사 적당히, 적절히 처신할 줄 아는 지혜와 자세가 필요하다. 특히 의욕이 앞서고 넘치는 사람들은 실수도 잦기 마련이고, 자신의 충정을 상사가 잘 알아주지 않을 경우 금방 서운해 하고 의기소침해지는 경우도 많다. 동료들한테도 너무 나댄다고 따돌림 받기 십상이다.

팀장 입장에서도 그런 직원이 팀에 한둘 끼여 있으면 머리 아프다. 늘 회사를 위한 명분을 앞세우니 뭐라 하기도 곤란하다.

또한 이런 사원들의 경우 사장이나 상사가 의례적 칭찬이라도 한마디 할라치면 더욱 우쭐하여 그 증세는 심해진다.

조직은 개인기도 필요하지만 팀웍도 중요하다.

자신의 의욕과잉에 따른 행동이 결과적으로 조직분위기를 저해할 경우 이는 본인에게도 회사에도 결코 이롭지 않다.

'모난 돌이 정 맞는다'는 말이 있듯 어느 조직에서든 지나치게 설치고 나대는 사람은 주변인들의 미움을 사기 마련이고, 혹여 본인이 곤란한 상황에 처했을 때엔 아무도 그를 도와주려하지 않는다. 따라서 이런 행동은 금기 중 금기다.

세상 모든 이들이 누구나 좋아하는 사람은 겸손하고 예의바른 사람이다. 반면 세상 모든 이들이 다 싫어하는 사람은 경솔하고 교만하고 지나치게 설치는 사람이라는 이치를 생각할 때 사람이 평소 어떻게 처신해야 할지는 더 길게 설명할 필요가 없다.

제3장
의식개혁을 위한 장

3-1 경제개념 없는 사원
물질적 가치의 소중함을 인식하라

3-2 냉소주의형 사원
상대의 장점을 찾아 칭찬하라

3-3 책임회피형 사원
모두의 책임은 누구의 책임도 아니다

3-4 복지부동형 사원
질책을 두려워하면 성과를 이룰 수 없다

3-5 무관심형 사원
모든 정보와 지식은 관심에 비례한다

3-6 생활문란형 사원
놀고 난 끝은 없어도 일한 끝은 있다

3-7 성격이상형 사원
'난' 사람, '든' 사람보다 '된' 사람이 되라

3-8 가정불안형 사원
가정에 충실한 사람이 직장에도 충실하다

3-9 건강부실형 사원
건강한 신체에 건강한 정신이 깃든다

3-10 노사관이 정립되지 못한 사원
합리적 노사관을 지녀라

3-1 경제개념이 없는 사원

물질적 가치의
소중함을 인식하라

직장인들의 바람직하지 못한 의식행태란 따지고 보면 결국 삶의 가치관, 그중에서도 특히 잘못된 경제관으로 인해 비롯되는 경우가 많다. 그러므로 직장에서 인정받고 삶의 성과를 거두려면 권두에도 언급했듯 우선 자신이 무엇을 위해, 어떻게 살 것인가?에 대한 인생관을 분명히 정립해야 하고, 또 그에 필연적으로 수반되는 경제개념부터 바르게 인식하는 것이 무엇보다 중요하다할 수 있다.

필자 역시 마흔 살 이전까지 이 문제에 대해 끊임없이 고민하고 공부했으나 분명한 논리정립을 못하였다. 때로는 '짧은 인생, 굳이 돈벌이 같은 것을 위해 내 소중한 시간의 대부분을 허비하며 살아야 하나?' 하는 한심한 생각까지 한 적 있다. 이 모든 것이 결국 세상물정 모르는 철부지 글쟁이, 말쟁이들의 온갖 헛소리와 그릇된 교육문화 그리고 상상을 초월할 만큼 무지한 대중의 지적, 정서적 성향과 수준 등에 영향을 받은 탓이라 해도 틀린 말이 아니다. 이들의 엉터리 지식과 논리주장 등으로 인해 필자 또한 그만큼 오래 동안 헤매고 헛갈린 것이다. 따라서 이 문제는 결국 각자 스스로의 사유와 경험, 공부를 통해 직접 답을 찾을 수밖에 없다. 필자가 아는 한 이 문제에 대해 제대로 된 답을 제시할 사람은 지구상에 단 한 사람도 없기 때문이다. 다만, 직장인들이 하루라도 빨리 이에 대한 바른 의식을 지니고 핵심이치를 깨달으려면 그동안 오랜 정신적 편력, 숙고 과정을 거쳐온 필자의 조언과 충고를 받아들이고 실행하려는 자세를 지니는 것도 한 방편일 수 있다.

그런 맥락에서 요즘 직장인들이 꼭 명심해야 할 사항 몇 가지를 말하고자 한다.

우리나라 사람들은 예부터 다들 가난하게 살아왔기에 가난이란 것을 그리 대수로이 여기거나 부끄럽게 생각지 않았다. 일반 대중은 물론이고 소위 양반, 선비, 선지식이라는 이들 역시 툭하면 사랑방이나 절간 등에 모여 앉아 안빈낙도가 어떻고, 청빈지족이 어떻고 무소유가 어떻고 하며 마치 가난을 성인군자가 갖춰야 할 조건이라도 되는 양 찬하기도 했다. 이른바 전근대적 유불선 문화로부터 비롯된 악습, 폐습 탓이었다. 이처럼 물질적 가치를 경시하고, 물질에 대한 집착과 욕구를 일면 속된 것으로 폄하하는 한국 전래의 정신문화는 너무도 잘못된 의식행태라 할 수 있다.

이 세상 어느 나라, 어느 사회든 물질적 풍요 없이는 국가발전은 물론 대중의 정신문화 융성도, 개인 행복도 실현할 수 없음은 자명하다. 특히 요즘에도 일부 문사들의 경우 걸핏하면 현대사회의 물질만능풍조를 개탄하며 정신문화의 피폐함을 문제 삼지만 내가 볼 땐 오히려 전래의 사농공상 문화에 기반한 물질적 가치에 대한 경시풍조가 인류사회에 만 가지 불행과 고통과 해악을 초래하는 주원인이라 할 수 있다. 인간세상 모든 불행은 거의 빈곤으로부터 비롯되기 때문이다. 다시 말해 세상 모든 비극과 죄악은 결국 물질의 궁핍으로 인해 즉, 돈이 없음으로 인해 발생된다는 얘기다. 혹 돈이 많아도 불행한 사람이 있다면 그는 아직 가진 돈이 부족한 것이고, 돈이 많아도 겪게 되는 불행과 고통이 있다면 그 역시 세상 무엇으로도 해결할 방법이 없는 것이다.

더 솔직히 말하면 행복 또한 돈 주고 사는 것이다. 설령 물질만능주의로 인한 사회적 폐단이 다소 있다한들 물질의 빈곤으로 인해 야기되는 수만 가지 해악에 비하면 아무것도 아니다.

따라서 물질이야말로 마치 물이나 공기처럼 인간 생존에 절대적 요소인 것이다. 만인이 물질의 풍요로움을 누리는 세상, 그곳이 바로 천국이고 극락이라 해도 과언 아니다. 그러기에 사람은 무엇보다 물질을 신성시하고 중히 여기는 사고를 가져야 한다.

천국과 지옥이란 내세에 있는 것이 아니라 현세에 존재한다. 쉬운 예로 아프리카 빈곤국 주민들의 참혹한 삶의 실상을 목도한 이들이라면 물질 빈곤의 사회야말로 곧 지옥이며, 물질의 풍요를 누리는 곳이 천국임을 금방 실감할 수 있을 것이다.

따라서 인류사회는 오직 가난을 해결, 극복하는 것이 각 개인은 물론 모든 공동체의 지상 최고 과제, 최대 숙제라 할 수 있다. 개인도 사회도 국가도 이런 가치관, 경제관을 지니지 않고서는 궁극적으로 인간행복을 실현할 수 없음은 물론이다.

흔히 말하는 정신문화의 중요성 같은 것, 사실 별것 아니다. 사람들이 모두 부자가 되면 교양과 예절, 타인을 위한 온정과 배려심 등도 저절로 갖추게 된다. '부자 몸조심한다'는 말이 있듯 사람이란 누구나 잘 먹고 잘살게 되면 나쁜 짓, 못된 짓도 덜하게 마련이다. 이는 비단 윤리도덕심이 고양되어서가 아니라 부자들의 경우 법적, 사회적 처벌과 비난이 두려워서라도 그런 짓 덜하고 안 하게 된다는 얘기다. 자신이 현재 뭐 하나 아쉬울 것 없이 잘 먹고 잘살고 있는데 굳이 나쁜 짓, 못된 짓을 하여 화를 자초할 이유가 없기 때문이다. 그러나 가난한 환경 속에서는 사람이 신의와 도리와 윤리도덕을 지키고 살기란 정말 어려운 일이다.

따라서 우리 사회는 자라나는 청소년들이나 젊은 직장인들에게 이와 같은 올바른 경제관념, 삶의 철학을 정립시켜주는 것이 무엇보다 시급하고 절실하다. 즉, 인간에게 물질적 가치가 얼마나 위대하고 숭고하고 절대적인 것인지, 물질적 풍요를 실현하기 위해 어떤 노력을 기울여야 하는지 그리고 물질을 어떻게 효과적으로 관리, 운영해야 하는지 이런 기초적인 것부터 세세히 알려줘야 한다는 뜻이다. 나아가 이런 내용을 아예 초등학교 때부터 대학 졸업 시까지 교과목에 모두 포함시켜 철저하고 분명하게 가르쳐야 한다.

직장인들 역시 젊었을 때부터 오직 돈 버는 데에 모든 노력을 집중해야 한다. 사람이 가난하게 살면 주위 친구나 친척들한테마저 무시당한다. 따라서 최소한 별 거지같은 자들에게 무시당하지 않고 사람대접 받으며 살기 위해서라도 열심히 돈을 벌어야 하는 것이다. 또한 '항산(恒産)이 있어야 항심(恒心)이 있다'는 말처럼 사람은 의식이 족해야 자기 소신과 양심과 신의도 지키며 살 수 있다.

돈을 벌기 위해 어떤 정신자세로, 어떤 노력을 기울여야 하는지는 너무도 상식적인 내용이라 굳이 설명할 필요조차 없다. 특별한 재능과 기술을 지니지 못한 사람이라면 평소 성실한 마음가짐으로 열심히 일하고 알뜰히 저축하며 사는 길 외에 다른 방법이란 없는 것이다.

필자는 요즘 일하기 싫어하는 MZ세대들을 보고 있노라면 저런 의식, 저런 자세로 세상을 살아서 이후 나이 들면 대체 어떻게 먹고 살지 정말 걱정스럽다. 이것이 단지, 기우일까? 이들 각자가 20년, 30년 후 자신의 미래를 스스로 예견해보면 과연 어떤 상황, 어떤 모습이 그려질지 자못 궁금하다. 그러나 어린아이들일수록 내일 일은 아예 생각지 않는다. 오직 현재만을 생각한다.

'평생 돈을 벌기 위해 부단히 노력하면 누구나 잘 살 수 있다'고 호언장담할 수는 없다. 그러나 설령 불운하여 끝내 부자가 되지 못할지라도 남들보다 가난하지 않게 살수는 있다. 따라서 사람은 누구든지 반드시 돈을 벌어야겠다는 생각, 돈을 벌기 위한 노력만큼은 적극 기울이며 사는 것이 마땅한 자세다.

우공이산(愚公移山)이란 말을 단순 우화로만 듣지 마라. '한 삽씩 흙을 퍼 날라 언제 저 큰 산을 옮기겠느냐?'고 반문할 수 있겠으나, 그렇게라도 하지 않으면 백년, 천년이 지난들 무슨 변화와 발전이 있을 것이며, 그런 노력조차 기울이지 않고 어떻게 부자가 될 것인가?

특히 자녀들에게 어릴 때부터 영어, 수학 열심히 가르치는 것도 중요하지만 올바른 경제개념, 인생철학을 가르치는 것이 더 중요하다. 물질적 가치의 소중함과 고귀함 즉, 돈의 중요성을 진작부터 절실히 일깨워줘야 한다는 얘기다. 사람은 바른 경제개념을 지니지 못하면 돈을 벌기도 힘들 뿐더러 벌었던 돈마저 순식간에 날려버리게 된다. 다른 공부 아무리 열심히 해봐야 사상누각일 수 있다.

거듭 강조하건대 물질 즉, 돈이란 자기 자신의 행복실현을 위해서는 물론 남을 돕기 위해서도, 사회발전을 위해서도 반드시 필요한 것이다.

흔히 '돈이 인생의 전부냐?', '돈 많다고 행복하냐?', '가난은 불편한 것일 뿐 부끄러운 것이 아니다' 등등의 헛소리나 지껄이는 철부지들 말에 현혹되지 마라. 그런 말쟁이, 글쟁이들 얘기는 그야말로 말장난, 글장난이고 방귀 뀌어 거름 안 될 헛소리에 다름 아니다. '돈은 인생의 전부이고, 돈이 많으면 행복하고, 가난이란 당연히 부끄러워해야 하는 것'이라 고쳐 말함이 옳다. 또한 어떤 일이든 돈이 안 되거나 돈 될 가능성이 전혀 없는 일은 다 무가치한 일이라 해도 과언 아니다. 옛날 공자가 인생삼락(人生三樂)이 어쩌고 했다지만 인생 최고의 열락이란 바로 돈을 세는 즐거움일 수 있다.

가난의 근본 원인이란 결국 무지와 무절제, 무노력이다. 특히 40대 이전의 가난은 부모 탓이지만 40대 이후의 가난은 순전히 본인 탓이다. 이제부터라도 모든 직장인들은 어떻게든 열심히 돈을 벌고 돈을 모으기 위해 최선을 다해야 한다.

사람들은 돈의 필요성만 알았지 돈의 중요성을 잘 모른다.

본질적으로 돈이 지닌 그 숭고한 가치를 절실히 깨달아야만 비로소 세상 이치를 제대로 아는 것이고 부자가 될 가능성이 있는 것이다. 누가 뭐라고 하던 정녕 그것이 바람직한 인생철학이고 올바른 경제개념이고 마땅한 삶의 자세이다.

3-2 냉소주의형 사원

상대의 장점을 찾아
칭찬하라

자신은 아무 것도 가진 게 없고, 특별히 내세울 것도 없으면서 세상 그 무엇도 부러워하거나 인정하지 않으려는 사람들이 있다. 그렇다고 탈속(脫俗)했다거나 무욕(無慾)의 경지에 올라서가 아니라 자신이 아무 것도 가진 게 없기에, 그 열등감과 패배의식 때문에 주위 모든 것들에 대해 무관심한 척하고 냉소적인 태도를 보이는 경우다.

흔히 드는 예로 직장 내에서 동료들 중 누군가 입바른 소리를 좀 하거나 새로운 아이디어를 내놓으면 '그렇게 똑똑한데 왜 이런 데서 썩고 있냐?'는 식으로 면박을 주는 사원 또는 '그게 될 것 같으면 이미 다른 데서 먼저 실시하지 않았겠느냐?'는 식으로 묵살해 버리는 사원들 그리고 남이 기껏 힘들여서 뭔가 새로운 상품을 만들어 내놓으면 거기에 대해 잘 알지도 못하면서 지레짐작만으로

'이미 이런 것은 시장에 많이 나와 있다'거나 '이런 것이 팔리겠느냐?'는 식으로 대수롭잖게 말하며 김을 빼는 사원 등등.

이런 유형의 사원들은 자신의 성격을 고치지 않는 한 사회에서 발전가능성이 매우 희박한 이들이라 해도 과언이 아니다.

세상의 수많은 발명품들을 살펴봐도 그것이 어떤 거대한 집단과 조직 또는 전문 과학자들에 의해 개발된 예보다는 오히려 일상에서의 창의적 사고를 가지고 끊임없이 연구노력한 평범한 아이디어맨들에 의해 개발되어진 사례가 더 많다는 사실을 알아야 한다. 이런 냉소주의적이고 패배주의에 젖어 있는 사람들 때문에 에디슨처럼 위대한 발명가들도 생전에 주위에서는 '미친 놈' 소리를 들었던 것이다.

조금 경우는 다르지만 우리가 가정에서 부부간의 예를 들어 볼 때도 마찬가지다. 대부분의 여자들은 남편 말을 일면 우습게 듣는 경향이 있다. 함께 살 부비며 오래 살다 보니 서로의 단점을 훤히 알게 되어 그런지 남편이 아무리 옳고 바른 말을 해도 대수롭잖게 들어 넘겨버린다. 더 심한 경우는 '그래! 나는 못났으니 잘난 당신이나 똑바로 처신하라.'는 식으로 냉소적인 태도로 일관하는 예도 있다. 몇 해 전 어느 TV드라마에서 '잘났어, 정말!' 어쩌고 하는 마누라 형과 같다고 할 수 있다. 삼성 이건희 회장이 '우리 사회에서 마누라만 빼고 다 바꿔야 한다.'고 역설했다지만, 이런 그릇된 의식행태를 고치려들지 않을 때는 마누라까지 바꿔야 한다.

주위사람들이 옳고 바른 말을 하면 그것을 인정하고 받아들이려는 자세를 가지기는커녕 '그래, 너 잘났다!'는 식으로 콧방귀를 뀌고 냉소적 반응을 보이는 사람은 한 마디로 대책이 없다.

사람이 발전해나가려면 주위 사람들의 옳은 점, 잘난 점에 대해 그 것을 솔직히 인정하고 본받으려는 자세를 지녀야 마땅하건만 단지, 자신이 평소 잘 알고 지내는 주위사람이라는 이유만으로 아무리 옳고 맞는 말을 해도 '흥! 제까짓 게 뭘 알아.'하는 식으로 무시하려드는 태도는 참으로 시급히 버려야 할 잘못된 습성이다. 또한 동료, 친지들 중 성공한 사람을 만났을 때에도 '전에는 별 볼일 없었던 놈이…' 어쩌고 하면서 내심 깔보려드는 태도를 보이는 것 역시 그 사람이 우월감을 가지고 있어서가 아니라 열등감과 패배 의식에 빠져있다는 증거다.

남을 인정하고 칭찬하고 부러워하는 사람만이 남에게도 인정받고 칭찬받고 성공할 수 있다. 지금 자신의 주위를 한 번 둘러보라. 평소 아무리 친하게 지내는 사람일지라도 자신의 성공을 진심으로 기뻐해주는 사람은 그리 흔치 않을 것이다. 또한 자기 주위에서 자신의 주장과 논리를 귀담아 들어주는 사람 역시 그리 많지 않을 것이다. 이런 것이 다 냉소적 사고와 질시심 때문이다.

직장에서도 동료의 장점을 발견하면 한두 마디쯤 칭찬해 주면 반드시 자신에게 플러스 요인으로 작용한다. 남의 장점을 인정하고 칭찬하는 것이 뭐 그리 힘들고 어렵고 자존심 상하는 일인가. 사람은 대부분 칭찬에 인색하기도 하지만 그만큼 칭찬에 약하기도 하다.

직장의 상사들에 대해서도 마찬가지다. 괜히 양복이 멋지다느니, 헤어스타일이 세련되었다느니 하는 별 영양가 없는 말로 점수 따려 하지 말고, 상사의 업무능력에 대해 '정말 대단하십니다.'하고 한마디 감탄과 칭찬을 해주면 대부분의 상사들은 내심 어린아이처럼 흐뭇해하고 좋아할 것이다. 설령 그것이 약간의 아부성 멘트일지라도 말 한 마디로 상대를 기분 좋게 하는 것은 전혀 잘못된 일이 아니며, 사회생활에서 꼭 필요한 매너이기도 하다.

'칭찬은 고래도 춤추게 한다'는 말처럼 주위 사람들에게 호감을 받고 성공적인 조직생활을 해나가려면 남을 칭찬하는 태도보다 더 좋은 처세술은 없다. 아무리 모자라는 사람일지라도 억지로 찾아보면 한두 가지 장점은 있게 마련이다. 바로 그 점을 적극 칭찬, 상대로 하여금 자신의 장점을 계속 유지, 발전시킬 수 있도록 하라. 사람이 칭찬에 얼마나 약하고 감동을 받는가 하면 예전 남들에게 우연히 들은 칭찬과 격려의 말 한마디로 용기와 의지를 다져 이후 인생이 바뀐 사람들의 예도 있다. 그리고 남을 칭찬하는 사람은 칭찬받는 사람 못지않게 분명 자신감과 능력을 갖춘 사람이라 할 수 있다.

3-3 책임회피형 사원

모두의 책임은
누구의 책임도 아니다

더러 사원들에게 업무상 잘못 처리된 일이 발견되어 질책을 할라 치면 '사장님 또는 부장님께서 그때 이 일을 이렇게 처리하라고 하셨잖습니까?'라는 반문을 듣게 되는 경우가 종종 있다.

상사의 입장에서 생각해볼 때 이렇듯 일을 잘못 처리하라고 지시할 리가 없는 것은 분명한 노릇이고 또 그렇게 지시한 기억이 없음에도 불구하고 담당사원은 틀림없이 상사가 그렇게 지시했었다고 얘기하니 참 황당한 일이 아닐 수 없다. 그렇다고 부하직원을 상대로 '내가 언제 그렇게 지시했느냐?'며 따지고 싸울 수도 없는 노릇이고 난감해지게 된다.

그러나 담당사원 역시 자기 상사를 상대로 전혀 터무니없는 말을 할 리는 만무하고 보면 무언가 그 일의 처리방법에 대해 상사의 지시를 듣긴 들었음이 분명한 일일 것이다.

이런 경우 문제는 담당사원이 상사의 지시 의도를 잘못 이해한 데서 비롯된 경우가 대부분이라 할 수 있다. 물론 더러는 상사가 부하의 보고와 질문내용을 잘못 파악하고 잘못 지시한 데서 비롯되는 경우도 있겠지만.

아무튼 상사와 부하직원 간의 커뮤니케이션이 제대로 이루어지지 않은 데서 이런 오류가 발생되게 되는데, 진짜 문제는 여기에 있는 것이 아니다.

설령 상사가 실수해서 일 처리를 잘못 지시했다손 치더라도 해당업무를 처리하는 사원은 업무처리도중 마땅히 그 오류를 발견했어야 했고, 계속 진행여부를 상사에게 재확인했어야 했는데 이를 제대로 이행하지 않은 데 있다.

무슨 일이든 아무런 생각도 감각도 없이 죽이 되던 밥이 되던 무조건 윗사람이 시키는 대로만 업무를 처리하는 사원은 정상적 사고기능을 가진 사람이라 볼 수 없다. 마치 버튼을 누르면 지시대로 동작하는 로봇과 같다. 요즘은 로봇도 지시자가 실수로 버튼을 잘못 누르면 동작을 안 하거나 경고메시지를 들려준다.

이는 윗사람 지시에 일일이 이론(異論)을 내세우라는 것이 아니라 회사에서 실무를 처리하는 과정에서의 제반 문제점, 효율적이고 창의적인 제안, 오류 등등을 면밀히 관찰, 체크하여 중요한 것은 수시로 상사에게 보고라도 한 후 재지시를 구하라는 얘기다. 그렇게 한다면 나중에 결과가 잘못되어 상사와 부하직원 간에 서로 책임을 미루고 따지는 일을 줄일 수 있다.

회사의 간부나 임원쯤 되면 대내외적으로 무척 바쁘게 움직여야

하기에 일선 직원들의 실무를 구체적으로 체크할 시간적 여유가 없게 마련이다. 그러다보면 세세한 실무사항에 대해서는 담당사원들이 각자 자기 책임 하에 스스로 알아서 업무를 처리해야 될 경우가 많다. 따라서 무슨 일이든 자신이 맡은 업무처리에 있어서만큼 늘 스스로 꼼꼼히 체크하고 검토하여 실수나 오류를 방지해야 한다. 그렇지 않고 나중에 결과가 잘못된 뒤 누가 이렇게 하라고 해서 그랬다느니 하는 책임회피성 말을 해서는 안 된다. 자기가 맡은 업무에 대해서는 자기 스스로 검토하고 추진하고 책임질 줄 아는 사원이 되어야 한다는 뜻이다.

예컨대 회사의 제품생산에 차질이 생겼을 경우 공장장은 원자재가 제때에 입고되지 않았기 때문이라며 구매부장에게 책임을 전가하고, 구매부장은 생산일정 수립에 차질이 있었다며 생산부장에게 책임을 전가하고, 생산부장은 회사의 사업계획 자체에 문제가 있었다며 경영진에게 그 책임을 전가한다면 결국 누가 책임을 져야 할 것인가?

이는 저마다 책임을 모면하고자 하지만 결국 각자에게 그 책임이 돌아갈 수밖에 없는 일이며 또한 모두의 책임은 누구의 책임도 아닐 수 있다. 다들 권리를 주장하기 이전에 각자 맡은 바 책임을 다하려는 자세가 중요하다.

질책을 두려워하면
성과를 거둘 수 없다

한때 공직사회에서 '복지부동'이란 용어가 유행어로 쓰인 적 있다. 이 눈치 저 눈치 살피며 자기 보신(保身)과 안위만 생각하고 매사에 적극적으로 나서지 않는 공직자들의 의식행태를 일컬을 때 주로 쓰였던 말이다. 그러나 이런 복지부동형 직원은 공조직에만 있는 게 아니고 일반 기업체에서도 흔히 볼 수 있다.

예컨대 모든 일을 아무런 자기 주관이나 소신 없이 그저 단순히 정해진 규정대로, 원칙대로, 지시받은 대로만 처리하려드는 사원들이 바로 그런 류의 사원들이라 할 수 있다.

이런 사원들은 자신이 처리하는 업무가 결과적으로 회사에 이익이 되는지 손해가 되는지 또는 처리방식이 합리적인지 불합리적인지를 따지지 않는다. 오직 원리원칙에만 충실하면 되고 정해진 규정과 관행대로만 업무를 처리하면 된다고 생각한다. 그러면 나중에 설령 결과가 잘못 되더라도 욕먹을 일이 없고 책임질 일이 없다는 것만 생각한다. 약간의 융통성만 발휘하면 열흘 걸릴 업무를 사나흘에 처리할 수 있어도, 약간의 창의성만 발휘하면 상당한 소요경비를 절감할 수 있어도 시간이야 오래 걸리건 말건, 비용이야 더 들던 말던 오직 원리원칙만을 고수하려는 사원들, 정말 문제사원들이다.

일반 회사의 업무는 그 성격상 국가조직의 공무(公務)와는 상이하여 그때그때 상황에 맞는 실무자의 융통성, 창의성이 무엇보다 절실히 요구된다고 할 수 있다. 실무자의 재량과 능력에 따라 결과적으로 회사에 상당한 이익이 있을 수도 있고 손해가 될 수도 있는 경우가 비일비재하다. 또한 회사의 업무규정이나 매뉴얼이란 것 역시 국가 법령만큼 제대로 정비되어 있는 예가 드물고, 각 분야별로 수많은 업무처리 방법들을 일일이 열거, 예시할 수도 없다.

따라서 사원들의 경우 나중에 문책 등을 피하려고 매사 상사의 지시나 규정에만 의지하려고 하면 그만큼 업무효율은 떨어질 수밖에 없고 신속 원활하게 업무처리를 할 수가 없다. 각자 나름의 사명감과 책임의식을 지니고 자발적 창의력을 발휘하여 융통성 있게 업무를 처리한다면 윗사람들에게 질책 받을 일보다 오히려 인정받고 칭찬받을 일이 훨씬 더 많을 것이다.

그러지 않고 세월이야 가든 말든, 경비야 더 들던 말던, 일이야 되든 말든, 자신의 보신과 안위만을 생각하여 책상머리에 앉아 원리원칙만 논하는 사원들은 자신의 신분유지는 안전하게 할지 모르나 자신의 능력을 인정받기는 어렵다.

일이 잘 안되었을 경우 욕을 먹느니보다 차라리 아무 일도 계획하거나 추진하지 않고 욕을 안 먹는 쪽이 더 낫다고 생각한다면 이는 잘못된 생각이다. 일반 회사의 경우 오히려 일이 잘 안되어서 욕을 먹는 경우가 간혹 있더라도 무언가 끊임없이 자발적으로 새로운 일을 계획하고 추진하는 사원들이 경영자에게 인정받는다는 사실을 알아야 한다. 회사의 경영자들이 가장 싫어하는 사원스타일은 바로 자기자리만 지키고 앉아 아무런 일도 계획하거나 추진하지 않고 윗사람 눈치만 살피는 복지부동형 사원들이라 할 수 있다.

아울러 회사업무에 대한 사원들의 자발적 의욕과 창의력을 높이려면 기업의 인사고과나 상벌제도의 개선도 뒤따라야줘야 한다. 인사 평점의 항목, 기준, 비율 등도 그저 손쉽게 다른 회사의 것을 그대로 베껴 쓰려고만 하지 말고 자기 회사의 특성과 실정, 경영방침에 맞도록 재정비하고, 상벌에 대한 규정과 기준 역시 합리적이고 공정하게 수립, 운용한다면 사원들이 보다 능동적이고 의욕적으로 일할 수 있는 분위기가 조성될 것이다.

특히 근로조건이나 사원들 처우, 인사관리 등에 관한 사항은 명확히 제도화되어 있지 않으면 사원들이 직장에 대한 질서의식, 신뢰성, 안정감 등을 가질 수 없다.

기업의 간부나 경영자들은 이제부터라도 주먹구구식 경영관리행태를 벗어나 보다 합리적으로 회사업무를 운용해 나가는 자세를 갖춰야 한다. 또한 평소 노동관계법령 같은 것도 좀 읽고 공부를 해서 어느 정도는 숙지하고 있어야 한다. 그러지 않고 나중에 골치 아픈 노동문제가 발생하고 난 뒤 '잘 몰랐다.'느니, 어쨌다느니 하는 소릴 해봐야 책임이 면해지지 않는다.

3-5 무관심형 사원

모든 정보와 지식은 관심에 비례한다

회사 일에 지나칠 정도로 무관심한 사원들이 있다.

예를 들면 자기 맡은 업무 외에는 회사 일이 어찌 돌아가고 있는지 전혀 관심도 없을 뿐 아니라 알려고도 하지 않는 사원들이 그런 경우다.

같은 부서, 옆자리에 나란히 앉아 근무를 해도 주위 동료가 지금 무슨 일을 하고 있는지, 어떤 전화를 받고 있는지, 업무상 무슨 문제가 발생하였는지 전혀 모르고 있는 사원이 있는가 하면 사내 방송이나 문서로 전 직원들에게 일일이 고지하지 않는 한 회사 돌아가는 사정에 대해 완전 깜깜인 사원들도 있다.

물론 모두들 자기 업무에 바빠 다른 쪽에 신경을 쓸 수 없기 때문일 수도 있고, 자기 업무만 제대로 하면 되지 주변 온갖 일까지 신경 쓸 필요가 없지 않느냐는 생각 때문에 그럴 수도 있다.

하지만 회사의 업무라는 것은 완전 100% 타부서와 동떨어져 운용되는 것이 드물고, 사내의 다른 부서와 직간접적으로 연계하여 운용되기 마련이다. 자신의 업무를 차질 없이 수행하려면 회사 전반의 업무 운용상황과 내역을 어느 정도는 파악하고 있어야 본연의 업무를 차질 없이 수행할 수 있는 것이다.

따라서 자신의 업무와 직접적 상관이 없다하여 타부서 일에 대해 전혀 신경을 안 쓰고 무관심하면 반드시 업무의 효율성이 떨어지거나 각종 차질을 유발케 되어 결과적으로 회사에 큰 손해를 끼칠 수도 있다.

사원들이 회사 내의 업무상황을 대략적으로 파악하는 데는 사실 그리 많은 시간이 걸리는 것도 아니고, 별도의 노력이 뒤따르는 것도 아니다. 약간의 관심과 신경만 기울이면 충분히 가능한 일이다. 예컨대 과장이나 부장이 통화하는 것만 옆에서 몇 마디씩 얻어 들어도 회사 돌아가는 사정을 대충은 짐작할 수 있는 것이다.

문제는 관심의 부족이다. 회사 일을 자기 일처럼 생각지 않은 데서 오는 무관심이 무지와 무능, 무책임을 부른다.

심지어 업무의 대부분이 온라인으로 이루어지는 요즘 회사 홈페이지에 오자, 탈자, 비문 등이 1년 내 게시되어 있어도 어느 한 사람 이를 발견, 수정하는 이가 드물다. 대외 고객들이 수시로 방문하는 홈페이지에 정작 내부 직원들은 누구도 접속을 해보지 않았거나, 접속을 했더라도 틀린 부분을 발견하지 못했거나, 발견하고도 고칠 생각을 안 했거나, 아니면 수백, 수천 명 직원들 모두가 한글조차 제대로 읽고 쓰지 못하거나 그 중 하나일 것이다. 그리고 이런 사례는 우리나라 기업들 중 거의 대부분이 해당된다는 데에 문제의 심각성이 있다.

일면 사소한 예 같지만 이런 것이 바로 주인의식과 관심의 부족에서 기인되는 현상이라 할 수 있다.

만약 사원들이 자신의 신상과 직접 관련된 중요한 문서에 오자나 탈자, 비문 등이 있었다면 그걸 쉬 알아채지 못했겠는가?

모든 것이 결국 나의 일이 아니라고 또는 나와 직접적인 상관이 없다고 생각하여 관심을 갖지 않고 건성으로 대하기 때문이다.

따라서 직장에 근무를 하면서도 평소 회사 돌아가는 상황에 대해 어느 정도 관심을 가지고 대응하려는 자세와 노력이 무엇보다 필요하다. 그러지 않고 회사야 이익이 나건 적자가 나건 전혀 관심 없이 그저 모두들 자기 챙길 것만 챙기면 그만이라고 생각할 경우 무식한 말로, 사장은 어디서 흙 파서 사원들 월급 주냔 말이다.

어쨌든 호사가처럼 주위 일에 지나치게 관심을 쏟는 것도 바람직한 태도라고 볼 수 없지만 주위 상황에 대해 전혀 아랑곳하지 않는 의식행태 역시 직장조직에선 문제가 된다.

자기가 맡은 일이 아니라고 또는 자기 부서의 업무가 아니라고 전혀 관심을 갖지 않는다면 회사에서의 부서 간 업무협조가 원활히 이루어질 리 없고 효율이 오를 수 없다. 매사에 차질과 실수가 발생될 수 있으며, 폭넓은 업무지식이나 감각도 익힐 수 없다.

더러 회사에서 근무시간 중 몇 시간씩 자리를 비운 사원이 있어 옆자리 동료에게 어디 갔냐고 물어보면 그 때까지도 무슨 용무로 자리를 비웠는지는 고사하고 자리를 비운 사실조차 모르고 있는 경우도 흔하다. 물어보면 '잘 모르겠습니다.' 하면 그만이다. 그렇다고 바쁜 업무에 온통 정신을 쏟고 있어서 그런 것도 아니다. 워낙 주위 상황에 대해 무관심, 무감각, 무신경하다 보니 바로 코앞에서 일어난 일도 모를 수밖에는 없다.

또한 동료나 상사를 찾는 외부 전화가 걸려 와도 당사자가 부재중일 경우 '지금 안 계신데요.'하면 그걸로 끝이다. 어디서, 누가, 무슨 용무로 전화를 했는지 개인적으로 궁금해서라도 한두 마디쯤 되물어 봄직도 하건만 도대체 자신과 직접 관계있는 일이 아니면 털끝만치의 관심도 없다.

뿐만 아니다. 회사에서 자신이 매일같이 처리해오고 있는 지극히 일상적인 담당업무에 관한 것마저도 상사가 뭣 한 가지 물어 볼라치면 꼭 한참씩 꾸물거리며 자료를 뒤적여봐야 겨우 대답이 나오곤 한다.

이래가지고는 어느 조직에서든 인정받고 성공하는 사원이 되기는 힘들다 해도 과언이 아니다.

사람은 무슨 일에든 궁금증을 가지고 생활해야 발전한다. 매사에 궁금증이나 호기심이 없는 사람은 발전 또한 없다. 그리고 이러한 궁금증과 호기심은 결국 회사에 대한 애정과 주인의식을 가지고 주위의 모든 상황을 세밀히 관찰하는 습관에서 비롯된다는 것을 알아야 한다.

3-6 생활문란형 사원

놀고 난 끝은 없어도
일한 끝은 있다

남자들이 사회생활을 함에 있어 가장 경계하고 멀리해야 할 것이 이른바 주색잡기(酒色雜技)라고 할 수 있다.

이것만 멀리해도 누구든 별다른 어려움 없이 사회생활을 영위할 수 있고, 무난한 인생을 살 수 있다.

그러나 주색잡기에 대한 유혹은 무엇보다도 강해서 보통사람들은 이 유혹을 뿌리치기 어렵다. 주색잡기에 탐닉하여 인생을 망치지는 않더라도 최소한 나이가 들어 늙어 죽을 때까지 이것들과 길고 힘겨운 싸움을 하면서 많은 상처와 후회를 맛보아야 한다. 굳이 신문잡지에 실리는 숱한 사건, 사고 기사들을 들추지 않더라도 우리 주위를 살펴보면 주색잡기에 빠져 인생을 망친 사람들이 한둘이 아님을 알 수 있다.

주색잡기 중에서도 술과 여자문제에 대해서는 동서고금 수많은 사례들이 있으므로 여기에서는 언급을 생략하고, 다만 '잡기'에 관해 서만 몇 가지 짚고 넘어가겠다.

'잡기'라고하면 여러 가지가 있을 수 있겠으나, 그 중에도 흔히 꼽을 수 있는 것이 화투나 포커, 바둑이나 당구놀이, 각종 게임 등이 아닌가 싶다. 특히 한때는 이른바 '고스톱 공화국'이라는 신조어가 생겨날 정도로 온 나라에 화투놀이가 성행한바 있고, 이러한 퇴폐적 놀이문화는 사회적으로 여러 가지 손실과 폐해를 끼쳤다. 직장인들 중에도 퇴근하기 바쁘게 끼리끼리 몰려가 밤늦도록 고스톱을 치는 사람들이 부지기수였으며, 심지어 근무시간에까지 휴게실 등에 모여 고스톱판, 포커판을 벌이는 예도 있었다. 그러다 보니 업무에 차질이 생길 뿐 아니라 가정생활 역시 불충실해지고 경제적 손실 또한 만만치 않다. 거기다 밤샘이 잦아지고 술 담배가 늘고, 돈 잃어 스트레스 받다 보니 건강 또한 나빠지게 된다.

바둑이나 당구놀이 또한 마찬가지다.

특히 과거 인터넷이 없던 시절 마땅한 오락거리를 찾기 어렵다 보니 필자 역시 20대 초반 바둑에 깊이 빠져든 적 있다. 바둑에 대해 잘 모르는 이들이 볼 땐 바둑이 상당히 건전하고 신사적인 놀이 같지만 이 또한 알고 보면 아주 몹쓸 잡기임에 틀림없다. 심심풀이로 가끔 한두 판씩 두는 정도라면 몰라도 벌써 기원 출입이 잦아지고, 기력(棋力)이 1, 2급에 이르면 바둑에 거의 미친다. 특히 바둑이란 두뇌능력의 겨룸이라 자연 승부욕이 강해지고 자존심도 걸려 있고, 기력이 늘면 늘 수록 묘한 마력에 더욱 깊이 빠져들기 십상이다. 게다가 한판 두는데도 몇 시간씩 소요되니 시간과 체력소비도 심하다. 그렇게 몇 년을 노력,

어렵사리 1급 언저리에 이르긴 했으나 결국 아무 의미도 쓸모도 없는 헛짓을 하고 만 것이다. 만약 그 시간에 다른 공부를 그리 열심히 했더라면 전문자격증을 취득해도 몇 개는 취득했을 터였다.

혹자는 바둑이나 화투, 포커놀이도 스트레스 해소에 도움이 된다고 생각할지 모르겠으나 절대 그렇지 않다. 승부가 있는 게임에서는 무슨 '내기'든 내기가 걸리게 마련이고, 이런 게임에서 지게 되면 오히려 스트레스가 쌓인다. 그렇다고 매번 이길 수도 없으니 괜한 정력과 시간만 소비하게 되는 것이다. 차라리 바둑 두고 화투칠 시간이 있으면 잠을 자두는 것이 건강에나마 이롭다.

성공하는 사람은 일에 미치고 실패하는 사람은 노는 데 미친다. 또한 '일한 끝은 있어도 논 끝은 없다'는 말도 있다. 그렇다고 사람이 매일 일만 하면서 살 수는 없겠지만 놀이를 하더라도 좀 더 건전하고 좀 더 생산적인 놀이를 해야 한다. 건강을 위해 테니스나 축구 같은 운동을 하던지, 등산이나 낚시를 하던지, 뭔가 단 한 가지라도 자신에게 이롭고 득이 되는 놀이를 해야 한다. 단지, 말초적 재미를 느끼기 위해 화투나 포커, 바둑, 당구, 게임 같은 놀이에 깊이 빠져드는 것은 정말 경계하고 삼가야 할 일이다. 특히 젊은 직장인들은 자신에게 주어진 시간을 금쪽 같이 아껴 보다 유익한 곳에 투자해야 한다. 그래야 치열한 조직경쟁에서 낙오되지 않고 끝까지 살아남을 수 있다.

회사에서 한 시간 일찍 퇴근해 기원이나 가고, 쓸데없는 친구들이나 만나 잡기로 시간을 보낼 양이면 차라리 회사에서 한 시간 더 일을 하라. 회사에서 한 시간 더 일한다고 해서 어디에 병이 나고 탈이 나지 않는다. 사무실에서 밤을 새며 일하고 공부해본 적이 없는 사원은 '프로 직장인'이라 말할 수 없다.

혹자는 남들보다 회사에서 한 두 시간 더 남아 일한다고 하여 반드시 그만큼의 업무성과를 더 올릴 수 있는 것은 아니라고 얘기할 수도 있다. 또한 남들 서너 시간 걸릴 일을 한두 시간 내에 집중적으로 처리하고 일찍 퇴근하는 것이 보다 효율적이라고 말할 수도 있을 것이다. 좋은 얘기다. 그러나 요즘 직장의 업무라는 것은 과거의 단순 작업과는 달라 붙잡고 앉아 단 몇 십 분이라도 더 검토하고 연구하고 수정을 반복하면 할수록 보다 좋은 결과를 얻을 수 있는 일이 대부분이라는 것을 알아야 한다. 그리고 남들이 서너 시간 걸릴 업무를 한두 시간 안에 완벽히 처리할 정도로 능력 있는 사원들이 우리 직장에 과연 몇이나 되겠는가. 어떤 일이든 남보다 한 시간이라도 더 시간을 투자한 사람은 반드시 그 시간만큼의 성과를 얻기 마련이다.

그리고 사실 우리나라 사무직 근로자들의 업무생산성은 지극히 낮다. 근무시간 중 회사업무에만 몰두하는 시간이 과연 얼마나 되는지 한 번 따져보라. 커피 마시고 담배 피우고 신문 읽고 사적인 통화하고 동료와 잡담하고 먼 산보며 딴 생각하고 콧구멍 후비고 등등 다 합치면 오히려 이런 시간이 실제 업무에 소요되는 시간보다 더 많다 해도 과언이 아니다. 그렇다고 조잡스럽게 이런 것까지 일일이 다 체크하고 따지자는 얘기가 아니다. 단지, 근무시간 이외라도 회사업무에 대해 어느 정도 시간을 투자하여 다소라도 모자랐던 부분에 대한 보충을 하라는 뜻이다.

특히 직장인들은 시간 관리를 철저히 해야 하고, 가능한 바쁘게 생활

해야 한다. 모든 문제는 한가하고 심심할 때 발생되는 법이다. 쓸데없는 일로 금쪽같은 시간 낭비하지 말고 보다 유익한 데에 시간을 투자해야 자기발전을 이룰 수 있다.

필자가 늘 강조하듯 삶의 재미에도 여러 가지가 있다.

먹고 놀고 즐기는 재미도 있고 돈 쓰는 재미도 있지만, 돈 버는 재미도 있고 돈을 아끼고 모으는 재미도 있다. 또한 성실히 일하는 데서 느끼는 재미, 열심히 공부하는 데서 얻는 재미도 있다. 어느 쪽 재미가 진짜 재미인지, 어느 쪽 재미를 선택할 것인지 숙고하라.

3-7 성격이상형 사원

'난' 사람, '든' 사람보다 '된' 사람이 되라

회사는 다양한 성격을 지닌 사람들로 구성된 조직체이다 보니 직장 내에는 별별 사람들이 다 있게 마련이다.

물론 채용 시 심사과정을 통해 어느 정도 공통의 지향가치, 보편적 정서와 인성 등을 갖춘 사람들로 조직이 구성되기는 하지만, 그래도 저마다 개성과 특성을 지닌 이들의 유형은 천태만상일 수밖에 없다.

지혜롭고 반듯하고 점잖고 유능하고 열성적인 사원들이 있는 반면, 살살이도 있고 빤질이도 있고 의뭉이도 있고 모지리도 있고 무대뽀도 있고 꾀보도 있고 돌쇠도 있고 못 생긴 여우도 있고 예쁜 척, 착한 척, 잘난 척, 귀여운 척하는 여직원도 있다.

이처럼 다양한 성향의 동료들과 함께 직장생활을 지속해간다는 것은 결코 쉬운 일이 아니다. 회사에서 스트레스를 받거나 또는 적응을 못해 퇴사하는 이유 역시 업무 관련 문제보다 인간관계로 인한 경우가 대부분이다.

세상 모든 사람들이 좋은 성격을 지니고 예의와 법도를 갖춰 생활한다면 얼마나 좋을까만 이는 희망사항일 뿐 인간세상이란 원래 그렇지 못한 곳이다. 따라서 직장생활이란 업무역량도 중요하지만 주위 동료, 선후배 구성원들과 원만한 인간관계를 유지해나가는 것 역시 매우 중요한 능력이며 직장인으로서 반드시 갖춰야 할 요건이기도 하다.

또 그러기 위해서는 각자 자신의 성격부터 바르게 수양해야 한다. 인격도야, 성정수련 역시 직장생활, 사회생활을 함에 있어 매우 중요한 공부이고 반드시 노력, 배양해야 할 의무사항이기도 하다.

흔히 하는 말로 '사람의 성격이 곧 사람 운명을 좌우한다'고 한다. 원만한 성격을 가진다는 것은 곧 원만한 운명을 가진다는 말과 같다. 성격에 기복이 심한 사람은 자기 운명에도 굴곡이 심한 경우가 많다.

직장에서 툭하면 남들과 다투기나 하고 주위 사람들과 사이가 안 좋아 배척당하는 성격으로는 원만한 운명을 유지하기 힘들다. 자신의 이상한 성격행태가 주위에 서너 번만 눈에 띄면 사람들에게 성격이상자로 취급받게 된다. 설령 다른 쪽에 능력이 있더라도 인정받기 어렵다. 반면 성격이 원만하고 성실한 사람은 조금의 실수나 미진한 부분이 있어도 그런 점은 모두 덮여 버린다. 이는 직장 조직에서 인성이 얼마나 중요한 것인지를 가늠할 수 있게 하는 단적인 사례다.

흔히 말하듯 사람 유형을 '된 사람, 난 사람, 든 사람'으로 구분할 때 남들에게 가장 인정받는 쪽은 된 사람이다. 된 사람이란 곧 기본과 상식을 갖춘, 성격적으로 무던하고 원만한 사람을 뜻한다.

사람은 신체적, 연령적으로만 성숙했다 해서 성인이라 할 수 없다. 진정한 성인이 되려면 반드시 정신적 성숙이 뒤따라야만 한다. 그러기 위해서는 부단히 사유하고 공부하는 노력을 기르는 것이 무엇보다 중요하다.

나이가 들고 세상 경륜이 쌓이면서 성인(聖人)은 못 될지언정 성인(成人)은 되어야 하지 않겠는가.

그리고 경영전문가로서 한 마디 덧붙이자면 이는 사람뿐 아니라 기업 역시 마찬가지다. 어느 한 시기 반짝 성장한 신흥기업들보다는 그 정신의 뿌리와 전통이 깊고 기본과 상식에 충실한 기업들이 지속발전을 이룬다. 특히 2000년대 이후 IT붐 등 시류를 타고 급성장한 기업들의 경우 이른바 초격차, 초일류 등 온갖 현란한 구호들을 내세우며 선진기업임을 표방하지만 이 역시 알고 보면 대외과시를 위한 허세이자 말장난에 불과한 경우가 많다. 오히려 건실한 기업들일 수록 그런 스팸성 수식어에 연연하지 않는다.

국내 최고 기업이라는 삼성전자 역시 그동안 '안 된다는 생각을 버려라', '큰 목표를 가져라' 등등 지극히 상식적인 모토를 고수해왔고, 근래에는 '기본으로 돌아가자'는 점을 강조하고 있다.

따라서 기본과 상식에 충실한 기업이야말로 지속가능, 영속가능한 장수기업, 장인기업, 건실한 모범기업이 될 수 있다.

우리 사회는 이제 무엇보다 기본과 원칙, 상식을 우선시, 중요시할 필요가 있다.

3-8 가정불안형 사원

가정에 충실한 사람이 직장에도 충실하다

진리란 어려운 말 속에 있는 것이 아니다. 쉽고 평범한 말 속에 다 들어있다. '가화만사성'이란 말 역시 동네 이발소나 목욕탕 같은 데 가도 흔히 붙어 있는 글귀다. '가정이 화목하고 평안해야 만사를 이룰 수 있다.'는 말, 만고불변의 진리다.

사람이란 특별한 경우를 제외하고 누구나 가정의 행복을 실현하기 위해 산다. 가정을 위해 열심히 일을 하고 돈을 벌고 직장을 다닌다. 또한 이 세상에 자신을 포함하여 부모와 처자식, 형제, 자매 등과 함께 살아가고 있는 가정보다 더 소중한 것은 없다.

더러 국가와 민족, 나아가 세계 인류의 발전과 행복을 위해 산다는 사람들도 있겠지만 그런 이들에게는 계속 그리 살라하고, 평범한 사람들의 경우 대부분 자기 가족, 자기 가정을 위해 살아가며 또 그렇게 사는 것이 결과적으로 애국 애족하는 길이라고도 할 수 있다.

그러나 우리 주위를 살펴보면 더러 가정이 화목치 못하거나 여러 가지 집안의 복잡한 문제로 골치를 썩고 있는 사람들이 있다. 아무리 가족 간이라 해도 서로 조금씩 성격이 다른 사람들이 함께 생활하다 보니 이런저런 문제가 야기될 수 있고 또 가족 구성원 중 누군가 자신의 역할과 의무, 책임 등을 제대로 이행하지 못했을 때 삐걱거리는 소리가 나게 마련이다.

구체적 원인과 사례로는 여러 가지가 있을 수 있다.

그중 우리 주위에서 가장 흔히 볼 수 있고 또 심각한 문제인 경우는 바로 부부 간 갈등으로 인한 가정불화라고 할 수 있다. 다른 이유로 인한 집안문제는 어느 정도 시간이 지나거나 상황이 바뀌면 해결될 수 있고 또 주위 사람들 도움과 이해도 받을 수 있으며, 당사자들 스스로 어느 정도 참고 극복해낼 수 있다. 하지만 부부간 성격적 갈등으로 빚어진 가정불화는 해결이 쉽지 않을 뿐더러 평생 계속될 수도 있다. 이로 인해 당사자들은 물론 주위에까지 폐해를 끼치게 되는 경우도 종종 있다.

특히 부부싸움이 잦은 직장인들의 경우 회사업무에도 상당한 차질을 유발하게 되며, 심한 경우 우발적 사고로 연결되는 경우도 더러 있다. 누구나 한두 번쯤 경험하는 일일 테지만 집안에서 부부가 심하게 다투고 직장에 출근하여 제대로 업무를 보았던 적은 거의 없을 것이다. 온종일 골치가 아프고 화가 나고 일이 손에 안 잡히고, 그렇게 좌불안석으로 시간을 때우다 퇴근하게 되는 경우가 허다하다.

그런데 이런 일이 잦을 경우 회사로서도 상당한 손해지만 당사자들 역시 잦은 업무차질로 인해 윗사람들에게 질책을 받게 되고 결국 문제사원으로 지목 당하게 되는 결과를 초래하게 된다. 따라서 무엇보다 직장생활을 충실히 하려면 먼저 가정생활을 충실히 해야 한다. 가정에 충실치 못한 사람은 직장생활 역시 충실히 할 수 없게 됨은 자명한 이치다.

또 현명한 직장인이라면 자신의 가정문제가 회사업무로까지 연결되지 않도록 주의를 기울여야 한다. 툭하면 집안일로 지각, 결근을 한다거나 자리를 비우거나 전화통을 붙잡고 신경질을 부리는 태도는 주위 사람들에게까지 폐를 끼친다는 점을 명심해야 한다. 그런 일이 잦을 경우 주위로부터 '골치 아픈 사람'이라는 평가를 받게 된다. 더러 부부싸움을 했더라도 또는 집안에 신경 쓰이는 일이 있더라도 회사에 나와서는 전혀 표 나지 않게, 억지로라도 밝은 표정으로 일하려 노력하는 자세를 갖춘 직장인이 기본예절을 갖춘 사람이다.

집안의 아내들 역시 남편의 직장생활에 대한 애로와 고충을 어느 정도 이해하고 협조해 주는 자세를 가져야 한다. 샐러리맨의 실상과 한계를 뻔히 알면서도 맨날 바가지나 긁어대고 괜한 앙탈이나 부리려 든다면 정말 남편들은 어쩌란 말인가? 남편이 직장 일보다 가정 일을 더 우선으로 생각해주길 바라거나, 퇴근 후 한두 시간만 늦게 들어와도 앵앵거리며 잔소리를 늘어놓는 아내들은 남편의 사회적 성공을 기대하기는 틀렸다 해도 과언이 아니다.

끝으로 한 가지 덧붙이고 싶은 말은 가정형편이 지나치게 어려운 사원들 역시 직장에서는 문제가 된다는 점이다. 맨날 생활비에 또는 빚에 쪼들리다 보니 업무에 충실할 수 없게 됨은 물론 의욕 또한 있을 수 없다. 걸핏하면 풀이 죽어 수심어린 표정을 짓고 다니다 보니 주위 사람들까지 신경 쓰이게 만든다. 따라서 사람은 항상 자기 생활이 궁핍해지지 않도록 절제된 생활, 계획성 있는 경제습관을 기르는 것도 중요하다.

특히 아직 결혼을 하지 않는 젊은 직장인들은 배우자를 선택할 때 신중에 신중을 기해야 한다. 사랑, 성격, 외모 이런 것도 중요하지만 무엇보다 상대의 가정환경 즉, 경제적 여건을 우선으로 살펴야 한다. 이는 배우자 집안의 어떤 도움을 바라서가 아니다. 어느 한쪽이 가난하면 다른 한쪽이라도 형편이 좀 나아야 그나마 서로 보완이 되고, 살아가는 데 힘이 덜 들기 때문이다. 또한 처가 쪽 식구든 시댁 쪽 식구들이든 형편이 안 좋을 경우 이를 모른체 하기 어렵고, 그러다 보면 결국 다 함께 곤궁함에서 벗어날 수 없기 때문이기도 하다.

옛말에 '가난이 앞문으로 들어오면 사랑은 뒷문으로 달아난다'고 했다. 그만큼 인간이 살아가는 데 있어 경제적 여건이란 중요한 것이다.

필자가 늘 강조하듯 천국과 지옥이 따로 있는 것 아니다. 어디에서든 잘 먹고 잘 살 수 있으면 그곳이 곧 천국이요, 못 먹고 못 살면 지옥인 것이다. 또 이미 가난한 사람들끼리 부부로 만났다면 서로 같은 처지에 상대를 원망하거나 신세한탄만 할 것 아니라 더욱 열심히, 성실히, 알뜰히 살아갈 생각을 해야 한다.

굳이 '수신제가 치국평천하'라는 글귀를 들추지 않더라도 집안의 화목과 가정경제를 무리 없이 운영해나가는 일 역시 직장인, 사회인으로서 기본 책무임을 명심해야 한다.

3-9 건강부실형 사원

건강한 신체에
건강한 정신이 깃든다

요즘은 어디서 무슨 일을 하고 지내는지 모르지만, 예전 필자 회사에 한 달이면 꼭 서너 번씩 결근을 하던 사원이 있었다. 사유는 늘 몸이 아프다는 것이었다. 툭하면 감기몸살이고 툭하면 두통이고 툭하면 배가 아파 회사에 못 나온다. 그런 일이 잦다보니 자연 주위 눈총을 받게 되고 스스로도 미안함에 겨웠는지 결국 몇 달 못가 회사를 그만두는 경우를 본 적 있다.

이처럼 직장인들 중에는 걸핏하면 몸이 아프다는 이유로 결근을 하거나 지각, 조퇴가 잦은 사원들이 더러 있다. 그렇다고 무슨 특별한 지병이 있어서가 아니라 늘 자질구레한 병치레로 그리한다.

이런 사원들의 경우 자신의 가족들로서는 일단 몸이 아프니 직장에 충실치 못해도 어쩔 수 없다고 이해할 수 있겠지만 회사 입장에서 보면 참 난감한 노릇이 아닐 수 없다.

1년에 한두 번도 아니고 한 달에도 몇 차례씩 몸이 아프다는 이유로 근무를 제대로 않으니 업무상 차질을 빚게 됨은 물론 주위 사람들까지 힘들고 짜증스럽게 만든다. 결근 사유 또한 몸이 아픈 것이니 매정하게 뭐라 할 수도 없고 그저 곤혹스럽다.

회사에서 환영받을 수 있는 직장인이 되려면 무엇보다 우선 심신이 건강해야 된다.

'체력이 국력'이란 말이 괜히 있는 게 아니다.

건강한 육체에 건강한 정신이 깃드는 것이고, 건강해야 업무의 능률과 성과도 올릴 수 있다. 그리고 건강이란 것도 그냥 주어지고 길러지는 것 아니다. 건강을 유지하기 위한 꾸준한 노력이 뒤따를 때 늘 건강하게 활동할 수 있다.

매일 무절제하고 나태하게 생활하거나 정신의 긴장을 풀고 흐리멍텅하게 생활하면 건강은 쇠약해질 수밖에 없다. 규칙적인 생활, 적절한 운동, 강인한 정신력을 기르는 것이 우선이다.

또한 육체의 건강은 정신력과도 관계가 깊다. 평소 정신만 바짝 차리면 감기몸살도 잘 안 걸린다. 쉬운 예로 군대의 병사들이 한겨울 최전방에서 그 혹독한 추위와 훈련을 견디며 근무하지만 감기나 몸살이 걸려 앓아 눕는 예는 거의 없다. 늘 정신을 바짝 차리고 자기 일에 열중하다보면 앓던 병도 낫게 되는 경우마저 흔히 있다. 문제는 마음가짐이다.

직장에서 역시 마찬가지다. 더러 몸이 좀 아프더라도 웬만하면 회사에 출근은 해야 한다. 출근 후 조퇴를 하더라도 일단은 정시에 출근하는 것이 직장인으로서 기본자세이자 예절이다. 아픈 상태가 심하다면 몰라도 어디 조금 아픈 걸 가지고 툭하면 결근할 경우 결국 직장에서 문제사원으로 낙인찍힐 수밖에 없다. 자신의 건강관리 하나 제대로 못하는 사람이 무슨 큰일을 할 수 있겠는가. 모두들 자기 자신의 안녕과 행복을 위해, 성공적 직장생활을 위해 강인한 정신력과 체력을 기르는 노력을 게을리 하지 말 일이다. 이는 평소 체력이 약한 필자 자신에게도 해당되는 말이다.

합리적 노사관을 지녀라

요즘 젊은 직장인들이 지닌 노사관, 기업관이란 어떤 것일까?

필자가 볼 때 이 부분 역시 아쉽고 안타까운 점이 많다.

예컨대 기업이 있으므로 근로자들이 일자리를 얻고 가계를 윤택하게 꾸려갈 수 있으니 기업은 사원들에게 매우 소중하고 고마운 곳이라고 생각하는 이들이 있는 반면 근로자들이 힘들게 일한 덕분으로 기업이 유지, 운영되는 것인 바, 기업은 사원들에게 고마워해야 하고 보다 많은 권한과 이익과 혜택을 보장해줘야 한다고 생각하는 이들도 있다. 심지어 노조 측에서는 근로자들이 회사 경영에도 참여해야 하고, 사업성과급 또한 양측이 적절히 분배해야 한다고 주장하기도 한다.

사회적 반기업 정서도 만만치 않다. 일반 국민들 중에는 기업경영자를 마치 근로자들의 노동력과 임금을 착취해 치부하는 사람들로까지 생각하는 이들도 없지 않다. 그러다 보니 기업에서 노사분규가 자주 발생함은 물론 근로자와 사용자들 간 서로 대립, 불신하고 다투게 되는 사례 또한 잦을 수밖에 없다.

매번 노사분규가 발생될 때마다 산업현장에서 느끼는 것이지만 근로자들은 일단 수적 우세와 다수 국민들의 동정여론 등을 배경으로 회사 측에 대해 온갖 무리한 요구를 하는가 하면 심지어 불법적이고 탈법적인 행동까지 서슴지 않는 예도 빈번하다. 그리고 더 심각한 문제는 이런 무리한 주장과 요구, 불법 행동까지도 노동자들의 생존권 수호투쟁이라는 명분과 당국의 우유부단한 대처 등으로 그동안 우리 사회에서 거의 용인되어왔다는 데 있다.

심지어 얼마 전 모 기업 노조에선 불법행위를 저질러 사법 처리된 동료 근로자의 석방을 협상조건으로 내세우며 극렬한 데모를 벌인 예까지도 있다. 이쯤 되면 노사분규라기보다는 일종의 인질극이라 아니할 수 없다.

과격 근로자들은 과격 근로자들대로 천방지축 날뛰고, 당국은 당국대로 뒤로 슬슬 빠져 눈치나 살피고, 대부분의 국민정서는 근로자들 편이고, 그러다 보니 이래저래 골탕 먹고 등골 빠지는 것은 기업인들이다.

'모두가 동참하여 투쟁하고 쟁취하자!'

'죽어도 같이 죽고 살아도 같이 살자!'

이는 6.29선언 이후 노사분규현장에서 흔히 볼 수 있는 구호들이다. 마치 유신시대 반독재 투쟁구호를 연상케 한다. 시대착오적 발상도 유분수지 아직도 우리 근로자들이 정말 어떻게 이런 잘못된 생각들을 할 수 있고 또 그러한 주장에 공감, 동조할 수 있는가?

사용자와 근로자가 일심동체로 협력해도 살아남기 어려운 이 치열한 무한경쟁시대에 근로자들이 사용자들을 타도대상의 적으로 여기고, 투쟁의 상대로 생각하고 있는 것이다.

일반 국민들 중 아직도 근로자들이 고용주로부터 착취당하고 억압당한다고 생각하는 사람들이 있다면 그는 분명히 외계인이거나 원시인이다. 왜냐하면 작금의 우리 사회현실을 너무도 모르기 때문이다. 요즘은 오히려 고용주가 근로자들에게 억압, 착취당하는 시대라고 표현해도 과언이 아닐 정도로 근로자들의 권리와 위상이 강화되었다. 이제는 경영자라고 해서 자기 마음대로 회사를 운영해 나갈 수도 없다. 일일이 사원들 눈치 살피고 노조의 의중을 물어 제반 사안을 결정해야할 정도에 이른 것이다.

또한 임금이나 복지 등 실질적 처우 면에 있어서도 지금 우리나라 기업 근로자들이 외국기업 근로자들에 비해 결코 뒤진 수준이 아니란 것은 주지의 사실이다. 물론 아직도 일부 소규모 영세 기업들의 경우에는 근로자들이 저임금과 열악한 작업환경에서 시달리고 있는 예도 있긴 하지만, 국내 산업계의 전반적 수준을 놓고 볼 때 그렇다는 얘기다. 여기에 근로자들의 권익을 보호할 직장 내 갑질이나 괴롭힘, 성희롱, 차별 방지 등을 위한 온갖 법 규정들이 갖춰져 있다.

특히 우리나라 노동관계법령을 살펴보면 그 수많은 조항들이 대부분 근로자에 대한 사용자의 책임과 의무사항만을 일방적으로 규정하고 있을 뿐 사용자가 근로자에 대해 어떠한 권한 행사를 할 수 있는 규정은 찾아보기 어렵다.

쉬운 예를 들어 근로자들이 불법파업 등 부당하고 무리한 단체행동을 일삼아도 회사 측이 이에 대항할 수 있는 합법적 수단이란 고작해야 휴업이나 직장폐쇄조치 뿐이다. 회사가 휴업을 하게 될 경우 가장 큰 손실을 입게 되는 쪽이 어느 쪽인가를 따져본다면 결국 이것은 기업의 대항수단이라고도 볼 수 없다. 거기다 소위 '무노동 무임금 원칙이 과연 옳은 것인가?'하는 지극히 두말 할 필요조차 없는 문제를 가지고 아직도 시비와 논란을 일삼고 있는 작금의 우리 산업계 현실을 살펴볼 때 과연 이 땅에서 어느 기업주가 경영의 욕을 느끼고 계속 기업을 끌어나갈 마음이 생기겠는지 의문일 수밖에 없다.

뿐만 아니다. 더러 회사에서 말썽 피우는 사원 한두 명을 해고하는 것까지 본인이 불복할 경우 일일이 그 사실 여부와 정당성을 입증해야 하고, 심하면 법원의 판결까지 받아야 하는 나라는 한국밖에 없다. 우리가 마치 근로자들의 천국인 양 알고 있는 미국 기업에서도 사원들에 대한 해고는 기업 사정에 따라 거의 자유롭게 행해지고 있으며, 법적·사회적으로도 그러한 것을 가지고 문제 삼는 예 또한 드물다.

흔히들 얼치기 경제학자나 노동운동가들은 마치 한국이 아직도 세계적 노동후진국인 양 말하고 있지만, 사실 근로조건이나 환경에 관한 한 미국, 일본 등 선진국은 물론 ILO협약과 규정에 비춰볼 때도 전혀 뒤져 있거나 문제의 소지가 없다는 것을 알아야 한다.

근래 우리나라의 OECD 가입이나 국제노동기구 협약 비준과 관련하

여 노동 문제의 쟁점이 되고 있는 사항 역시 노조의 정치참여 허용, 제3자 개입금지 조항의 철폐, 복수노조의 인정 등 소위 말하는 집단적 노사 관계에 관한 것들일 뿐 우리 근로자들 임금이나 복지 수준을 더 높여 줘야 한다든가, 노동자들 인권을 더욱 향상시키고 보장해줘야 한다든가 하는 얘기가 아님도 알아야 한다.

또한 소위 노조의 정치참여허용 문제 역시 그렇다. 요즘 흔히들 노조의 정치참여를 허용해야 한다느니 만다느니 하는 논란들을 벌이고 있으니 마치 우리나라가 노동자들에 대해 기본적 참정권마저 박탈하고 있는 것인 양 잘못 인식들을 하게 될 소지가 있는데 사실은 전혀 그런 내용이 아니다. 우리나라의 현행 노동법에서는 노조가 집단적으로 특정 정당이나 후보자를 지지·후원하는 것을 금지하고 있는 것일 뿐 노조원들의 입후보 권한을 막거나 투표권을 제한하여 원천적으로 근로자들의 정치참여를 허용치 않고 있는 것이 아니다. 또한 복수 노조의 문제 역시 아직 근로자단체 끼리도 그 인정 여부를 놓고 상호 논란을 벌이고 있는 것을 볼 때 이는 사실 정부나 경영자들에게 그 책임과 원인의 소지가 있다고도 볼 수 없다. 따라서 이는 단지, 대다수 근로자들이 노동문제에 대해 잘못 생각하고, 그릇된 사회 인식을 갖는 데서 비롯되는 불만이고 요구라 할 수 있다.

노사관계란 일단 경제논리를 우선으로 그 문제의 해결을 도모해야지 소위 정치논리나 사회 철학적 논리로써 제반 문제를 바라보고 해결하려들면 기업과 국가경제에 대한 손실과 부작용은 차치하고라도 사회적으로 극심한 가치관의 혼란과 모순을 빚을 수밖에 없다는 사실을 알아야 한다.

그리고 덧붙여 한 가지 짚고 넘어갈 것은 정말 왜 우리는 우리의 경제 수준과 기업사정은 도외시한 채 무조건 선진국 수준에 모든 것을 맞추려들고 또한 이들 국제단체가 요구하는 대로 모든 걸 수용하려드는지 모두가 다시 한번 심사숙고해볼 필요가 있다.

어쨌든 이 모든 것은 결국 우리 국민들의 부족한 경제인식, 그릇된 사회인식, 일천한 국제지식 등에서 비롯되는 현상이라 해도 과언이 아니다. 뭣 한 가지라도 알려면 제대로 좀 알아야 하는데, 다들 수박 겉핥기식으로 그저 단편적이고 편향된 지식들만 지니고 있으니 아예 모르니만 못한 결과를 가져온다.

우리 사회에서 이렇듯 지극히 단순한 문제를 가지고도 온갖 구구한 해석과 논란과 분쟁이 빚어지게 되고, 혼란이 초래되는 원인은 거듭 지적하지만 우리나라 소위 지식인 계층의 엉터리 이론이나 학설 제기에 따른 영향이 크다고 할 수 있다. 이는 참으로 나라를 잘못 가게 하는 큰 원인이 되고 있다.

관련하여 그 실증적 사례를 한 가지 더 짚고 넘어가자면, 얼마 전 현대중공업 노사분규가 한창일 때 모 대학 교수가 TV 토론 프로그램에 출연해 이런 요지의 발언을 했다.

"최근 일부 기업에서 발생되고 있는 노사분규에 대해 많은 국민들이 큰 우려를 표하고 있으나 사실 어느 면에서는 기업의 노사분규에도 긍정적 요소가 있다고 본다. 근로자들의 파업은 오히려 업종 간 과잉생산을 줄여 가격하락이나 불필요한 자원낭비를 감소시켜 줄 수도 있고, 파업기간 중 생산중단으로 인한 부족 부품 등은 타

212

기업에서 대체생산하면 되므로 국가경제 전체에는 그리 큰 타격을 주지 않을 수 있다. 또한 분규기간 동안 노사 양측이 서로를 냉정히 성찰하고 보다 합리적인 제도를 수립할 수 있는 계기를 제공해 준다는 의미도 있으므로 기업의 노사분규가 꼭 부정적인 면만을 갖고 있는 것은 아니다."

당시 TV를 시청한 사람들 대부분이 느꼈겠지만, 아무리 역설적 재치와 논리로 듣고 넘기려 해도 도저히 그냥 들어 넘길 수 없는 말이다.

이런 논리에 따른다면 도둑질, 강도질에도 나름의 긍정적 의미를 부여할 수 있을 것이다. 왜? 사람들에게 문단속을 철저히 하도록 경각심을 일깨워주니까, 그리하여 도둑이나 강도당할 것을 미리 예방할 수 있도록 해주니까.

얼토당토 않는 말도 그럴듯한 수사(修辭)를 붙여 꾸며 놓으면 제법 일리 있게 들리는 경우가 많다. 또한 제대로 된 판단의식을 지니지 못한 사람들은 이런 되잖은 요설에 현혹되기 십상이다. 한마디로 우리 사회 지식인, 전문가로 불리는 사람들부터가 정말 대오 각성하여 더 좀 깊이 있게 공부하고 보다 올바른 시각을 갖춘 뒤 사람들의 의식을 이끌어야 한다. 제대로 아는 게 없으면 나서지를 말던가, 나서서 말하고 싶으면 공부를 더 하던가 해야 한다. 소위 한나라의 오피니언 리더란 사람들이 툭하면 매스컴에 등장해 이런 말도 아니고 막걸리도 아닌 한심한 얘기들이나 늘어놓으니 누가 과연 이들의 지식과 역량을 신용하겠는가.

지금껏 우리나라 경제경영학자들이 기업의 제반 문제와 관련해 수

백, 수천 권의 책을 썼다지만 거기에서 무슨 새로운 지혜와 전략과 감동을 얻었다는 사람들을 여태 만나 보지 못했다. 이는 필자가 우리나라 학자들을 얕잡아 보고 폄하하려고 하는 말이 아니라 사실이 그렇다. 유사 이래 우리나라 경제경영학자들 중 어느 한 사람이라도 학계가 주목할 만한 독창적 이론이나 학설을 연구 발표한 이가 있었나? 어느 분야에서든 자기만의 분명하고 합당한 논리주장이 없는 말과 글은 다 '들은풍월'에 지나지 않는 것이다.

특히 경영학 분야의 경우 자신이 직접 기업을 경영해보지 않은 사람은 경영의 이치를 제대로 알 수 없다. 학자들의 경영이론과 지식이란 마치 바둑을 직접 둬 보지 않은 사람, 골프를 한 번도 쳐보지 않은 사람이 오직 책에서 읽은 내용만으로 바둑과 골프의 이치를 논하는 것이나 다를 바 없다. 제발 모두가 좀 더 공부하고 생각하고 연구하는 자세들을 가지시기 바란다.

각설하고, 아무튼 기업의 노사관계가 안정되고 발전하려면 우선 정부부터가 사안에 따라 적극적 정책의지를 천명, 단호히 대응할 땐 대응하고 노사 간 자율성을 존중할 부분에서는 최대한 자율성을 보장해주는 정책을 시행해야 하는데 우리나라의 경우 이것이 거꾸로인 경우가 많다. 근로기준법 등 노동관계법을 보면 국가의 정책이 반영된 법률이라기보다는 마치 기업의 사규를 연상케 할 정도로 졸속하기 이를 데 없다. 보다 핵심적이고 본질적인 사항은 제쳐둔 채 오히려 지극히 지엽적이고 사소한 문제들만 그것도 근로자들의 입장을 대변하여 시시콜콜 나열해 놓고 있다.

예를 들면 근로계약에 관한 문제만 해도 그렇다.

214

근로계약이란 어디까지나 당사자 합의 원칙에 입각하여 정해지는 것이 바람직하고, 국가의 법과 제도는 그 기본적이고 최소한도의 절차와 기준만을 설정하여 쌍방의 성실한 이행을 관리, 감독하는 쪽으로 수립·운영되어야 마땅하다. 그러나 지금처럼 근로자와 사용자 사이에 정부가 일일이 끼어들어 온갖 잡다하고 세세한 사항에 이르기까지 '이렇게 해줘라, 저렇게 해줘라' 간섭하고 제한하는 방식으로는 국가의 산업발전은 물론 결과적으로 근로자들의 이익에도 큰 도움을 주지 못한다. 국가의 노동정책이나 법령이 형평성과 현실성을 무시한 채 너무 근로자들의 권익보호에만 치우치게 되면 기업의 경영이 어려워지게 됨은 당연한 것이고, 이로 말미암아 결국 고용감소 현상을 초래, 사회적 실업문제를 야기할 수 있는 것이다.

필자가 늘 말하지만 '기업을 위하는 일이 곧 근로자를 위하는 길'임을 알아야 한다. 이는 어떤 이즘(ism)이나 철학적 논리주장이 아니라 단순 산식의 문제다.

근래 우리 기업들의 생산기지가 점차 해외로 이전되고 외국근로자들이 수십만 명씩 국내에 들어와 내국인 일자리를 잠식하고 있는 현상 역시 임금, 복지정책 등 그동안 국가의 근로자 편향적 정책 시행에 따른 부작용이라고 해도 틀린 말이 아니다. 다들 코앞의 문제와 이득에만 연연해 '하나 들어오는 것만 알았지 둘 나가는 것'을 모르다 보니 이런 현상이 빚어지는 것이다.

또한 흔히들 요즘 소득의 균형분배다 뭐다 하여 기업이 무조건 근로자들에게 임금과 복지혜택을 높여주는 것만이 최선의 미덕인 양 얘기들을 한다. 그러나 이 역시 우리가 그동안 유럽 여러 나라들의 예에서 보아 왔듯이 근로자들에 대한 사회적 고임금 구조, 정부의 근로자 복지 및 권익 우선 제도 등의 시행은 오히려 기업생산성과 근로의욕을 저하시켜 국가경제 발전에 장애를 주는 원인으로 작용할 수 있다는 점도 알아야 한다.

근로자들에게 임금을 많이 주면 이들이 더욱 열심히 일함으로써 기업 생산성이 높아질 것 같지만, 대부분의 인간심리란 경제적 욕구와 여유가 충족 될수록 그 의식과 노력의 정도는 점차 소홀해지고 나태해지기에 오히려 정반대 현상이 일어날 수 있다는 얘기다.

그리고 한 가지 더 지적하고 싶은 점은 이제 정부나 사회단체 등에서 기업주들에게 사원복지나 권익향상 등을 위해 더 많은 노력과 투자를 해야 한다는 식의 요구와 잔소리는 굳이 할 필요가 없다고 본다. 노동시장에도 엄연히 시장원리라는 것이 존재하기 때문이다. 쉽게 말해 근로자들의 요구에 상응하는 수준의 근로조건과 서비스를 제공치 못하는 기업은 노동력을 구할 수 없을 뿐만 아니라 이런 기업에는 근로자들 역시 오래 근무하려 하지 않기 때문이다. 결국 기업을 계속 경영해 나가려면 기업주들 스스로 이를 알아서 챙겨주지 않으면 안 될 정도로 이젠 우리의 노동시장도 자유시장경쟁체제에 접어들게 된 것이다.

따라서 정부의 노동정책 역시 이러한 현실적 여건변화와 자율적 노동시장의 원리를 어느 정도 감안하고 존중하는 차원에서 시행되어야 하며, 종래의 편향적이고 불합리한 법과 정책, 사회적 여론 등은 시급히 보완·개선되어야 마땅하다고 본다.

근로자들 역시 회사에 불만이 있으면 합법적이고 정당한 방법을 통해 개선을 요구하던가, 그도 아니면 자신의 취향과 적성에 맞는 다른 직장을 찾아나서든가 해야 한다. 그러지 않고 법치주의 국가에서 단순한 감정논리로, 그 또한 온갖 불법적 단체행동을 통해 자신들의 요구사항을 관철시키려든다는 것은 말 그대로 생떼를 쓰는 것이나 다를 바 없다.

기업조직이란 국가조직과는 그 기본 생리가 분명히 다른 것이다. 국민들이 납부한 세금으로 유지, 운영되는 정부조직이야 그 운영방식, 지향이념 등이 다수의 국민지지를 바탕으로 하지 않을 땐 이의 개선과 변경을 국민권리로써 강력히 요구, 주장할 수 있다. 그러나 엄연히 사유재산권과 경영권이 보장된 자본주의 국가에서 근로자들이 기업주 고유의 권한에까지 일일이 간섭을 하고 침해하려드는 행태는 그야말로 지극히 잘못된 민주의식, 잘못된 경제인식, 잘못된 평등의식에서 기인한 것이라고 밖에 달리 볼 수 없는 것이다.

누차 강조하거니와 기업의 경영방식이 불법적이거나 반윤리적인 것이 아닌 한 근로자들은 이에 대항할 수 없는 것이 자본주의 사회에서 현실적 한계이자 원리인 것이다.

근로자들 자신이 회사의 경영자라고 한 번 생각해 보라. 과연 그렇듯 무리한 사원들의 요구와 행동을 모두 이해하고 수용하겠는가.

회사와 근로자의 관계란 무엇인가? 따지고 보면 일종의 단순한 계약관계일 뿐이다. 채용 시 노사 간 합의로 정한 근로 및 처우조건에 관한 계약에 위배됨이 없이 상호 법적 의무와 책임을 다하면 되는 것이며, 이러한 근로계약을 무시한 일방적이고 무리한 요구는 우월적 세력과 지위를 악용한 떼쓰기와 다를 바 없다. 노동정책이나 관계법령 또한 이 점을 간과해서는 자본주의 질서 자체가 위협 받는다는 것을 알아야 한다.

어느 기업을 막론하고 노사 간 합의하여 정한 근로계약을 상호 철저히 준수하고 이행한다면 노사분규란 사라지게 마련이다. 그렇게 되려면 당초의 근로계약 자체가 현재의 유명무실하고 형식적인 데서 탈피하여 보다 구체적이고 세부적으로 엄격히 이루어져야 한다. 당국 또한 노사 간에 자율적으로 체결한 근로계약을 존중해 주어야 하고 쌍방이 철저히 이행하도록 독려하여야 한다.

거듭 강조하거니와 이제는 회사가 근로자들을 억압하고 착취하는 시대는 오래 전에 지났다. 물론 요즘도 노동법 등을 지키지 않는 악덕 기업주들이 전혀 없는 것은 아니지만, 이런 경우엔 데모나 파업선동 등으로 온 사회를 시끄럽게 할 것이 아니라 당국에 진정서나 고발장 한 장 보내는 일로 간단히 문제를 해결할 수 있다. 그만큼 이젠 세상이 달라졌다.

이 글을 읽게 되는 근로자들 역시 필자의 편견과 독단이라고 반감만 가지려들지 말고 회사의 입장에서도 한번쯤 제반 문제를 검토해보려는 자세를 가져주길 진심으로 바란다.

아무튼 우리 산업계에 이제 더 이상의 불법 노동운동 행위는 근절되어야 한다. 특히 국가경제와 사회질서, 자본주의 시장원리를 파괴하고 위협하는 불법 노동운동의 주모자들에 대해서는 마땅히 엄벌로 다스려야 한다. 일반 근로자들 역시 합리적 노사관을 지니고 대화와 타협을 통해 제반 문제를 해결하는 태도를 길러야 한다.

IBM이나 삼성은 노조가 없이도 세계 제일, 국내 제일의 기업으로 성장했다. 그렇다고 이들 기업의 근로자들이 노조가 있는 타 회사에 비해 열등, 열악한 조건이나 환경에서 일하고 있는가? 오히려 극성 노조가 설쳐대는 타 기업들에 비해 훨씬 더 나은 처우와 권리를 누리고 있음은 주지의 사실이다. 또한 이는 평소 사원들의 근로의식, 직업관, 경제인식 등을 바르게 선도하고 이끌어온 경영진의 합리적 철학과 선진 기업문화 창달을 위한 노력의 결과라고도 볼 수 있다.

따라서 기업은 근로조건이나 환경을 개선하여 노사화합을 도모하는 일에도 신경을 써야겠지만 근로자들이 바른 직장의식, 노사관을 지닐 수 있도록 부단히 교육하고 선도하는 일에도 노력과 투자를 소홀히 하지 말아야 한다. 근로환경이 좋은 기업에서도 노사분규가 발생하는 예가 있고, 그렇지 못한 기업에서도 노사가 협력하여 일하는 기업들이 있듯이 중요한 것은 '근로여건'이 아니라 '근로의식'이라 할 수 있기 때문이다.

다행히 근래 들어 우리 산업계에 '노사불이', '노사화합'의 분위기가 점차 확산되어 가고 있는 것은 우리 기업들의 근로환경이 종래에 비해 많이 나아진 이유도 있겠지만 근로자들의 의식 역시 어느 정도 발전하고 변화했다는 증거일 수 있다. 이제는 일반 근로자들도 노조의 일방적 선동이나 무리한 주장에는 동조하지 않는 경우가 적지 않다. 또한 앞으로 얼마 더 있으면 많은 기업들에서 '노조 무용론'마저 제기될 것이라고 본다. 점차 노조의 존립명분이 사라져 가고 있기 때문이다. 특히 현재와 같은 단순 투쟁성, 운동성 위주의 노조일 경우엔 더욱 그렇다. 민주화가 실현된 이후엔 민주화 운동이 필요치 않듯 노동환경이 급진적으로 개선되고 근로자들의 위상이 크게 강화된 오늘날에는 '노동운동'이란 말 또한 시대착오적인 것일 수밖에 없다.

올바른 직업의식과 경제인식, 합리적 노사관을 지닌 직장인이라면 모든 문제를 법률에 따라, 취업규칙 등 노사합의에 따라 평화적으로 해결할 줄 아는 선진 엘리트 사원으로서의 기본 매너를 익히는 것이 무엇보다도 중요하다.

* 위 원고는 근래의 노동 정책과 제도, 시대상황과는 내용이 다소 상이할 수 있으나, 초판본의 집필취지 등을 살리고자 원문을 준용하였음.

제4장
인격도야를 위한 장

4-1 인격수양이 부족한 사원
부단한 사유와 공부를 통해 인격을 수련하라

4-2 고집불통형 사원
쓸데없는 일로 시비를 다투지 마라

4-3 협력의식이 부족한 사원
협력을 통해 조직력을 극대화하라

4-4 신용이 없는 사원
신용이란 자신과의 약속을 지키는 일이다

4-5 의지력이 약한 사원
도움을 준적 없으면 받으려하지도 마라

4-6 시대흐름에 뒤진 사원
시대가 변하면 의식도 변해야 한다

4-7 국제 감각이 없는 사원
더 넓은 세계로 시야를 넓히라

4-8 자기 의견이 없는 사원
불만을 말하지 말고 의견을 말하라

4-9 단합심이 부족한 사원
미운 오리새끼가 되지 마라

4-10 근로의지가 없는 사원
일하기 싫으면 먹지도 마라

4-1 인격수양이 부족한 사원

부단한 사유와 공부를 통해 인격을 수련하라

진화론적 관점에서 보면 인류 역시 포유류 영장목 유인원과의 동물에 불과하다. 따라서 인간은 누구나 타자에 대한 다소의 공격성, 호전성과 함께 이기심, 탐욕 같은 동물적 본성을 지니고 있다.

이후 인류는 오랜 세월 신체적, 정신적 진화과정을 거쳐 현재와 같은 문명인의 모습을 갖추게 되었지만, 그래도 아직 내면에는 야생의 동물 본능이 상당 부분 잠재해 있다. 자기 생존, 자기 편익, 자기 욕구충족을 위해 경쟁자를 공격, 수탈, 정복하려는 성정 등이 그것이다. 이 같은 야생적 동물 본능을 끊임없이 순화하지 않으면 결국 인류는 사회질서 유지가 어려워질 수밖에 없다.

따라서 사람은 시시때때 자기 내면에서 일어나는 동물적 본성을 스스로 절제하고 다스리기 위한 끊임없는 인격수련을 해야 한다. 그리고 이러한 인격수련은 오직 깊은 사유와 부단한 공부를 통해

서만 가능하다. 여기서의 공부란 학교공부를 의미하는 것이 아니라 삶의 이치에 대한 끊임없는 자기성찰과 탐구노력을 뜻한다. 단순히 책을 통해 지식정보를 습득하는 것이 아닌 스스로 깊은 사유와 통찰, 정신수련을 통해 절실한 자각을 해야 한다는 얘기다.

이 같은 수련을 오래 지속할 경우 사람 내면에는 도덕적 자아가 형성되고 선천적으로 타고난 야생성 즉, 타인에 대한 공격성이나 지나친 욕심, 이기심 등을 어느 정도 순화, 자제할 수 있게 된다. 이는 마치 산짐승, 들짐승들을 오래 길들이면 그 성정이 온순하게 순치되는 것과 같은 이치다. 사람 역시 정신의 수양이 깊어질수록 도리에 어긋나는 짓은 덜하게 될 뿐더러 이를 스스로 억제할 수 있는 능력을 지니게 되는 것이다. 이른바 방종까지 함의된 자유로움에서 자기 질서의 정립, 실행이 가능한 '자율'의 단계에 이른다는 뜻이다.

필자 역시 과거 철없던 시절에는 질풍노도의 과정을 거쳐왔으나 40세 이후 도덕적 자아가 형성된 뒤부터는 그 어떤 양심의 가책을 느낄만한 행동도 하지 않고 살았다.

따라서 누구든 바르고 선량한 심성과 인격을 기르고 유지하려면 이러한 자기 수양 노력을 거듭해야 한다.

그렇다고 모두 성인군자가 되라는 얘기가 아니다.

여기서 말하는 바르고 선량한 심성이란 남들에게 특별히 폐해를 끼치지 않는 정도와 수준을 의미한다. 물론 남들에게 늘 도움과 이익을 주면서 살 수 있다면야 더할 나위 없이 좋겠지만 이는 이기적 유전자를 지닌 인간의 속성과 현실적 한계상황 등으로 실행하기 어려운 일이기에 차선을 최선으로 삼자는 의미다. 그러나 보통사람들의 경우 사실 차선의 삶을 살기도 쉽지 않다. 사람이 언제 어디서든 사회의 법도와 건전한 상식에 어긋나지 않도록 생활하려면 지적, 정서적, 도덕적 자아가 아주 높은 수준으로 성숙, 발달해야만 가능하기 때문이다. 이른바 종심소욕 불유구(從心所慾不踰矩)의 경지 즉, '마음에 따라 행해도 도리에 어긋남이 없는 정신의 경지'에 이르러야 비로소 남들에게 잘못된 행동을 안 하고 살 수 있다는 뜻이다. 공자 역시 이러한 정신의 경지에 오르기까지 70년이 걸렸다고 한다.

사람의 타고난 본성이란 사실 누구나 대동소이하다. 원래는 특별히 선한 사람도 특별히 악한 사람도 없다. 다만, 인간 누구나 공통으로 지닌 동물적 야생 본능을 자기 스스로 얼마만큼 조절, 통제할 수 있는 능력을 기르고 지니느냐에 따라 선한 사람, 악한 사람으로 구분되는 것이다. 즉, 선인(善人)이란 나쁜 생각을 하지 않는 사람이 아니라 내면에서 나쁜 생각이 일어도 이를 스스로 조절하고 다스림으로써 행동으로 옮기지 않는 사람을 뜻하는 것이다.

흔히 '배우지 못한 사람, 인격수양이 안 된 사람은 짐승과 같다'고들 얘기한다. 하지만 인격수양이 안 된 이들은 짐승보다 훨씬 못할 수 있다. 여타 짐승들은 자기 영역과 먹이다툼, 서열경쟁의 문제가 아닌 한 다른 동물들을 무단히 괴롭히지 않지만 사람은 시기와 질투심만으로도 주변인들에게 해코지하는 예를 흔히 볼 수 있기 때문이다.

따라서 필자는 무지한 사람들의 선량함, 순박함을 믿지 않는다. 뭘 몰라서 선하고 순한듯 보이는 것은 단지, 어리숙함에서 비롯되는 외면

일 뿐 실제 내면의 성정과는 전혀 다를 수 있다. 시골사람들이 대표적인 예다. 이들 역시 겉보기엔 모두 선하고 순하고 어리숙한듯 보이지만 막상 자신들과 이해관계가 걸린 일 또는 본인들이 뭔가 화나는 일을 당했을 때엔 언제 어떻게 돌변, 표변할지 예측하기 힘들다.

'촌놈들이 사람 잡는다'는 말이 있듯 특히 요즘 귀농, 귀촌인들에 대한 집단 갑질행위를 비롯하여 시골 마을에서 벌어지는 온갖 인면수심의 그릇된 작태들이 매스컴에 수없이 보도되는 것도 이 때문이다.

비단 시골사람들뿐 아니라 어떤 집단, 어느 부류에 속해있든 무지한 사람들은 결국 다 마찬가지다. 시장통 조폭이나 건달패들은 물론 정치, 사회 분야 등 각 이익집단에서 벌어지는 온갖 배신과 다툼의 행태들만 봐도 여실히 알 수 있다. 따라서 사람에 대한 선악의 판단이란 언제나 성급하고 섣부를 수밖에 없다. 나중에 겪어 보고 알고 보면 7할 이상은 오판이고 실수다.

이 모든 사례들이 결국 배움이 부족하고, 그 배움을 기반으로 한 수양이 깊지 못해 발생되는 일이다. 따라서 사람이 선량함과 바른 의식행태를 지니고 살아가려면 스스로의 성정을 다스릴 수 있는 지적 수련, 인격 수양을 거듭해야만 가능하다.

우리가 흔히 선지식이라 일컫는 이들을 예우하는 이유도 지식 자체의 효용성뿐 아니라 사람은 지적 수준이 높아질수록 그 정신의 경지 또한 고양됨으로써 남들에게 폐해를 덜 끼치고 살 수 있는 인격을 갖출 수 있기 때문이다.

따라서 직장 동료들과 생활할 때도 배움이 부족하고 인격수양이 덜된 사람들은 항상 경계하고 가급적 멀리함이 좋다. 이들은 남들에게 직접적 피해를 주는 행동뿐 아니라 온갖 경솔하고 천박하고 저속한 언행을 일삼아 주변인들 눈살을 찌푸리게 하고 조직질서를 어지럽히는 경우가 많다.

특히 성정이 거칠어 화를 잘 내는 사람은 늘 조심해야 한다. 이들은 아직 배움과 수양이 부족하여 동물적 야생성이 순치되지 않은 자들로, 상황에 따라 언제 어떻게 돌변할지 예측할 수 없는 사람들이다. 인간의 야성(野性)은 오직 고도로 수련된 지성(知性)으로만 다스릴 수 있기 때문이다.

필자가 늘 강조하듯 세상 만악(萬惡)의 근원은 오직 무지(無知), 무지(無智)다. 주위에서 가장 주의하고 경계해야 할 위험 유형은 바로 인격수양이 안 된 사람 즉, 무지하고 무식한 사람들임을 명심하라.

실익 없는 일로
시비를 다투지 마라

우리나라 사람들은 고집이 무척 세다. 아무 것도 아닌 일 또는 지극히 쓸데없는 일을 가지고 남들과 따지고 우기며 설전을 벌이는 경우가 잦다. 직장 동료들끼리의 회식자리 같은 데서는 더욱 그렇다. 조금도 자신의 생각이나 주장을 굽히려들지 않는다. 그렇다고 논쟁의 주제가 무슨 특별하고 대단한 것이냐 하면 그것도 아니다. 대부분 흔하고 속된 정치얘기, 시정잡론 따위다. 자신들과 아무런 상관도 없고, 도움 될 일도 없는 지극히 수준 이하의 화제를 가지고, 그것도 단순히 흑백논리만 내세워 논쟁을 벌인다. 이런 논쟁은 정말 '한강변의 모래 알갱이 수가 몇 개냐?' 하는 것을 따지는 일만큼이나 부질없는 짓이다.

필자가 늘 말하지만 인간 세상엔 원래 만고불변, 만인공통의 절대 진리나 옳고 그름이란 없다. 궁극적으로 따져보면 모든 것은 결국

상대적이며, 관점과 생각 차이며, 때와 장소에 따라 각자의 논리주
장이 달라질 수 있는 것이다. 따라서 자신과 직접 이해관계가 없는
일이면 누구하고든 시비를 다투지 마라.

성공할 수 있는 직장인들이라면 우선 평소 화제부터가 남달라야
한다. 아무 영양가 없는 얘기 따위로 논쟁할 것이 아니라 보다 생
산적이고 유익하고 현실적으로 필요한 얘기들을 화제로 삼아야
한다.

특히 일반인들이 주로 갑론을박을 일삼는 정치논쟁이란 무의미, 무가
치하다. 똑 같은 사안을 놓고도 어느 한쪽에선 최악이라 비난하고 어
느 한쪽에선 최선이라 우긴다. 정파 간 이해관계, 지지세력 간 성향과
견해 차이에서 오는 이 같은 정쟁은 유사 이래 천년을 지속해온 것으
로 여기엔 양측 모두가 공감할 그 어떤 해답도 결론도 도출하기 어렵
다. 마치 불교신자와 기독교신자 간 교리 다툼이나 다를 바 없다. 따라
서 정치권의 싸움질이야 어차피 권세와 이권을 놓고 벌이는 그들만의
리그, 거기에 참전자가 되지 말고 관전자가 되어 한발 물러서서 바라
보면 화낼 일도 없고 개탄할 일도 없다. 하는 짓들을 보고 있노라면 그
저 웃기고 한심할 뿐이다.

직장인들 역시 어느 자리에서건 서로가 알고 있는 여러 가지 유용
한 정보와 지식들을 교환하면 직장업무나 사회생활에 도움이 될
텐데, 툭하면 이 같은 말초적 얘깃거리만 가지고 서로 우기고 열
올리며 설전을 벌인다. 센스있는 사람이라면 설령 그러한 화제를
가지고 얘기한다 할지라도 단순히 소모적이기만 한 논쟁, 언쟁은
피해야 한다.

정신적으로 성숙한 사람은 남들과 쓸데없는 일을 가지고 다투지 않는다. 남들이 자기 생각과 좀 다른 말을 하더라도 '나와 다른 견해를 가진 사람도 있구나.'하는 정도로 이해하고 넘어간다. 무조건 '나는 옳고 너는 그르다.'는 식으로 생각하는 사람은 한마디로 대책 없는 사람들이다. 말해봐야 입만 아프고, 들어주려니 속이 불편해진다. 논쟁과정에서 본의 아니게 상대에게 상처를 줄 수도 있고, 그로 인해 인간관계가 틀어질 수도 있다.

자기 말이 아무리 옳다고 판단되어도 상대가 말귀를 못 알아듣는다 싶으면 '그래, 니 말이 맞다'하고 그냥 넘어가라. 그런 사람과 끝까지 우기고 다퉈 이겨본들 득될 것 전혀 없다.

직장에서도 사회생활에 있어서도 항상 내 입장, 내 생각만을 고집하려들지 말고 역지사지, 상대의 입장에서 한번쯤 생각해볼 줄 알고 이해하려드는 자세를 갖추는 것이 중요하다.

특히 상사의 말을 잘 들어주는 자세가 필요하다. 누구든 자기 말 잘 듣는 이를 싫어할 사람은 없다. 여기서 '말을 잘 듣는다'는 것은 단순히 '순종'의 의미뿐 아니라 '경청'의 의미도 내포되어 있음을 인식하라.

4-3 협력의식이 부족한 사원

협력을 통해
조직력을 극대화하라

인간은 무리를 지어 서로 도우며 살아가는 동물로 세상 대부분의 일은 사람과 사람 간 협력에 의해 이루어진다. 가정을 이루고, 회사를 이루고, 국가를 이루는 일도 따지고 보면 개인플레이보다 팀플레이가 여러모로 생존에 유리하기 때문이다.

가정에 남편과 아내의 역할이 있듯 회사 역시 부서별로 팀별로 각자 역할이 있기 마련이며, 그런 역할과 노력이 합쳐져 시너지효과를 이루고 조직의 목표를 달성한다.

특히 회사는 각 구성원들의 협력과 단합이 무엇보다 중요시되는 공동체라 할 수 있다. 따라서 직장인들은 자신이 독립된 개체가 아니라 조직에 속한 일원임을 망각해서는 안 된다.

요즘 젊은 직장인들 중에는 조직보다 개인이 우선이라고 생각하는 이들도 많다. 사회 전반의 분위기 역시 이 같은 사고를 수용, 추종하는 쪽으로 쏠리는 경향도 있다. 물론 공동체 내에서도 개인의 이익, 권리는 중요할 수 있다. 하지만 이는 반드시 회사조직의 이익에 배치, 상충되지 않는 경우 또는 조직과 개인이 공동의 이익을 실현할 경우에만 허용될 수 있는 것이다.

그렇지 않고 조직원 개인의 이익 추구가 조직 전체에 결과적으로 손해를 미친다면 이러한 의식행태는 용인될 수 없다. 사원은 개인이기 이전 회사 조직의 일원이고, 회사에 손실을 초래함은 여타 구성원들에게 피해를 줄 수 있기 때문이다. 따라서 회사에 근무하며 지나치게 개인주의적 성향을 보이는 것은 조직발전은 물론 구성원 간 인화단결을 저해하는 바람직하지 못한 행태라 할 수 있다.

협동이 잘 되는 부서, 단합이 잘 되는 기업이 경쟁에서도 이기게 마련이다. 자신에게 주어진 고유의 역할에만 충실하면 그만이라고 생각해선 안 된다. 그 역할이 주위와 어울려야 제 기능을 한다. 대포를 쏘기 위해서는 사수와 부사수, 탄약수 등 각자의 임무를 가진 병사들이 모여야 하는 것과 같은 이치다.

손자병법에는 미리 승리를 알아낼 수 있는 다섯 가지 방법이 열거되어 있다. 그 중 하나가 윗사람과 아랫사람이 한마음 한뜻이면 이긴다는 것이다. 회사 조직에서도 모든 것이 통일되어야 하고 협동해야 한다.

우스개소리로 들릴 수 있겠지만, 틀려도 똑같이 틀리면 틀린 게 아닐 수도 있다. 노래를 부를 때도 그렇고, 체조를 할 때도 그렇고, 숫자로 계산을 할 때도 그렇다. 오죽하면 '도둑질을 해도 손발이 맞아야 한다.'는 말이 있겠는가.

조직력의 극대화란 곧 협동의 힘을 의미한다.

옛 중국의 어느 장수는 군왕이 이기고 오라는 술을 권하자 우물에 쏟아 부었다. 출정하는 많은 병사들과 함께 마시기 위함이었다. 수많은 병사들이 술이 섞인 우물을 마시고 의기투합하여 전쟁터로 나가 결국 승리하였다. 단순히 옛날이야기라고 흘려듣지 마라. 예나 지금이나 구성원 간 공동체 의식을 지니는 것은 어느 조직에서든 꼭 필요한 일이다.

'나 하나쯤이야' 하는 사고방식이 직장의 단결과 협동을 저해한다. 남들을 아랑곳하지 않고 자기 편익만 추구하는 사람은 공동체 생활에 적응하기 어렵다. 그런 사람일수록 안 되면 남의 탓으로 돌린다. 내가 꾀를 부리면 다른 사람들이 더 고생하게 되는 것이 직장업무의 이치다. 항상 주위 사람들을 돕겠다는 생각을 하라. 주는 것 없이 받을 것만 생각하는 데서 인간의 모든 불행은 시작되는 법이다. 특히 회사 조직에서는 개인플레이보다는 팀플레이가 무엇보다 중요하다는 사실을 명심할 일이다.

신용이란 자신과의 약속부터 지키는 일이다

옛날 개성지방 상인들이 뛰어난 장사술을 발휘할 수 있었던 것은 무엇보다 신용을 중히 여겼기 때문이다. 세월이 흘러도 마케팅의 요체는 여전히 신용이다. 현대사회 역시 신용의 중요성은 백 번 강조해도 지나침이 없다.

나의 신용도는 몇 점인가?

직장인들은 가끔 이런 질문을 스스로를 향해 던져보아야 한다. 신용이란 비단 상거래 관계에서 뿐만 아니라 모든 인간관계에서 타인과의 약속을 얼마나 잘 지키느냐 하는 것이다. 또한 타인과의 약속을 잘 지키기 위해선 먼저 자신과의 약속을 잘 지킬 수 있어야 한다. 자기 스스로 세운 각오와 다짐, 목표와 계획 같은 것들부터 철저히 이행하는 생활습관을 길러야 한다는 얘기다. 삶이란 일면 자신 또는 타인과의 약속을 얼마만큼이나 잘 지켜나가느냐 하는데서 그 성패가 좌우된다고 해도 과언이 아니다.

약속을 지키지 않으면 결국 거짓말이 되고 만다. 설령 사소한 약속일지라도 남들과 몇 번만 거듭 약속을 안 지키게 되면 본인의 신용은 땅에 떨어지고 만다. 이래서는 원만한 사회생활을 영위하기 어렵다. 그래서 지키지 못할 약속은 하지 않는 것이 상책이다.

"돈이 거짓말을 하지 사람이 거짓말을 합니까?"

채권자의 독촉에 이렇게 얼버무리며 '내일 또 내일'하며 변제를 늦추는 사람들도 부지기수다. 그러나 사람이 거짓말을 하지 돈이 어떻게 거짓말을 하겠는가? 이 역시 거짓말이다. 확실하게 갚을 길도 없으면서 당장 급한 상황을 모면키 위해 내일이면 된다고 쉽게 얘기하다 보니 결국 거짓말이 될 수밖에 없다. 이런 사람들은 내일이되면 또 다시 내일이다. 그러다 아예 오래된 빚은 잊어버리고 만다. 심하면 나중엔 돈 달라는 사람에게 욕까지 한다.

세상을 살다보면 어쩔 수 없이 거짓말을 해야 할 때도 있다. 그렇더라도 남에게 피해를 주는 거짓말을 해서는 안 된다. 또한 선의의 거짓말이라도 자주 하다보면 자기도 모르는 사이에 늘게 된다. 거짓말이 거짓말을 낳게 되는 경우도 있다. 처음에 한 거짓말에 나중의 말을 맞추려다 보니 어쩔 수 없이 또 거짓말을 해야 한다. 따라서 사람은 언제 어디서든 처음부터 솔직하게 말하고 행동하는 습관을 길러야 한다.

직장에서도 가끔 보면 상사가 부하직원들을 격려하기 위해 그저 무심코 한마디 던진 약속일지라도 사원들 쪽에서는 절대 잊지 않고 기억한다. 그리고 상사가 약속을 이행치 않을 땐 내심 상사의 언행에 대해 불신감을 가지게 된다. 사람들은 자신이 남에게 한 약속은 잘 기억 못하고 이행 못하지만 남들이 자신에게 한 약속에 대해선 너무 잘 기억하기 때문이다. 그것이 자신에게 득이 될 수 있는 약속인 경우엔 더욱 그렇다. 따라서 대수롭지 않은 약속일지라도 자신이 말한 것에 대해서는 반드시 그것을 기억, 이행하는 자세를 가져야 한다.

거듭 말하지만 사람의 신용이란 약속을 지키는 데서부터 쌓여진다. 그러나 우리나라 사람들은 약속의 중요성에 대한 개념인식이 너무 희박하다. 비단 금전 관계에 있어서 뿐만이 아니라 일반 생활 관습 면에 있어서도 그렇다.

쉬운 예로 우리가 어디 모임에 참석해 봐도 정해진 약속시간에 맞춰 참석하는 사람들은 많지 않다. 대개는 이삼십 분씩 늦게들 도착한다. 그러다보면 바쁜 일 제쳐두고 허둥지둥 제 시간에 맞춰 참석한 사람들이 오히려 몇십 분씩 멍하니 앉아 기다리게 되고 또 이런 예가 잦다보면 그동안 약속을 잘 지키던 사람들마저도 이에 대비하여 다음부터는 의례히 이삼십 분씩 늦게 도착하게 된다. 그리하여 속칭 '코리안 타임'이라는 것이 생겨난 것이다. 정해진 약속시간에 참석 못할 것 같으면 미리 늦는다고 연락이라도 하던가, 매번 몇십 분씩 늦게 나오거나 심지어는 아예 안 나오는 경우마저 없지 않으니 다른 사람들의 아까운 시간을 낭비하게 만드는 것이다.

이와 관련하여 또 한 가지 예를 들면, 필자가 아는 모 기업 사장은 누가 면전에서 아무리 어려운 부탁을 해도 그 자리에서 흔쾌히 들어 주겠노라고 약속을 한다. 그리고 나중에 연락하면 자신이 그러한 약속을 했었다는 사실마저 까맣게 잊어버리고 있다. 이쯤 되면 거의 허언증과 같은 병이라고 봐야 한다. 괜히 실없이 큰소리만 땅 땅 쳐 남들에게 며칠씩 기대를 하게 만들고 결국 실망만 주게 되니 이는 차라리 남의 부탁을 냉담히 거절하느니만 못하다.

우리나라 대기업 창업주들은 대개 적수공권으로 기업을 일군 입지 전적인 인물들이다. 그들의 성공비결 역시 신용이었다. 약속을 철 저히 이행하는 신용이 우리 경제의 디딤돌이 된 것이다. 신용을 잃 으면 사람을 잃고, 사람을 잃으면 모든 것을 잃는다는 말을 명심해 야 한다.

4-5 의지력이 약한 사원

도움을 준적 없으면
받으려하지도 마라

우리 주위를 둘러보면 의지력이 약한 사람들이 의외로 많다.
자신의 일을 자기 스스로 해결하려하지 못하고 주변 사람들에게
도움을 요청하거나 협조를 구하려드는 사람이 바로 그런 유형이
다. 이런 사람들은 의당히 자신이 도맡아 처리해야 될 일을 가지고
툭하면 주위 동료들에게 일을 떠넘기려 들거나 무엇을 좀 도와달
라며 사정과 부탁을 해오는 경우가 잦다. 그러면 같은 동료의 입장
에서 매정하게 거절하기도 어렵고, 도와주자니 성가시고 힘들기도
하여 곤혹스러워진다.
이처럼 자신의 일을 스스로 처리, 해결 못하고 걸핏하면 남들에게
도움을 받으려드는 사람들은 직장에서 뿐만 아니라 우리 사회에도
한둘이 아니다.
특히 금전 문제에 있어서는 더욱 그렇다.

자신은 평소 남들에게 땡전 한 닢 빌려주거나 도와준 일이 없는 사람들이 꼭 본인 급하고 곤란한 일이 있을 때면 주위 사람들을 찾아다니며 온갖 아쉬운 소리를 늘어놓는다.

경제적으로 또는 사회적으로 어느 정도 여유가 있고 괜찮다 싶은 지위에 올라 있는 사람들은 이런 경우를 수도 없이 당하다 보니 이미 이골이 나있는 상태라 해도 과언 아니다. 때로는 성가시고 귀찮아서 화가 나는 경우까지 있을 것이다.

필자와 잘 알고 지내는 모 기업 사장의 경우를 예로 들어 볼 때도 마찬가지다.

고향친구들부터 학교 동창, 선후배, 가깝고 먼 친척들 또 무슨 향우회, 종친회, 친목회 등을 비롯하여 심지어 생전 이름 한 번 듣도 보도 못한 사이비단체 등에 이르기까지 별의별 사람들이 하루에도 수차례씩 전화를 걸어오거나 찾아와서는 아쉬운 소리를 늘어놓는다. 이들의 협조 요청사항 또한 가지가지이다. 자기 자녀나 친인척들의 취직 부탁에서부터 온갖 편법성 청탁, 찬조금 요청, 협박성 또는 애교성 금품강요, '이자(利子)는 못 주니 얼마만 빌려달라.'는 식의 상투적 호소에 이르기까지 실로 다양하다. 그러나 이런 부탁을 받는 사람들의 입장에선 이미 그런 데에 시달릴 대로 시달리고 속을 대로 속아봤기에 가능한 그 난처한 상황을 어떻게든 피하려들거나 최소한의 체면치레만 하려들 뿐 그들 모두를 흡족하게 대해주지 못하는 경우가 대부분이다. 그러면 또 뒤에 가서는 '그럴 수 있느냐?'느니 '섭섭하다.'느니 '인간성이 어떻다.'느니, '돈만 아는 수전노'라느니 등등 온갖 험담을 해댄다.

이런 사람들은 자신의 성격을 고치지 않는 한 남들처럼 출세하거나 잘 살기는 어려운 사람들이다. 사람이 남들에게 무엇을 베풀며 살아갈 생각을 해야 그렇게 될 수 있고 또 그렇게 살 수 있는 것이지, 늘 남들한테 아쉬운 소리만 하려고 드는 습성을 가지고는 평생 지리멸렬하게 살 수밖에 없다.

사람은 물질적으로 가난하면 자존심이라도 있어야 남들에게 천대받지 않는다. 겉으로는 가진 사람들을 비난하고 욕하면서도 내심으로는 그들에게 빌붙어 무엇 한 가지라도 도움을 받을 게 없나 기웃거리는 사람은 천박하게 보인다.

또한 사람이 어려우면 어려운대로 알뜰히 절약하고 참고 노력하며 살 생각을 해야지, 늘 힘들고 급할 때마다 주위 사람들한테 돈이나 빌려 쓸 생각을 해서는 평생 가도 가난을 면키 어렵다.

예부터 '가난 구제는 나랏님도 못한다.'는 말이 있듯 이런 사람들은 도와줘도 그때만 잠시 형편이 나아질 뿐 얼마 지나면 역시 마찬가지가 되고 마는 경우가 대부분이다.

따라서 주위에 당장 누가 굶어 죽어가는 급박한 경우가 아니라면 남들에게 임시융통으로 도움을 받으려 해서도 안 되고 도움을 줘서도 안 된다. 그것은 결국 그 사람의 의지력만 약화시키고 의타심만 키우는 결과를 초래할 뿐이다. 좀 야박한 말 같지만 그냥 놔두면 어떻게든 다 살아가기 마련이다.

속된 말로 외제차 뒷자리에 앉아 다니는 사람이 그냥 앉아 다니는 게 아니다. 그 중엔 졸부들도 전혀 없는 것은 아니겠으나 대부분 남들보다 몇 배 굳센 의지력을 가지고 어렵고 힘든 순간을 스스로 참고 견디며 오직 부단히 노력하는 자세로 세상을 살았기에 그만큼 성공하고 출세한 것이다.

때문에 자수성가한 사람들은 게으르고 의지가 나약한 사람, 노력은 하지 않고 공짜나 바라는 사람, 어려움을 참고 극복할 줄 모르는 사람들을 가장 싫어하고 경멸하는 공통점을 지니고 있다.

또한 자신이 남 모르게 고생하고 노력할 땐 얼굴도 안 비치던 사람들이 나중에 성공하고 나면 학연, 지연, 혈연 등을 빌미로 찾아와 온갖 아쉬운 소리를 하고 입에 발린 인사치레를 하는 모습을 보면서 그들은 내심 사람들 속성에 대해 환멸을 느끼게 된다는 것을 알아야 한다.

그리고 자신은 무엇 하나 남에게 도와주고 베푼 것 없이 주위 사람들 찾아다니며 손이나 벌리는 사람들에게는 도움을 줘봐야 고마운 줄도 모를 뿐 아니라 주면 줄수록 더 받길 원하고, 열 번 도와주다 한 번만 거절하면 당장 등을 돌리고 뒷전에서 흉이나 보는 경우가 다반사다.

흔히 가진 이들이 가난한 사람들을 잘 상대하지 않으려 드는 데는 이렇듯 다 그만한 이유가 있는 것이다. 그들을 계속 상대하다보면 어느 시점엔가는 반드시 들어주기 곤란한 부탁을 해오는 것이 대부분이고, 경우에 따라서는 애초부터 그러한 의도로 접근하는 경우도 흔히 있다. 이러다 보니 내심 사람을 경계하게 되고 깊이 친해지기 어렵다.

사실 성공한 사람들의 경우 어디 고아원이나 양로원 같은 데는 몇 천만 원씩 선뜻 기부를 해도 자기 친인척이나 개인적으로 알고 지내는 사람들한테는 인색한 예가 많은데, 그 이유는 바로 주위 사람들 대부분이 이처럼 그릇된 의식과 속성을 지니고 있음을 잘 알고 있기 때문이다.

남을 도와준다는 것도 자기 스스로 마음에 내켜 도와줘야 진정한 의미가 있는 일이지, 개인적 부탁을 거절하기 어려워서 또는 체면치레를 하기 위해 마지못해 도와주는 것은 도움을 받는 쪽이나 주는 쪽 모두에게 부담만 될 뿐이다.

따라서 우리는 가진 사람들을 일컬어 무조건 '인색하다', '냉정하다' 비난만 할 게 아니라 우선 자신의 의타심을 고치려는 노력부터 해야 하고 성공한 사람들의 장점을 배우려는 자세를 가져야 한다.

또한 직장생활에서든 사회생활에서든 자기 일은 자기 스스로 처리, 해결하려는 마음가짐과 능력을 길러야만 한다.

지극히 작은 일을 가지고도 이를 극복하지 못하거나, 자기 스스로 해결할 노력을 하지 않고 그때마다 남들에게 도움이나 청하려드는 의지력이 약한 사람들은 큰일을 이룰 수 없다. 사람이 최소한 남들을 도우며 살지는 못할지언정 남들에게 도움만 받으며 살 생각을 해서는 안 되는 것이다.

직장에서도 여간한 일 아니면 동료나 상사에게 이런저런 부탁이나 사정을 해서는 안 된다. 사정을 들어주자니 고역이고 안 들어 주자니 신경 쓰인다.

툭하면 동료에게 당직이나 교대근무를 바꿔달라고 졸라대는 사원, 급할 때마다 몇만 원씩 빌려간 후 이내 잊어버리고 마는 사원, 근무시간에는 기껏 게으름이나 피우고 있다가 급하면 쫓아와 거들어 달라는 사원, 심지어 직장 동료들을 상대로 자기 아는 회사의 물건을 사라거나 보험을 들라고 권유하는 사원, 걸핏하면 상사에게 달려가 개인용무로 조퇴나 결근을 읍소하는 사원 등등.
이런 사원들은 이제부터라도 자신의 습성을 고치기 위해 적극 노력해야 한다.

시대가 변하면
의식도 변해야 한다

세월이 흐르면 모든 것이 변한다.

10년 전인 1980년대와 1990년대 현재 상황을 비교해 보면 참으로 많은 변화와 발전이 있었다. 정치, 경제, 사회, 문화면에서도 그렇고, 사람들의 생활양식 또한 많이 변했다. 특히 첨단과학과 정보산업의 급격한 발전과 확산으로 직장환경에도 혁신적 변화가 일어났다.

종래의 수작업 위주의 업무방식은 거의 모든 부문에서 자동화 내지 전산화되어 이제는 첨단기기에 대한 지식과 기술이 없이는 회사에 근무할 수 없을 정도가 되었다. 그중에도 정보통신기술이 차지하는 역할과 비중은 실로 엄청나서 앞으로 컴퓨터를 다룰 줄 모르는 사람은 회사 취업은 물론 개인생활마저 제대로 영위할 수 없게 될 전망임이 확실하다. 앞으로 모든 인간의 사회활동이 컴퓨터

망으로 연결되어 컴퓨터와 인간은 생활 속에서 떼려야 뗄 수 없는 관계로 밀착될 것이다.

머잖아 매일 사무실로 출근하지 않고도 자기 집 안방에서 첨단통신기기를 이용, 회사업무를 처리하게 되는 시대가 도래할 것이고 쇼핑, 진료, 학교수업 등도 본인이 직접 현장을 가지 않고 온라인을 통해 처리, 해결할 날이 곧 올 것이다.

뉴미디어의 확산으로 신문, 잡지와 같은 기존 인쇄매체 또한 그 명맥을 유지하기 어려울 것이며, 컴퓨터파일시스템이 갖춰짐으로 인해 사무실엔 서류철이 사라지게 될 것이고, 업무방식 또한 완전 전산화되어 현재와 같이 필기구를 이용해 문서를 작성하거나 일일이 수작업 위주로 제품을 생산하던 시절은 아득한 옛날 얘기로 들려질 것이다. 필자는 그 시기를 빠르면 10년, 20년 후쯤이라고 전망한다. 왜냐하면 지금 자라나는 세대들은 심지어 유치원 아이들까지 컴퓨터를 익히고 있다. 그들이 성인으로 성장, 활동할 시점이면 사회 모든 분야에서 완전한 정보화가 이뤄질 것이다.

이처럼 세상은 시시각각으로 급변하고 있다. 그러나 우리 기성세대들의 사고방식은 아직 이 같은 시대변화의 속도에 뒤따라가지 못하고 있는 편이다.

과학기술과 경제 분야에서는 더욱 그렇다. 아직 컴퓨터를 제대로 다룰 줄 모르는 직장인들이 다수이며, 전 세계가 하나의 거대한 단일시장으로 변화해 가는데도 시장개방이라면 무조건 펄쩍 뛰는 사람들이 전체 국민의 대부분을 차지하는 것이 우리 현실이다. 세계화로 나가기 위해선 온 국민이 머리 싸매고 밤새워 공부하고 익혀도 부족한 것이 외국어 교육이건만 아직도 한글전용만을 주장하는 무지한 백성들이 얼마나 많은지 모른다. 또한 안방에 앉아 컴퓨터 키만 누르면 전 세계의 새로운 정보와 지식들을 습득할 수 있음에도 우리 국민들의 절대 다수는 이를 제대로 활용할 줄 모르고 있다. 회사에서 컴퓨터 자판을 두들겨 결재서류나 작성하고 앉아 있다 해서 정보화시대에 부응하고 있는 것이 아니다. 그것은 단순한 타자술에 다름 아니며, 문제는 컴퓨터가 가진 그 마술적 다기능을 얼마만큼이나 최대한으로 또는 유효 적절히 활용하는가 하는 점이다. 그러나 우리의 현실은 어떠한가? 한마디로 모든 면에서 정말 수준 이하이다. 국내의 PC통신망을 접해보면 순전히 어린아이들의 놀이터에 지나지 않는다는 느낌을 받는 것은 비단 필자만의 느낌이 아닐 것이다. 또한 천리안 같은 일부 통신망에서 얻을 수 있는 정보와 자료라야 지극히 흔하고 일반적인 것들뿐이다. 최신 정보, 고급 정보, 보다 유용한 정보들이 너무 부족하고, 대다수 사람들은 컴퓨터 통신망을 채팅과 게임 등 전혀 쓸데없는 데에 이용하고 있을 뿐이다. 이렇듯 지금 우리의 PC통신프로그램이나 이용자들 의식 수준은 그야말로 중고생들 수준이라 해도 과언이 아니다. 그렇다고 해외 인터넷을 자유자재로 활용할 만한 어학실력이나 국제지식을 갖춘 이들 역시 드물다. 정말이지 컴퓨터 안에 무진장한 보물이 담겨져 있다 해도 그것을 캐내어 활용할 만한 능력이 없으면 그림의 떡이 되고 마는 것이다. 따라서 젊은 직장인들은 이러한 시대흐름에 앞서가지는 못할지언정 뒤처지지는 말아야 한다.

세상에 변화하지 않는 것은 없다. 시간이 지나면 모든 것이 발전하고

변화한다. 사람들의 생활트렌드가 바뀌고 사회구조가 바뀌고 의식문화의 패러다임이 바뀐다. 특히 근래 몇 년 동안의 경제, 산업적 변화양상은 그 속도가 가만히 앉아 있어도 피부에 막 느껴질 정도다. 이렇듯 변화하는 시대흐름에 신속히 적응 못하는 사람은 결국은 대오에서 낙오되고 만다.

문자(文字)시대에 문자를 모르는 사람을 문맹이라 하여 바보 취급하듯 컴퓨터시대에 컴퓨터를 다룰 줄 모르는 사람들 역시 '컴맹'으로 바보 취급을 당할 수밖에 없다.

이제 모든 사무실에 주판과 타자기 대신 전자계산기와 워드프로세서가 등장했다. 아직도 주판과 타자기로 업무 처리를 하는 사원들이 있다면 원시인에 속한다. 타자 기술과 주산을 배우기 위해 밤잠까지 설쳐가며 고생했던 때가 불과 얼마 전이건만 요즘은 검정시험조차 아예 폐지되었다. 이처럼 급속히 변화하는 첨단문명 사회에 우리는 살고 있다.

따라서 능력 있는 직장인, 사회인으로 인정받으려면 이러한 시대환경 변화에 빠르게 적응, 대응해 나가야만 한다. 특히 경제, 과학, 기술, 정보 분야에 대해서는 더욱 그렇다.

우리 젊은이들 역시 진정한 '신세대'로 불리어지길 원한다면 바로 이런 새로운 시대변화흐름을 읽고 곧 다가올 인터넷시대, 정보통신혁명시대에 미리 대비함은 물론 기성세대를 선도할 지적능력을 갖춰야만 한다. '시기도 전에 떫기부터 한다.'고 선진국 젊은이들 행태를 그저 너나없이 흉내나 낸다고 하여 신세대가 되는 것 아니다. 머릿속은 텅텅 비어가지고 등짝에 륙색이나 둘러메고, 허리춤에 삐삐나 꽂아 다닌다고 신세대가 되는 것이 아니라는 얘기다.
생활행태 뿐 아니라 새 시대에 걸맞은 의식과 능력, 지혜를 두루
갖추었을 때 비로소 진정한 의미에서의 신세대라고 할 수 있을 것
이다.

* 위 원고는 근래 시대상황과는 내용이 다소 상이할 수 있으나, 초판본의 집필취지
  등을 살리고자 원문을 준용하였음.

4-7 국제 감각이 없는 사원

더 넓은 세계로
시야를 넓히라

요즘 YS정부가 내세우고 있는 새로운 정책 화두 중 그나마 제법 공감 가는 것이 있다면 바로 '세계화 전략'이 아닌가 싶다. 사실 세계화 전략은 진작 추진해야 할 국가적 중요 아젠다였지만 정치인들의 무지와 국제감각 부족으로 이제야 거론되고 있는 실정이다.

하지만 우리 공직자들을 포함해 국민들 중 대다수는 아직도 이 세계화 전략에 대한 선언적 의미를 그리 절실하게 받아들이고 있지 않다는 느낌이다. 다수 국민들 의식과 시각은 여전히 우물 안 개구리마냥 이 나라 안에서만 맴돌고 있을 뿐 보다 넓은 세계를 바라보려 하지 않고 있다는 얘기다. 현 정부의 세계화 전략에 대해 야권 정치인들을 중심으로 비판적, 회의적 여론이 일고 있는 것이 그 반증이라 할 수 있다. 하지만 세계화 전략은 그들의 주장대로 설령 구호용이라 할지라도 범사회적으로 그 의미가 상징하는 효과는 매

우 크다고 본다. 특히 전 세계가 하나의 시장으로 묶이고 공동생활
권으로 바뀌어가고 있는 지금 모든 국민들은 이 좁디좁은 땅덩어
리 안에서 헤엄칠 생각은 애초에 버려야 한다.

더구나 기업은 말할 것도 없다. 그야말로 손바닥만한 내수시장만 겨
냥해서는 획기적 신제품을 개발해도 초기 투자비 건지고 나면 더 이상
제품이 팔리질 않는다. 실제 구매력 있는 소비인구라야 겨우 몇 천만
명 남짓한, 그마저 남이 뭣 좀 해서 장사가 된다하면 모방업체들이 떼
로 생겨나는 이 좁고 얕은 바닥에서 움치고 뛰어봐야 백날 제 자리 걸
음이고 제 살 뜯어 먹기 경쟁이다. 단언컨대, 해외시장으로 진출하지
않고는 개인도 기업도 국가도 지속가능한 성장을 이룰 수 없다.

정부 역시 마찬가지다. 그동안 3저 호황 등에 힘입어 경제가 고속
성장했다고 안이하게 생각하고 있다간 큰 코 다친다. 이젠 국내 모
든 산업 역시 세계시장과 연계하여 운영되므로 관료들은 무엇보다
해외시장에 대한 감각과 안목을 키워야 한다. 국제정세, 세계경제
란 내년이 어떻게 변할지, 후년이 어떻게 바뀔지 불확실성이 너무
크기에 늘 세계시장동향을 면밀히 분석, 전망하여 국가경제정책을
수립, 운용해야 한다.

직장인들 역시 이제는 세계인이 되어야 한다. 틈나는 대로 외국어도
익히고 국제지식도 쌓아야 무한경쟁시대에 생존할 수 있다. 특히 세계
공용어인 영어를 익히는 일만큼은 기본의 기본, 필수의 필수라고 할
수 있다. 세계무대로 진출, 외교를 하던 비즈니스를 하던 일단 말이 통
해야 뭘 해도 할 것 아닌가.

공직자들 또한 모처럼 그럴 듯한 정책주제를 내세워 놓고도 '세계

화'에 대한 영문 표기를 'SEGYEHWA'로 대내외에 공식 발표해 망신을 떠는 이 한심한 발상의 시대를 하루빨리 벗어나야한다. 사소한 해프닝인 것 같지만 이는 마치 '국제화'를 'KUKJEHWA'로 영문 표기하는 것과 다를 바 없는 것으로 우리 공직자들의 세계관과 어문감각 수준이 어느 정도인가 하는 것을 단적으로 드러낸 예라 할 수 있다.

그리고 무엇을, 어떻게 세계화할 것인지 구체적 지향점도 제시하고 실행과제도 설정해야 한다. 그렇지 않고서는 이 역시 단순한 정치적 구호로 그치고 말게 될 수도 있다.

직장인들의 국제감각과 지식이 뒤떨어지는 것도 문제다. 우리나라 기업의 평사원들 중 2~3개국 이상 해외여행을 다녀온 경험이 있는 이들의 수가 얼마나 될지 모르겠다. 속단인지는 몰라도 아마 절반도 채 되지 않을 것이다. 이러니 국제감각이 있을 리 없고 세계화에 대한 의미를 제대로 인식할 수 없다. 단 한번이라도 외국을 다녀온 경험이 있는 사람과 그렇지 않은 사람과는 기본 사고, 인식 면에서 상당한 차이가 있을 수 있다. 그만큼 현지체험, 실전경험이란 중요한 것이다.

요즘 기업에서 모범사원 해외연수를 실시하는 곳이 점차 늘고 있는데 여기에도 그만한 이유가 있다. 단순히 사원들 기분 좋으라고 또는 복지향상 차원에서 비싼 돈 들여 해외연수시키는 것 아니다. 직접 눈으로 보고 뭔가를 느끼고 깨우치라는 뜻이다. 사원들에게 국제적 감각과 정보, 지식 등을 함양케 함으로써 회사업무에 대한 창의성, 지속가능성을 높이고 거시적 미래전략을 개발하도록 하려는 것이 사원 해외연수를 실시하는 회사들의 근본 취지다.

아무튼 앞으로 국제 감각이 없는 사원들은 회사업무를 제대로 수행하기 어렵다. 회사의 제반 업무가 세계시장과 연계성을 지니고 추진되기 때문이다. 따라서 현실 여건상 직접 해외여행을 다닐 수는 없더라도 세계경제, 시장흐름에 대한 정보와 지식들을 습득하는 일에 게을러서는 안 된다. 요즘은 정보산업의 발달로 본인이 관심만 있으면 전 세계 각국 정치, 경제, 사회 상황 흐름을 예전에 비해 훨씬 쉽게 파악할 수 있다. 문제는 그 중요성에 대한 인식부족이다.

직장인들은 이제부터라도 보다 넓은 시야를 지니고 세계시장 움직임에 대해 늘 유의 깊게 관찰하고 연구하는 자세를 길러야 한다.

* 위 원고는 근래 시대상황과는 내용이 다소 상이할 수 있으나, 초판본의 집필취지 등을 살리고자 원문을 준용하였음.

4-8 자기 의견이 없는 사원

불만을 말하지 말고 의견을 말하라

회사에서 더러 직원회의를 열고 사원들 의견을 구할라치면 대다수 사원들이 꿀 먹은 벙어리가 되는 경우가 많다. 하던 짓도 멍석 깔아 놓으면 안한다고, 다른 자리에서는 나름대로 말도 많고 혼자 잘난 척, 똑똑한 척 떠들어 대던 사원들도 정작 회의를 열고 의견 개진의 장을 펼쳐 놓으면 저마다 자라목처럼 고개를 움추리고 옆 사람 눈치만 슬슬 살필 뿐 묵묵부답이다.

공식회의석상에서 무슨 말을 한다는 것이 쑥스럽고 자신감이 없어서인지, 아니면 별 다른 의견이나 아이디어가 없어서인지, 그도 아니면 자신과 직접 상관이 없는 회사 일이므로 굳이 관심을 가지고 머리를 짜내거나 나설 필요가 없다고 생각해서인지, 아무튼 모두 멀뚱멀뚱 서로 얼굴들만 쳐다볼 뿐 누구 한사람 나서서 좋은 의견이든 나쁜 의견이든 얘기하려는 사람이 드물다. 그러다 보니 회의

를 소집하여 사원들 각자의 새로운 의견이나 아이디어를 들어보고
자 했던 사장이나 간부들은 답답하고 맥이 빠질 수밖에 없다.

더구나 그 중에 더러 의견이라고 내놓는 것들마저 논의 사안과는
거리가 멀거나, 문제의 핵심조차 제대로 파악 못한 동문서답식 얘
기 아니면 또 전혀 되지도 않을 엉뚱한 헛소리들이나 한마디씩 툭
툭 내던지는 것이 고작이다.

사원들은 대부분 윗사람들이 결정하고 추진하는 일에 대해 제 맘
에 안 들 경우 뒷구멍에서 불평불만이나 늘어놓으면서 마치 기계
처럼 수동적으로 이끌려 가려고만 한다. 이래 가지고는 회사의 발
전도 사원 자신들의 성장도 기대하기 어렵다.

회사가 발전하려면 간부사원은 간부사원들대로, 일반사원은 일반
사원들대로, 자신들이 맡고 있는 실무에 대해 보다 생산성을 높일
수 있고, 원가를 절감할 수 있는 업무개선 방안이나 아이디어를 끊
임없이 생각하고 제시해서 이를 개선, 발전시켜 나가야 한다. 그러
나 대부분의 사원들은 현재의 업무방식에 다소 문제가 있더라도
또는 최선이 아닌 방식이라는 걸 알고 있으면서도 귀찮게 일거리
만 늘어난다고 생각해선지 이를 새롭게 개선시켜야겠다는 생각이
나 노력을 하지 않는다.

사실 사내의 실무현장에 대한 문제점과 개선점에 대해서는 경영진들
보다 일선에서 그 업무를 맡고 있는 담당사원들이 더 잘 알고 있다. 따
라서 이들이 문제를 제기치 않는 한 회사는 장기간 비효율적이고 비합
리적인 업무방식을 계속 유지해 나갈 수밖에 없다. 특히 기업의 생산
라인이나 전산업무시스템 등 전문적 기술과 기능을 요하는 업무에서

는 더욱 그러하다.

또한 회사의 경영진은 나름대로 자기 주관과 선입관, 고집에 빠져 있는 경향이 있기에 회사발전 방안이라든가 새로운 사업 아이템에 대해 객관성, 합리성 등을 결여하고 있는 경우가 많다. 따라서 때로 정확하고 합리적인 판단을 못 내리거나 좋은 아이디어를 떠올리지 못하는 경우가 흔히 있는데, 이럴 때 사원들이 경영진들의 맹점을 보완해 줄 수 있는 의견 제시가 무엇보다도 필요하다.

사원들은 맨날 뒷전에서 불평불만이나 늘어놓으며 회사 일을 남의 일보듯 건성으로 지켜보려하지 말고 회사발전 방안에 대해 도움이 될 수 있는 여러 가지 아이디어를 적극 창출, 제시하는 자세를 가져야 한다.

자기 의견이 없는 사람은 회사에서 뿐만 아니라 어느 조직, 어느 사회에서도 남들로부터 인정받을 수 없다는 사실을 명심해야 한다.

미운 오리새끼가
되지 마라

예전 필자의 지인 중 어떤 회사에 입사하든 불과 서너 달을 못 채우고 이내 다른 회사로 옮겨 가거나 그만 둬버리는 사람이 있었다. 그렇다고 남들만큼 능력이 없거나 재주가 모자라서가 아니다. 오히려 명문대학을 나온 데다 업무적인 면에서는 탁월한 실력을 갖추고 있음에도 어느 직장에서든 몇 달을 지근하게 못 버텨 낸다.

그 이유는 이 친구의 성격이 워낙 유별나기 때문이다. 남들보다 좋은 학벌, 출중한 능력을 갖추고 있다 보니 자존심과 자만심 또한 강해서 툭하면 윗사람이나 동료들과 다투게 되고 결국 자의반 타의반 회사를 그만두게 되는 것이다. 한마디로 인화(人和)에 문제가 있었다. 그러다 보니 자연 일하는 날보다 쉬는 날이 많아지고, 가정생활 또한 제대로 꾸려 나가지 못해 늘 어렵게 지낸다.

이처럼 우리 주위에는 더러 개인적으로 남들보다 나은 능력을 갖추고 있음에도 자기 자리를 찾지 못하고 여기저기 겉 돌기만 하는 사람들이 있다.

소위 말하는 일류대학을 나오고 지식과 능력이 탁월함에도 직장을 제대로 갖지 못하는 이런 유형의 사원들은 대체로 두 가지 유형으로 구분할 수 있다.

첫째, 현재의 자기를 '임시적 모습'이라 생각하고 '진짜 자신의 모습'은 다른 데에 있다고 믿는 스타일이다. 진정한 이상의 추구인지 아니면 단순한 허상의 추구인지 쉽사리 진단하기 어렵지만 아무튼 그런 스타일의 사람들이다.

둘째, 상사와 동료 또는 선후배 간 원만한 인간관계를 유지하지 못하는 경우다. 그러다 보니 매일 자신이 스트레스를 받게 되고, 여기에 엘리트의식에서 오는 우월감과 자존심 때문에 쉽게 직장을 그만두게 되는 예이다.

사실 어느 직장이든 일의 원리와 성격은 큰 차이가 나지 않는다. 문제는 그 조직에 어떻게 융화되느냐 하는 것이다. 특히 직장생활이란 전문적 기술이나 능력만 있다고 잘 할 수 있는 것이 아니다. 자기 혼자 일하는 것이 아닌 이상 조직구성원 간 관계형성이 원만하게 이루어져야 하고 또 그런 인간관계 유지를 위한 처세술을 제대로 익혀야 무난한 직장생활, 사회생활을 할 수 있다.

청춘남녀들이 결혼 상대로서 다들 잘생기고 똑똑하고 재력 있는 사람을 원하지만, 세상에 그런 상대를 고르기란 쉬운 일이 아니다. 직장도 이와 다를 바 없다. 자신에게 맞는 직장을 찾아 여기저기 떠돌면서 허송세월하기 보다는 자신을 직장에다 맞추는 편이 훨씬 쉽고 현명한 방법이다. 막말로 집에다 가구를 맞추지 가구에다 집을 맞출 수는 없는 것 아닌가.

그렇다고 자기 존재를 완전히 포기하라는 뜻이 아니다. 자신의 분수를 알고, 자신을 사회와 융화시켜 나가려는 노력을 하라는 얘기다. 인간은 누구나 어차피 사회적 동물일 수밖에 없기 때문에 모름지기 인간관계야말로 직장생활에 있어 시작이요, 끝이다. 또한 그것은 저절로 되는 것이 아니라 스스로의 노력을 통해 만들어가는 것이기도 하다.

한편 앞서 지적한 내용과는 조금 경우가 다르지만, 이른바 '경영의 신'이라 불리는 마쓰시다 고우노스케 회장은 이런 말을 했다.

"동료들로부터 미움 받는 사람과 함께 일하기는 어렵다. 그러나 동료들이 좋아하는 사람과는 더욱 일하기 어렵다."

얼핏 생각하면 상당히 모순적인 말로 들릴 수도 있다. 그러나 회사 조직은 협력의 원리로써 움직인다는 것을 생각하면 쉽게 이해되는 대목이기도 하다. 주위를 둘러보면 이 말이 딱 들어맞는 사람을 발견하기란 그리 어렵지 않다. 조직생활을 잘하는 사람들은 대부분 주위 사람들에게 미움을 받지 않으면서도 또한 지나치게 인기를 모으지 않는 인물들인 경우가 많음을 알 수 있을 것이다. 구성원들과 좋은 협력관계를 유지하면서도 자신이 너무 돌출되지 않도록 적절히, 신중히 처신하는 것 역시 직장인으로서 갖춰야 할 지혜와 자세다.

직장 동료들 간에도 입사초기에는 다들 화기애애한 분위기를 유지하지만, 업무와 상사와의 관계 그리고 승진과 처우 문제 등이 대두

되기 시작하면 서로 사이가 미묘하게 변하기 마련이다. 직장에서
는 이러한 인간관계를 여하히 잘 조화시켜가느냐가 업무능력 못지
않게 중요한 역량이다.

기업을 한자로 쓰면 사람[人]들이 머무는[止] 일터[業]가 된다. 이는 여
러 사람들이 모여 원만한 인간관계를 유지하며 함께 일하는 삶의 터전
이라는 의미다. 따라서 기업에 근무하는 모든 직장인들은 인화단결 역
시 매우 중요한 가치로 여기고 이를 실천하기 위해 노력하는 자세를
길러야 한다.

일하기 싫으면
먹지도 마라

얼마 전 신문보도를 보니 우리나라 대졸 백수들 수가 이미 수십 만 명을 넘어섰다고 한다. 여기에 일반 실업자들까지 합치면 실로 엄청난 수의 사람들이 직장을 구하지 못해 쉬거나 놀고 있는 것이다. 반면 국내 중소 제조업체들의 경우 일할 사람을 구하지 못해 생산 활동에 막대한 차질을 빚고 있다. 이로 인해 누적 외국인 근로자 수 역시 이미 100만 명을 넘어선 상태다.

손바닥만한 나라 안에서 한편에선 일자리를 못 구해 어려움을 겪고 있고 또 한편에선 일할 사람을 못 구해 곤란을 겪고 있다. 이는 지극히 비정상적 현상으로 나라의 장래가 심히 걱정되는 상황이다.

요즘 젊은이들이 취업을 못하는 원인은 무엇인가?

다른 것 없다. 남들보다 우월한 역량, 특별한 기술은 지니지 못했으면서 힘 들거나 보수가 적은 일은 하지 않으려다 보니 결국 일자리를 못

261

구하는 것이다.

이 세상에 특별한 능력도, 기술도 없는 사람한테 힘 안 들고 편하고 그러면서도 월급은 많이 주는 일자리가 있을 수 있는가? 이 세상뿐 아니라 천국에도 그런 일자리란 없다.

그렇다면 구직자들이 본인 눈높이를 제반 현실 수준에 맞춘 후 적절한 일자리를 구해야 하는데 그러기는 또 싫다. 따라서 이런 사람들은 평생 좋은 직장에 취업하기는 글렀다고 봐야한다.

취업에도 적령기가 있다. 나이 40이 되도록 직장경력이 없는 사람은 단기 알바직종 외엔 어디에서도 잘 받아주지 않는다. 본인 역시 아무런 업무도 경험해보지 않았으니 잘 할 수 있는 일 또한 없다. 더구나 요즘 젊은이들은 어릴 때부터 도시에서 편하게만 자라 힘쓰는 일마저 제대로 못한다.

결국 나중엔 부모님을 졸라 호프집, 치킨집이라도 차릴 수밖에 없는데, 호프집이나 치킨집 역시 나름 경험과 기술이 있어야 가능하다. 그러다보면 어렵게 모아둔 부모님 재산이나 말아먹게 되고 나중엔 온 집안이 풍파를 맞게 되기 십상이다.

따라서 누구든 나이 40이 되도록 변변한 직장에 취업조차 못한 사람은 남은 인생 별 비전이 없다고 봐야 한다. 사람 나이 마흔을 넘기면 심신의 역량은 물론 운세 또한 서서히 사양길로 접어들게 됨은 자연의 이치다. 그나마 본인만 그러하면 다행이겠으나 중년기에 이르도록 취직조차 못해 허구한 날 빌빌거리고 있으니 그 부모들의 삶은 또 어찌 되는 것인가? 40년 가까이 뒷바라지해온 것도 모자라 이후로도 평생 자식걱정하며 살아야 하는 것이다. 불효도 이런 불효가 없다. 어느 집안에든 이런 자녀 한 둘 있으면 참 머리 아프다. '무자식 상팔자'란 말이 괜히 생긴 게 아니다. 하지만 여기에는 부모들 역시 막중한 책임이 있다. 자녀를 잘못 가르치고 잘못 기른 과보를 받는 것이다. 어릴 때부터 자녀의 장래를 생각하여 제대로 교육을 시키고 올바로 진로를 지도했어야 했다. 부모가 무식해서든 머리가 안 돌아가서든 그런 노력을 소홀히 하여 결과적으로 자녀들이 취직조차 못하는 무능한 인간으로 도태된 것이다.

누구든 대학교육과 군역을 마치고 나면 최소한 자기 밥벌이 정도는 할 수 있어야 생존 의미와 가치가 있다. 나이 20대 후반을 지나 30대 중장년에 이르러서도 본인 호구지책조차 마련하지 못해 늘 부모 신세만 지고 집안에 걱정만 끼치는 젊은이들은 정말 대오 각성해야 한다. 말로만 자기 부모, 형제, 처자식을 위하고 사랑한다는 건 다 거짓말이다. 그들이 걱정을 안 하고 만족해할 수 있도록 실행과 노력을 해야 참말이 되는 것이다.

하지만 요즘 젊은이들보면 취직을 못해 몇 년씩 집안에서 놀고 있으면서도 그런 성찰의 자세나 가책마저 별로 안 갖는 것 같다. 더러 백수로 지내기 눈치 보일라치면 그저 힘 안 들고 쉽게 돈 벌 수 있고 재미있는 일 쪽으로만 눈길을 돌린다. 예체능이나 오락 분야에 대한 관심과 진출시도가 대표적 예다. 하지만 예체능 분야라는 것 즉, 노래 배우고 글 쓰고 그림 그리고 운동연습하고 유튜브 같은 것 열심히 한다고 하여 누구나 스타가 되고 부자가 되는 것 아니다. 그런 분야에서 최소한 본인 밥벌이라도 하려면 역시 피땀 어린 노력과 행운이 따라줘야 하는 것이다. 특히 예능 분야는 노력만

한다고 성공하는 것이 아니다. 선천적으로 그 분야의 소질과 재능을 타고나야 한다. 따라서 글짓기, 그림그리기, 노래 부르기, 운동연습 따윈 일단 취직부터 하고 난 뒤 휴일이나 퇴근 후 취미활동으로 하면 족하다.

필자 역시 20대 중반까지 그야말로 말장난, 글장난에 불과한 문학, 철학 따위에 빠져 아까운 시간과 정력을 낭비한 것 생각하면 지금도 몹시 한스럽고 부끄러워진다. 또한 어릴 적 버릇 여든까지 간다고 아직도 문청시절의 감성적 치기가 남아 가끔씩 나도 모르게 시 비슷한 것을 끄적이고 싶은 충동이 일 때가 있다. 하루빨리 벗어나야 할 속되고 헛된 욕구다.

사람이 공부를 하려면 인문학보다는 효용성이 훨씬 높은 과학기술이나 사회과학 분야를 공부해야 하는데, 그런 중요한 사실과 이치를 당시 주변의 기성세대들은 누구도 몰랐고, 아무도 나에게 일러주지 않았던 것이다.

아무튼 젊은이들뿐 아니라 남녀노소를 불문하고 누구든 자신이 평생 먹고 살만큼 식량을 비축해놓지 않은 경우를 제외하고 최소한 자기 밥벌이조차 못하는 사람이라면 살아있을 의미도 가치도 없다. 그렇게 살아본들 주변 사람들과 사회에 폐만 끼친다. 너무 냉정하고 심한 말이라고 뭐라지 마라. 인생의 이치가 그러하고 세상 현실이 그러하다.

사람이 남들에게 도움을 주거나 사회발전에 기여는 못할지라도 최소한 자기 밥벌이만큼은 해야 정상적 사회인이라고 할 수 있다. 따라서 누구든 나이 20대 후반에 이르면 각자 자기개척 의지를 지니고 장래 삶의 행복을 위해 적극 노력해야 한다.

시간 정말 눈 깜짝할 새 5년, 10년이 지나간다. 40 넘기고 나면 금방 50되고 60대에 이른다. 이후엔 심신의 모든 역량이 쇠퇴하는데 그땐 뭘 해서, 어떻게 먹고 살 것인가?

'뭘 하면 못 먹고 살겠느냐고? 천만에.

앞으로 세상을 살아보면 알겠지만 사람이 평생 무난히 먹고사는 일도 그리 만만하고 쉬운 일 아니다. 잘 믿기지 않겠지만 정신 바짝 안 차리고 살면 진짜 굶어 죽을 수도 있다. 설마 그럴 리가 있겠냐고? 실제 전 세계에 굶어 죽는 사람, 먹고살기 힘들어 자살하는 사람들 한 해 수십만 명에 이르고 있다. 한국에도 매년 1만 명 넘는 자살자들이 있고, 그 원인 중 대부분은 경제적 어려움 때문이다.

그리고 요즘 흔히 무지한 자들이 '인생은 60부터'라고 말하지만 사실 '인생은 60까지'다. 나이 60 넘으면 회사에서도 정년퇴직이고 일할 수 있는 직장 또한 구하기 어렵다. 따라서 젊은 직장인들은 한살이라도 젊었을 때 시간 아껴 쓰고 열심히 일하고 돈 버는 데에 모든 노력을 집중해야 한다.

지금 직장을 구하지 못해 쉬고 있는 사람은(정확히 말해 놀고 있는 사람은) 당장 내일부터 배달직이라도 일자리를 구하라. 일단 무슨 일이든 열심히 하다보면 또 다른 인연이 생기고 새로운 진로와 방도가 나타나는 법이다. 사회의 법도와 윤리에 어긋나지 않는 일이라면 직업에 귀천은 없다. 먹고 살기 위해 또는 돈을 벌기 위해 하는 일은 모두 숭고하고 거룩한 일이다. 대학을 졸업한 사람이 젊은 시절 한 때 짜장면 배달을 할 수 있다는 것은 부끄러워할 일이 아니라 대단한 용기를 지닌 일로 박수 받아 마땅한 것이다.

특히 평소 부자를 존경하는 마음자세를 가지라. 세상에서 가장 힘든 일은 바로 돈을 버는 일이다. 그보다 더 힘들고 어려운 일은 없다. 누구든 자력으로 큰 부를 이룬 사람은 존경받아 마땅하고, 그런 이들을 존중하고 본받으려할 때 자신도 부자가 될 수 있다. 오죽하면 '부자는 헛소리를 해도 명언으로 회자되지만 가난한 이들은 아무리 바른 말을 해도 남들이 귀담아 들어주지 않는다'는 말까지 생겨났을까.

또한 직장을 다니는 젊은이들도 3년 후, 5년 후의 마스터플랜을 수립해야 한다. 회사에서 3년 후 팀장이 되고 5년 후 부장이 된다는 구체적 목표를 세우거나 또는 몇 년 정도 열심히 일을 배워 자립을 하겠다는 각오로 직장생활을 할 경우 보람과 의미도 생기고 주위 사람들 평가 또한 달라진다.

흔히 헬조선, 킬조선으로 불리는 이 극심한 실업의 시대에 그나마 무난히 다닐 수 있는 직장이라도 있다는 것이 얼마나 다행인가? 직장인들은 가능한 다른 일, 다른 곳으로 눈 돌리지 말고 일단 현재의 직장업무에 최선을 다해야 한다. 특히 주식이나 코인 같은 거하지 마라. 더러 재수로 몇푼 벌 수도 있겠지만 십중팔구 회복불능의 손실로 이어진다. 불로소득이란 오직 요행일 뿐 이를 기대하고 집착하는 순간 패가망신이다.

기회와 행운이란 억지로 잡으러 쫓아 다닌다고 잡히는 게 아니다. 언제 어디서든 열심히, 성실히 노력하여 자신이 그만한 역량을 갖췄을 때 비로소 기회가 찾아오고 우연한 행운도 주어지는

법이다. 직장생활에서나 인생을 사는 데 있어서나 노력은 하지
않고 요행만 추구한다면 이는 하늘의 뜬구름을 잡으러 다니는 것
과 다름없다.

흔히 말하듯 사람의 일생에도 사계(四季)가 있다. 30, 40대가 봄,
여름이라면 50, 60대는 가을, 겨울이다. 봄, 여름 열심히 밭 갈고
씨 뿌리고 김매는 수고를 하지 않으면 가을에 거둘 것이 없음은 당
연하고, 겨울이면 더 혹독한 시간을 보내야 한다.

'될성부른 나무는 떡잎부터 알아 본다'고 한창 일하고 자기개발할
나이에 시간만 나면 강아지, 고양이나 안고 다니며 쉬고 놀고 즐기
는 요즘 젊은이들 미래는 자못 걱정스럽다. 그런 정성과 노력을 자
기 자신을 위해 또는 본인 가족이나 주변사람들에게 기울이라.

특히 놀고 쉬고 즐기는 것도 자기 의무와 책임을 다한 후 놀고 쉬
어야 한다. 어느 집안, 어느 직장에서든 본인 한사람이 편하면 주
변 여러 사람들이 힘들어진다. 반면 본인 한 사람이 열심히 노력하
면 여러 사람들이 행복해질 수 있다. 그리고 사람이 평소 열심히,
성실히 생활하는 모습을 보일 경우 주변인들로부터 깊은 신뢰를
얻게 되고, 이것이 뜻밖의 기회와 행운으로 이어지는 경우도 있다.

필자는 남의 집 자녀들이라도 성실하고 예의바른 모습을 대할 때
면 길가다도 잠시 멈춰서 지켜볼 만큼 기특하고 대견하게 여겨지
고, 불성실한 젊은이들 모습을 목도할 경우 더없이 한심하고 딱하
게 느껴진다.

그렇다면 필자가 이 책에서 시종일관 주창하는 성공적, 모범적 직
장인상(像)이란 어떤 기준, 어떤 모델인가?

전문경영인? 최고관리자? 또는 직장에서 익힌 노하우를 토대로 자기사업을 시작, 큰 성취를 이룬 사람? 그들은 당연히 성공인이라 할 수 있다. 하지만 이는 아주 드물고 특별한 케이스인 바, 일반적 기준 모델로 삼기는 어렵다.

필자가 말하는 성공적, 모범적 직장인상이란 바로 '직장에서는 물론 가정에서도 본인에게 주어진 책무와 도리를 성실히 수행하며 자기 삶을 무난하고 원만하게 영위하는 사원'이다.

혹자는 '너무 평범한 기준 아니냐?'고 반문할 수 있을 것이다.

하지만 절대 그렇지 않다. 이 역시 결코 쉬운 일이 아니며 충분히 값진 성취, 훌륭한 삶의 모델이라 할 수 있다.

필자가 아는 사례를 하나 소개하겠다. 금년 50세 된 어느 직장인의 리얼 스토리다.

1990년대 초 지방의 한 공업고등학교에 재학 중이던 그는 어느 해 부친이 갑자기 타계하면서 이른바 소년가장의 처지가 되었다. 다행히 재학시 성적이 우수, 졸업과 동시 학교장 추천을 받아 모 대기업에 입사, 현재 30년 넘도록 장기근속 중이다. 특히 그는 품성이 성실하고 반듯하여 홀어머니를 정성껏 모시는 한편 셋이나 되는 여동생들까지 적극 뒷바라지 했다. 본인의 두 아들 역시 훌륭한 사회인으로 성장시켰다.

평소 자기개발노력도 충실히 하여 직무와 학업을 병행, 일찍이 대학과정을 마쳤음은 물론 전기기사, 소방설비, 태양광기술 분야 등 총 10여개에 달하는 국가기술자격증을 취득했다. 회사로부터 기술직군 최고 영예인 '기성(技聖)' 칭호도 부여받았다. 그러다 보니 직장생활 30년간 하루 5시간 이상 잠을 자본적 없다고 한다.

또한 직무 관련 유공자로 선정되어 정부 각 부처로부터 표창도 수차례 수상하였으며, 현재 직장에서 억대 연봉을 받으며 자기 임무에 최선을 다하고 있다.

평소 생활 또한 근검절약하여 근래에는 고향마을 인근에 1,000여 평의 주말농장까지 마련할 만큼 경제적 기반도 갖췄다. 뿐만 아니라 부부가 함께 30년 넘도록 꾸준히 직장생활을 계속함으로써 이후 정년을 맞을 때면 퇴직연금 역시 상당하여 노후 걱정도 전혀 없다. 그야말로 오직 본인의 강한 자립의지와 성실한 노력만으로 일생을 별다른 굴곡 없이 무난, 무탈하게 잘살아왔고, 앞으로도 그러한 삶이 보장되어 있는 것이다.

이처럼 직장생활을 하면서도 성실한 자세와 끊임없는 자기개발 노력으로 조직에서 인정받고 남부럽지 않은 경제적 기반까지 마련하는 것, 이것이 바로 직장인의 성공 모델, 모범 기준이라 할 수 있다.

참고로 그는 필자의 조카이기도 하다.

나는 평소 직장인들의 의식행태 개선을 적극 주창해온 사람으로서 이 분야 모범사례로 꼽을 수 있는 주인공이 바로 내 조카란 사실이 기쁘고 다행이고 자랑스럽다. 이른바 요즘 '아들 바보', '딸 바보' 소리를 듣는 어버이 심정으로 개인적 소회를 말하자면 날마다 업어주고 안아주고 싶을 만큼 기특하고 대견하다. 특히 그가 이룬 모든 성과는 어느 한 시기 단순 요행이나 반짝하는 재능으로 얻은 것이 아니라 30년 오랜 세월에 걸쳐 본인의 쉼 없는 열성, 충직한 노력에 의해 거둔 결실이기에 더 값진 것이다.

흔히들 '평생 직장생활만 계속해서는 비전이 없다'고 얘기한다. 그러나 어느 분야에서든 본인이 열심히 공부하고 노력하고 직무에 충실하면 누구나 이 정도 성과를 얻고, 이만한 삶의 여유를 누릴 수 있다는 사실이다.

사람이 꼭 대단한 부와 권세를 지니고 이뤄야만 성공한 것 아니다. 어려운 환경을 스스로 극복하고 언제 어디서든 자신의 책임과 도리를 다하면서 평생 무난하게 살 수 있다면 그 역시 충분히 성공한 삶이라고 할 수 있다. 특히 요즘 다들 먹고살기 힘들다는 시대에 본인의 열정과 노력만으로 안정된 경제기반까지 다졌다면 더 그러하다.

필자가 직장인들에게 늘 열정과 성실, 노력의 중요성을 강조하는 것도 이 때문이다. '아무리 재주 있는 사람일지라도 평생을 열심히, 성실히 노력하는 사람에겐 못 당한다'는 말 또한 그래서 생긴 것이다. 인생에서 가장 중요한 단어가 있다면 바로 '열정'과 '성실', '꾸준한 노력'이란 점을 명심하라.

제5장
예절함양을 위한 장

5-1 예절의식이 부족한 사원
예절이란 업무능력 못지않게 중요하다

5-2 경영자에 대한 존경심이 없는 사원
경영자는 성인군자가 아니다

5-3 상사 흉을 보는 사원
상사 흉이 한 가지면 사원들 흉은 열 가지다

5-4 고객에게 불친절한 사원
고객은 작은 친절에도 감동한다

5-5 회의 매너가 부족한 사원
모자라는 것들은 회의만 한다

5-6 근무자세가 불량한 사원
사소한 것들이 중요할 수 있다

5-7 통화예절이 부족한 사원
전화 한 통이면 모든 것을 알 수 있다

5-8 언어예절이 부족한 사원
말은 곧 그 사람의 인격이다

5-9 인사예절이 바르지 못한 사원
의례적 인사는 마음에 전달되지 않는다

5-10 버릇이 없는 사원
사람의 됨됨이는 예절로써 평가된다

5-1 예의범절이 부족한 사원

예절이란 업무능력
못지않게 중요하다

예절이란 것을 단지, 의례적 형식이나 겉치레 정도로 여기는 이들이 더러 있다. 특히 요즘 직장인들 중에는 '회사에서 각자 자신이 맡은 업무만 잘하면 되지 굳이 사소한 예절 같은 것이 뭐 그리 중요하냐?'고 반문하는 이들도 자주 볼 수 있다. 그러나 이는 크게 잘못된 생각이고, 예절에 대한 기본적 인식이 매우 부족한 경우다.

직장인들의 바른 예절함양을 위한 세부 내용을 기술하기에 앞서 총론 격으로 직장생활, 사회생활에서 예절이 왜 그리 중요한 것인지 그리고 바른 예절이란 어떤 것인지에 대한 개요를 먼저 설명한 후 본론으로 들어가겠다.

대다수 사람들이 평소 예절을 소홀히 여기는 것은 예절을 바르게 행하는 방법을 몰라서라기보다 예절을 철저히 행해야만 하는 근본 이유와 목적, 예절의 중요성 등을 절실히 인식하지 못하고 있기 때문이다. 따라서 이는 각론을 설명하기에 앞서 꼭 짚고 넘어가야 할 문제다.

먼저 예절이란 상대에 대한 존중과 배려의 의식절차이고, 그 표현의 일환이라 할 수 있다. 자기 자신에게 필요한 것이 아니라 남을 위한 행동자세란 얘기다. 따라서 언제 어디서 어떤 일을 하던 예절이 바르지 못할 경우 소기의 성과를 거두기 어렵다. 특히 상하 간 위계질서와 선후배, 동료들과의 인간관계가 중시되는 직장조직에서는 예절이 바르지 못할 경우 직장생활이 몹시 힘들어질 수밖에 없다. 설령 남들보다 다소 출중한 능력을 지녔다할지라도 예절이 바르지 못하면 결국 자신의 역량을 온전히 평가받고 인정받기란 어렵기 때문이다. 따라서 사람의 바른 예절이란 주변인들을 위해서는 물론이고, 자기성공을 위해서도 꼭 갖춰야 할 생활덕목이다. 예절이 바르지 못할 경우 타인들에게 불쾌감을 줄뿐 아니라 이로 인해 여러 가지 자기 손실과 피해가 뒤따를 수 있다.

특히 요즘 직장조직에서 구성원들 인성의 중요성에 대해 많이 강조하는데, 인성이란 것 역시 따지고 보면 주로 예절을 기준으로 평가하는 것이다. 즉, 예절이 바른 사원에 대해서는 인성 역시 바른 사원이라 평가하기 마련이다. 혹자는 불합리한 평가라고 말할 수도 있다. 그러나 사람의 내면을 샅샅이 훑고 뒤집어볼 방법이 없는 이상 결국 인성이란 겉으로 드러나는 언행을 보고 판단할 수밖에 없는 것이다. 그리고 이는 본질적 이치 면에서도 충분한 합리성, 개연성을 지니고 있다. 바른 예절이란 결국 바른 인성에서 우러나오는 것인 만큼 이러한 평가와 판단은 결코 틀렸다고 말할 수 없기 때문이다.

그렇다면 인간사회에 왜 예절이 그렇듯 중요하며 또한 예절이란
과연 무엇인가에 대해 먼저 살펴보자.

예절이란 궁극적으로 정의하자면 단순히 생활에티켓의 차원을 넘
어 인간이 반드시 지키고 행해야 할 '도리'에 속하는 것이라 할 수
있다. 즉, 행해도 그만이고 행하지 않아도 그만인 것이 아니라 예
절이란 모든 사람이 반드시 지켜야 할 법도이자 상규라는 얘기다.

부모에 대한 효도, 형제나 친지간의 우애, 주변인들과의 신의, 윗
사람에 대한 공경의 자세에서부터 더 나아가 근검, 성실, 겸양 등
의 삶의 덕목들 역시 광의적으로는 모두 예절의 범위에 속한다할
수 있다. 더 나아가서는 세상의 법이나 윤리도덕 역시 예절의 범주
에 속한다 해도 틀리지 않는다.

하지만 그렇게까지 깊고, 넓게 따지고 들면 얘기가 너무 복잡하고
길어지므로 우리가 일상생활을 함에 있어 꼭 필요한 예절에 관해
서만 짚어보자.

일상에서의 예절이란 다름 아닌 '언행의 바른 자세' 또는 '마음의
바른 자세'를 뜻하는 것이다. 그렇다면 바른 언행, 바른 마음자세
라 함은 어떤 것인가?

그것은 바로 '남을 존중하고 배려하는 자세'이다. 남을 존중, 배려
하는 자세, 이것이야말로 예절의 시작이고 끝이고 본질이고 요체
다. 즉, 앞서 말했듯 예절이란 자신을 위한 것이 아니고 남을 배려
하기 위한 것이기에 모든 사람들이 의무적으로 반드시 지켜야 할
규범이라는 의미다.

따라서 최고의 예절이란 사람이 언행을 함에 있어 남을 기분 좋게 하

는 것이고, 최소의 예절이란 남들에게 어떤 피해나 불쾌감을 주지 않도록 언행하는 것이라고 할 수 있다. 다시 말해 남을 기분 좋게 해주지는 못할지언정 최소한 남들을 기분 나쁘게 하지는 말아야 한다는 얘기다. 예컨대 자신의 언행이나 표정, 차림새 등 제반 태도로 인해 남들이 불쾌감을 느낀다면 그것은 결국 예절에서 벗어난 것이라고 할 수 있다.

그럼 남들에게 불쾌감을 주지 않고, 더 나아가 남들을 기분 좋게 하는 바른 예절이란 어떤 것인가? 그러나 바른 예절이란 명문규정으로 특별히 정해져 있는 것도 아니고, 시대와 장소, 상황 등에 따라 각기 다르며 또한 달라질 수 있는 것이라 일일이 나열하기란 어렵다. 따라서 이는 그저 상식의 선에서 역지사지로 이해하고 실행할 수밖에 없다. 즉, 내가 남들에게 어떤 말을 들었을 때 또는 남들이 내게 어떤 행동을 취했을 때 내 기분이 언짢다면 나 역시 그런 언행을 하지 않으면 된다는 얘기다.

또한 바른 예절이란 단순히 의도적이고 기술적이고 형식적으로 꾸민 언행이 아니라, 각자의 선량하고 성실한 마음에서 우러나오는 것이어서 결국 마음가짐이 올바르면 말이나 몸가짐 역시 저절로 바르게 마련이고 예절에 어긋나지 않을 수 있다.

아울러 '과공은 비례'라는 말이 있듯 예절도 지나치면 속된 말로 아부처럼 보일 수 있고 또 한편 그것이 모자랄 경우 버릇없다고 욕을 먹을 수도 있다. 따라서 그 정도를 적절히 조절하는 데에도 각자의 지혜가 필요하다. 그러나 필자가 생각건대 다른 것은 몰라도 예절에 있어서만큼 그래도 모자라는 것보다는 다소 지나친 것이 좀 더 낫지 않나 싶다.

아무튼 예절이란 상식적으로 생각하면 아주 쉽고 간단한 문제이고, 이것을 어떤 절차나 격식, 이론의 차원으로 따지게 되면 실상 매우 모호하고 까다롭고 복잡한 면도 없지 않다.

따라서 지금부터는 우리가 흔히 접하고 겪는 직장에서의 예절 위주로 설명을 이어가겠다.

직장예절은 여러 가지가 있을 수 있다.

기초적인 인사예절을 비롯하여 대화예절, 복장예절, 식사예절, 표정예절, 전화예절 등 인간관계에 관한 모든 행위에는 어김없이 그에 걸맞은 예절 즉, 격식이 있다 해도 과언이 아니다. 따라서 그 한 가지 한가지마다의 기준과 방법 등을 일일이 정하고 말로 설명하기란 불가능하다.

그래서 서두에 언급했듯 '자신의 언행이 남들을 기분 좋게는 못해줄지라도 최소한 남들의 기분을 상하게 하지는 말아야한다'는 것, 그것을 기준으로 삼는 것이 가장 합리적이고 효과적이라 할 수 있다. 그러한 기준으로 판단할 경우 어느 상황에서든 각자 언행을 함에 있어 과연 어떻게 말하고 행동하는 것이 예절에 맞고 틀린지를 어느 정도 가늠할 수 있을 것이다.

혹자는 앞서 언급했듯 '예절이란 단순히 형식적 겉치레가 아니냐?'고 말할 수도 있고, '직장에서 자기 일만 잘하면 되지 굳이 남들 의식하여 예절 같은 것이 일일이 신경을 써야 하느냐?고 물을 수도 있다. 그러나 절대로, 절대로 그렇지가 않다.

직원들이 무더운 여름철 회사에 근무하면서 왜 굳이 옷을 입고 근무하는가? 윗통이고 아래통이고 훌훌 다 벗고 일하면 얼마나 시원하고 편하겠는가? 그러나 본인은 그것이 편하겠지만 남들이 볼 때 흉하니까, 남들이 혐오감, 불쾌감을 느끼니까, 다른 이들의 기분을 상하게 하지 않기 위해 한여름에도 옷을 갖춰 입고 일하는 것이다. 예절이란 바로 이와 같은 것이다.

예절을 갖출 경우 본인은 다소 불편하고 부자유스럽겠지만, 남들을 불쾌하지 않게 하고, 남들에게 폐를 끼치지 않을 수 있기에 우리는 평소 예절을 바르게 갖추는 것이고 또한 반드시 갖춰야만 한다. 이처럼 예절이란 바로 남을 배려하는 마음에서 비롯되는 자세이다. 그리고 남을 배려하는 마음이란 근본적으로 선량한 심성에서 우러나오는 것이다. 따라서 사람의 마음이 선하지 않고서는 바른 예절을 갖추기 어렵다. 나쁜 짓, 못된 짓을 일삼는 무뢰배들치고 예절이 바른 자들은 없다. 바로 그래서 우리는 예절을 더욱 가치 있게 여기고 중시하는 것이며, 예절 바른 사람을 높이 평가하는 것이다. 인간이 반드시 바른 예절을 갖춰야 할 근본이유와 당위성 또한 여기에 있다고 할 것이다.

뿐만 아니라 남을 배려하는 선량한 마음을 지니고 예절 바르게 생활할 경우 일시적으로는 좀 불편하고 손해를 보게 될 수도 있겠지만 그것이 결국 유형무형으로 자신에게 큰 이익이 되어 돌아오게 되는 경우가 많다. 남들에게 사소한 것이라도 마음으로 늘 베풀고 양보하면서 살게 되면 일시적으로 손해를 보는 것 같지만 후일 반드시 그 이상의 이익이 따르게 된다는 얘기다. 이는 자연의 섭리이고, 인지상정이고, 분명하고 정확한 수학, 과학의 이치이기도 하다.

따라서 사람들이 이러한 기본 이치만 깨닫는다면 일상에서 바른 생활예절을 갖추는 것은 특별히 따로 연구하고 공부하고 훈련해야 할 정도로 어렵고 힘든 일이 아니다. 평소 직장생활하면서 늘 상대를 먼저 배려하는 선량하고 따뜻한 마음씨만 가진다면 그 언행은 저절로 바르게 될 수 있다는 얘기다.

필자는 '직장에서 자신이 맡은 일만 잘하면 되지 예절 같은 것이 뭐 그리 중요하냐?'고 반문하는 이들에게 되묻고 싶다.

만약 본인들이 직장의 사장이고 상사라면, 설령 어느 부하직원이 다소 일을 열심히 하고 능력이 좀 있다 하더라도 상사인 자신에게 언행을 공손치 못하게, 막말로 싸가지 없이 해올 경우 과연 그것을 너그럽게 이해하고 포용할 수 있겠는가?

아마 십중팔구 '뭐, 저런 기본이 안 된 인간이 다 있나?'며 내심 욕을 하게 될 것이다. 이는 만인이 지닌 공통의 심리라서 설령 그가 업무능력이 뛰어나다 해도 상사들로부터 인정받기 어려운 것이다.

직장에서 상사들이 부하직원들의 인사고과를 평가하는 것 역시 따지고 보면 결국 업무능력이 아닌 근무예절에 대한 평가라고도 볼 수 있다. 객관적, 합리적 기준이 아니라고 불평하지 마라. 이는 어쩌면 가장 합리적, 객관적 기준과 평가일 수 있다. 따지고 보면 사람이 사람을 평가함에 있어 100% 객관적이고 합리적이고 과학적이고 공정무사한 기준이란 것이 있을 수 있는가? 성실성, 근면성, 친절성, 협력성 등등 이런 평가항목들이 결국 다 뭔가? 이러한 항목들은 수학적, 과학적 수치로서 명확히 평가할 수 없는 것이며, 결국 인사권자의 주관적 감정과 느낌에 의해 평가될 수밖에 없는 것이다. 그리고 이러한 평가방식은 아무리 인사관리시스템이 잘 구축되어 있는 조직일지라도 다소의 정도 차이만 있을 뿐 대동소이하다. 사람을 평가하는 일에 있어서만큼은 100% 과학적이고 기계적인 시스템을 만들어 평가한다는 것은 불가능한 일이기 때문이다.

이런 현실을 감안할 때 직장에서 좋은 평가를 받으려면 어찌해야 하겠는가? 그렇다고 상사한테 아부만해서 점수 따라는 얘기가 아니다. 특별히 아부, 아첨을 안 해도 자신이 늘 바른 마음자세를 지니고 성실히 근무하고 생활하면 아무리 못된 상사라도 그것만큼은 다 알아본다. 특별히 후한 점수는 주지 않더라도 최소한 불리한 점수는 주지 않을 것이다.

그리고 사실 직장에서 평소 상사에게 기분 좋은 말 좀 해주고 비위 좀 맞춰 준다 해서 그게 뭐 그리 잘못 되고 못할 짓인가? 서로가 기분 좋고, 조직의 융화를 위해서도 바람직한 일일 수 있는 것이다. 그런 자세 역시 원만한 사회생활과 대인관계에 필요한 또 다른 업무능력에 해당된다고도 할 수 있다. 다시 말해 오직 책상 앞에 앉아 자기 맡은 일만 잘 해나간다고 해서 그것만이 업무능력은 아니라는 뜻이다.

어쨌든 필자가 60년 넘게 세상을 살면서 경험하고 지켜본 바, 인간에게 있어 가장 중요한 성공요인이 두 가지가 있는데, 그중 하나는 남다른 능력이고, 다른 하나는 바른 예절이다. 그렇다고 예절만 갖추면 만사형통이란 얘기가 아니라 예절까지 갖추면 금상첨화라는 의미다.

앞서 말했듯 사람이 다소 재능이 있다해도 예절이 엉망이면 직장에서든 어디에서든 남들에게 온전한 인정과 신뢰를 받기란 어렵다. 본인 앞에서야 내색을 않을지언정 돌아서서는 결코 그를 좋은 사람으로 평가하지 않는다.

반면 능력은 좀 부족해도 매사 예절이 올바른 사람은 주위에서 누구나 그를 다 좋아하고 신뢰하기 마련이다. 물론 능력이 지나치게 부족할 경우는 예외겠지만.

이렇게 볼 때 결국 사람을 평가하거나 사람이 성공할 수 있는 가장 중요한 요소는 다름 아닌 바른 예절이라는 것을 알 수 있다.

특히 남달리 뛰어난 재능도 지니지 못하고, 딱히 내세울 것도 없는 평범한 사람들의 경우 사회에서 신뢰와 인정을 받고 성공할 수 있는 유일한 방법이 있다면 그것은 바로 평소 올바른 예절을 익히고 실천하는 길뿐이다. 이는 아무리 생각해봐도 그 외에는 다른 방법이 없다. 거기에 근면함, 성실함까지 생활예절의 한 덕목으로서 포함시킬 때는 더욱 그렇다.

요즘 흔히 무슨 성공기법이니, 처세전략이니 하는 얘기들이 유행하지만 이는 말장난, 글장난에 지나지 않는다. 특히 근면함과 성실함, 선량함, 바른 예절 등과 같은 삶의 근본적 덕목을 기반으로 삼지 않는 한 그런 것은 다 소용없는 짓이다. 세상을 살아가는 데엔 얄팍한 잔머리, 잔재주만으론 한계가 있기 때문이다. 잠시 남들 눈속임을 할 수 있을지 몰라도 결국 얼마가지 못한다. 따라서 세상의 할 일 없는 말쟁이, 글쟁이들이 억지로 지어내고 꾸며낸 그럴듯한 거짓말에 현혹되면 안 된다. 거짓말이란 반드시 사실과 다른 말만을 뜻하는 것이 아니라 논리적으로 또는 근본적으로 이치에 어긋나는 말, 현실에서 실천이 불가능한 말들도 다 거짓말인 것이다. 사람이 평소 열심히 일하거나 노력하지 않고는, 늘 근검절약하며 성실하게 생활하지 않고는 세상에서 인정받고 성공하기는커녕 사업을 해도 쫄딱 망하기 십상이고, 직장을 다녀도 이내 도태되기 십상이다. 따라서 직장인들은 삶의 기본이자 근본이 되는 예절의 중요성을 보다 절실히 인식하고 이를 실행하고자 적극 노력해야 한다.

이후부터는 직장생활을 하면서 각 상황에 따른 적절한 예절은 무엇인지 그리고 바르지 못한 예절은 어떤 것인지에 대해 구체적 사례들을 설명하고자 한다.

5-2 경영자에 대한 존경심이 없는 사원

경영자는
성인군자가 아니다

직장인들의 경우 자신이 몸담고 있는 회사 경영자에 대해 존경심을 지니고 있지 않는 이들이 많다. 존경심을 지니고 있지 않을 뿐 아니라 내심 무시하고 경멸하고 심지어 적대시 하는 경우까지 있다. 자신이 근무하는 회사에 대해서는 좋게 얘기하고 자랑하는 사원들은 있어도 자기 회사 사장을 진심으로 존경한다고 말하거나 칭찬하는 사원들은 거의 볼 수 없는 것이 현실이다. 이러다 보니 회사에서도 사장의 말 한마디, 행동 하나하나에 대해 사원들은 자꾸 삐딱하게 바라보려 하고 부정적으로 받아들이려는 경향이 적지 않다.

그렇다면 직장인들은 왜 자신이 몸담고 있는 회사 사장에 대해 불만과 반감만 가지고 존경심을 안 가지는가?

여기엔 여러 가지 이유가 있을 수 있다. 흔히 경영자들의 전근대적, 비합리적 경영방식과 제반 운영시스템 그리고 리더십과 인성의 문제 등이 우선 거론된다.

그러나 필자가 볼 때 사원들이 사장에 대해 불만과 반감을 갖게 되는 직접적 원인은 일면 지극히 단순하고 사소한 일 또는 경영자에 대한 사원들의 그릇된 인식과 정서로부터 비롯되는 경우가 많다.

우선 기업경영자들이 지닌 공통의 특성과 단점부터 짚어보자.

첫째, 회사 경영자들은 대부분 카리스마가 강하고 성격이 독단적이다. 또한 자기 사업 분야에서는 자신이 최고라는 나름의 자부심(또는 자만심)을 지니고 있다. 특히 자수성가한 기업인들일수록 더욱 그러하다. 따라서 직원들을 대할 때에도 의논과 대화보다는 지시일변도인 경우가 많다. 그러다 보니 자연 아랫사람들로부터 불만을 사게 된다. 이는 조직 리더들이 지닌 공통의 특성이긴 하지만 사원들로서는 일면 이유 있는 불만이라고 할 수 있다.

둘째, 사원들은 흔히 경영자들이 너무 이해타산적이라고 얘기한다. 인간적 의리나 신의, 배려심이 부족하고 매사 이해득실만 따져 행동한다는 것이다.

셋째, 직원관리에 있어 공정무사하지 못하다는 불만도 적지 않다. 예컨대 사장 친인척이나 측근 인물 위주의 중용 등 편향적 인사관리 사례가 대표적이다. 이 또한 다수의 기업에서 흔히 볼 수 있는 예로 직원들 입장에서는 충분히 불만을 가질 수 있다.

그러나 이런 점들은 사안과 정도에 따라 각 케이스별로 개선책을 모색할 문제이며 또한 민간 기업들이 공통으로 지니고 있는 태생적, 구조적 문제이기도 하다. 즉, 인간사회 어느 조직을 막론하고

약간의 정도 차이만 있을 뿐 필연적으로 발생할 수밖에 없는 이른
바 '세상의 어찌할 수 없는 문제' 중 하나라고 할 수 있다. 따라서
사원들은 근무 시 다소 고충과 애로를 느끼더라도 이런 문제들에
대해서는 각 상황에 따라 적절히 대응, 처신하는 지혜가 필요하다.
사실 따지고 보면 회사의 경영자들 역시 사원들과 직무역할만 다
를 뿐 똑 같은 감정, 행동양식, 역량 한계를 지닌 사람들이다. 사장
이라 하여 모든 면에서 완벽할 수 없다는 얘기다.

그러므로 회사의 경영자가 다소 부족함과 단점을 지니고 있더라도
불만과 반감을 가지기 보다 가능한 그 입장을 이해하려는 마음을
지니는 것이 필요하다. 특히 기업의 경영자쯤 되면 대개 나이도 들
고 자기 나름의 가치관이 굳어져 주위에서 누가 조언과 충고를 한
들 여간해선 잘 안 받아들인다. 쇠고집도 그런 쇠고집이 없다.

따라서 좋은 싫든 그 회사에서 계속 근무를 하려면 결국 사원들이
이를 이해하고 감수하는 길 외엔 특별한 방도가 없는 것이다. 매일
불평불만을 일삼은들 결국 본인만 스트레스받게 된다. 따라서 사
원들 자신을 위해서는 억지로라도 경영자들의 입장과 고충, 긍정
적 역할 등을 한번 쯤 헤아려보려고 노력하는 자세를 가질 필요가
있다.

그런 의미에서 한마디 덧붙이자면 우리가 흔히 기업인들의 단점을 흉
보지만 사실 기업은 아무나 하는 게 아니다. 자본만 있다고 할 수 있는
것도 아니다. 부동산 투기로 떼돈 번 졸부들이 공장 짓고 회사 차리는
것 봤는가? 돈이 많아도 단순 장사꾼은 될 수 있을지언정 수백, 수천
명 근로자들을 거느린 기업가는 되기 어렵다. 기업을 크게 일구는 사

람들은 무엇보다 일종의 돈키호테적 기질, 혁명가적 리더기질, 모험가적 도전의식, 무한한 목표와 야망 등이 있어야 한다. 이들이 그저 편하게 잘 먹고 잘 사는 것만이 목적이었다면 차라리 기업 차릴 돈으로 이자놀이나 할 것이지 뭣 땜에 그 큰 위험부담을 감수하면서 골치 아프게 공장 짓고 회사 차리겠는가.

따라서 기업인들은 어느 면에서는 지극히 영악하고 계산적이기도 하지만 또 일면 더 없이 우직하고 무대포 성향을 지닌 이들이라고도 할 수 있다. 이 같은 양면성을 지니지 못하면 기업을 창업, 경영할 수 없는 것이다. 그런 맥락에서 이들의 과감한 용기와 열정, 무모한 도전의식, 다소의 이상 성격과 행태 등에 대해 어느 정도 긍정적 평가와 이해를 해줄 필요가 있다. 그동안 우리 경제가 이만큼 발전해온 것 역시 따지고 보면 결국 기업인들의 남다른 모험심과 도전의식이 있었기에 가능한 일이었다.

이렇게 말하면 또 혹자는 '우리 경제가 이만큼 성장해온 것은 기업인들의 공로 때문이 아니라 근로자들이 땀 흘려 일해 온 덕분'이라고 반론을 제기할지도 모르겠다.

그러나 이는 마치 어린아이들의 유치한 말씨름 같아 뭣하지만, 어쨌든 애초에 기업인들이 자신들의 가진 돈 다 털어 과감히 기업을 일구는데 투자하지 않았다면 근로자들이 어떻게 일자리를 얻고 가계를 유지해올 수 있었겠으며, 국가경제 역시 어찌 발전을 거둘 수 있었겠는가? 따라서 이는 단순히 순서상으로 생각해봐도 타당성이 크게 떨어지는 반론이다. 말 나온 김에 한마디 더 덧붙이자면 필자는 대중에게 일자리 즉, 먹을 것과 입을 것, 잠잘 곳을 제공하는 이들은 그야말로 부처나 예수보다 훨씬 낫다고 생각하는 사람이다. 그리고 실제 일을 하는 데 있어서도 근로자들만 땀 흘려 일해 온 것은 아니다. 기업인들 역시 밤잠 안자고 고뇌하며 열심히 노력했기에 나름의 성과를 이룰 수 있었던 것이다. 그럼에도 불구하고 기업인들의 공로와 노력은 그에 상응한 인정과 대접을 받지 못하고 있는 것이 우리 사회의 현실이다. 이는 우리 기업과 사회가 발전하는 데 있어 어느 쪽의 공로가 더 크고 누가 더 많은 기여를 했는가 하는 것을 애들처럼 따지고 공치사를 하자는 것이 아니라 기업인들에 대한 대중의 편향된 인식, 부정적 정서를 다소나마 바로 잡고자 덧붙이는 얘기다.

끝으로 사원들이 경영자들에 대해 갖는 그릇된 불만의 예를 한 가지만 더 지적하자면, '사장이 자꾸 이랬다, 저랬다 한다'는 것이다. 한마디로 경영자의 말이나 회사 운영방식에 일관성이 없다는 불평이다. 그러나 이 역시 깊이 생각해보면 사원들의 이해 부족에서 비롯되는 불만이라고 할 수 있다.

회사라는 집단은 대내외 경영여건 변화에 따라 아침에 세운 계획을 저녁에 변경할 수도 있고, 오늘 세운 계획을 내일 취소할 수도 있는 것이다. 또한 그렇게 상황변화에 능동적, 선제적으로 신속히 대응해야만 차후 야기될 수 있는 보다 큰 손실과 업무차질을 방지할 수 있다. 어떠한 업무계획이나 방침을 한 번 세웠다고 해서 그것이 잘못된 것임을 알았음에도 또는 더 좋은 아이디어와 대책이 떠올랐음에도, 업무의 일관성과 사장의 체면을 지키기 위해 초지일관 일을 추진한다는 건 어리석은 짓이다. 잘못된 방침은 열 번이고 백 번이고 수정하고 변경하는 것이 마땅하다.

기업의 경영자 역시 전지전능의 신(神)이 아닌 이상 간혹 판단 실수로 결정을 잘못 내릴 수도 있고, 업무계획을 틀리게 수립할 수도 있는 것이다. 물론 애당초 신중히 검토한 후 결정하여 그러한 실수가 없다면 더욱 좋겠지만, 하루에도 수십 가지 사안에 대해 홀로 생각하고 홀로 최종 결정을 내려야 하는 경영자의 입장에서 볼 때 이는 정말 어쩔 수 없는 일일 수 있다.

국가의 정책결정을 할 때처럼 전문가를 동원하고 공청회를 열고 사전 여론조사를 실시하고 하여 매사를 결정할 만한 경제적, 시간적 여유가 기업에는 없다. 최소의 비용과 시간 여유만으로 최고의 효과적 결정을 해야 하는 것이 대부분 기업 경영자들의 필연적 운명이다. 그렇다고 사원들 중 누가 사장만큼 다방면으로 깊이 검토하고 연구하여 보다 좋은 아이디어를 내놓는 사람도 드물다. 의견을 물어봐야 대부분 중구난방식이다.

또한 회사의 직접적 손익이 걸려있는 중대 사안을 놓고 소위 민주적 경영을 한답시고 이사람 저사람 불러 모아 다수결로 결정할 수도 없는 노릇이다. 그러다 보니 시행착오 역시 있을 수밖에 없고 또 그런 시행착오 속에서 기업은 발전하는 것일 수도 있다. 이런 것을 가지고 사장이 '이랬다, 저랬다 한다.'느니 '변덕이 죽 끓듯 한다.'느니, '일관성이 없다.'느니 불평하는 것은 다시 한번 생각해볼 일이다.

남이 시키는 일은 하기 쉬워도 스스로 무언가를 결정, 추진한다는 것은 또한 그것을 성공적으로 완성시킨다는 것은 결코 쉬운 일이 아니다. 사장 역시 사원들과 똑같은 인간인 이상 모든 면에서 완벽할 수 없고 전능적일 수 없다. 경영자라고 하여 특별한 성인군자가 아니고 보면 이들에게도 인간적 결점과 실수, 한계 등은 있게 마련이다. 이렇게 볼 때 사원들이 더러 경영자에게 불만족스러운 점이 있더라도 가능한 그것을 이해하려는 자세를 길러야 한다. 이는 회사 경영자에 대해 무조건 존경심을 가지라는 말이 아니라 최소한 회사에 근무하며 자신과 가족의 생계를 회사가 지급하는 급여로 유지, 해결해오고 있는 이상 자기 회사 사장에 대해 기본적인 마음의 예절만큼은 갖춰야 한다는 뜻이다. 쉽게 말해 존경심은 안 가지더라도 매일 뒷전에서 욕을 하거나 흉을 보지는 말자는 얘기다.

이런 말을 하면 사원들은 '회사에만 이롭고 사장들에게만 도움이 되는 얘기'라고 반감을 가지는 이들이 있을 것이다. 그렇다면 속된 말로 회사에서 경영자들을 존경하고 경영자들에게 잘 보인다하여 사원들에게 나쁠 것은 무엇인가? 필자가 이 책에서 누누이 강조해온 말과 같이 즉, 직장에서 부지런히 일하고 열심히 공부하고 상사들에게 잘 협조하고 근면성실한 자세로 생활한다고 해서 사원들에게 손톱만큼이라도 손해될 일이 있는가? 결국 회사 좋고, 사장 좋고, 상사 좋고, 사원 좋은 일 아닌가?

덧붙여 회사의 경영자들 역시 사원들에게 불만을 사지 않으려면 모든 문제를 항상 사원들과 함께 의논하고 대화를 나눈 뒤(비록 형식적으로라도) 처리하는 자세를 길러야 한다. 의논해봐야 입만 아프다고 매사를 독단적으로 결정, 추진하게 되면 사원들은 방관자가 되어 오히려 일이 잘 안되기를 바랄 수도 있다. 또한 평소 사원들의 불만요인을 해소하기 위해 경영방침을 고치고 제도를 개선하려는 노력도 아끼지 말아야 한다.

이제는 과거처럼 사원들에게 무조건 '나를 따르라!'하는 식의 '두목형' 경영스타일로는 기업과 사원들을 제대로 이끌어 가기 어렵다. 사장이 자기 혼자 회사 대내외의 힘들고 어려운 일은 다 처리하고 다닌다고 아무리 큰소리를 치고 공치사를 해봐야 사원들의 반응은 그저 시큰둥하기만 할 뿐이다.

왜? 사원들 역시 그렇듯 중요한 책임과 업무, 권한 등을 부여받아 자신들의 능력을 최대한 발휘해보고 싶은 욕구를 가지고 있으니까. 또한 그들 역시 직접 부딪히면 못할 것도 없다는 생각들을 지니고 있으니까. 때문에 직장에서 책임 없고 할 일없고 편하기만 한 것을 오히려 불만으로 여기는 사원들도 없지 않은 것이다.

현명한 경영자라면 사원 각자에게 이러한 능력발휘의 기회와 책임과 권한과 그리고 그들이 전력을 다해 일할 수 있도록 보다 가치 있는 일감과 과제를 만들어줘야 한다. 근래 일부 기업에서 실시하고 있는 부서별 독립채산제, 사업별 팀장제, 소사장제도 등 다층적, 분할적 책임경영방식 같은 것도 한번쯤 검토하여 도입할 필요가 있다. 이는 단순히 사원들에 대한 시혜적 차원에서 그렇게 해야 한다는 뜻이 아니라 기업 자체의 경영성과를 보다 높이기 위해서도 이러한 제도의 도입, 개선이 필요하다는 얘기다.

요즘은 사원들도 직장에서 꼭 금전적 보상만을 바라고 일하지 않는다. 더러 '요즘 직원들은 돈도 싫어한다.'고 공공연히 얘기하고 다니는 사장들을 보게 되는데 이 역시 일면 현실인식이 부족한 데서 비롯된 것이다. 아직도 회사에서 시간외 근무를 시킨 사원에게 초과근로수당만 지급하면 그만이라고 생각하거나 또한 이들이 단돈 몇천 원, 몇만 원의 야근수당을 더 받자고 남들 다 퇴근한 시간에 남아 일하는 것이라고 생각하는 경영자가 있다면 그는 이른바 쌍팔년도식 사고를 가진 경영자이다.

우리가 흔히 예로 드는 Maslow의 '5단계 욕구론'에서처럼 이제 우리의 의식과 생활수준도 생리적 욕구에서 안정적 욕구 추구의 단계를 지나 자아실현, 나아가 사회참여의 욕구까지를 느끼는 단계에 와있기 때문이다. 이러한 시대환경과 사람들의 의식, 생활수준의 변화를 경영자들은 사원들을 관리하는 데 있어 어느 정도는 참고하고 반영해야 할 필요가 있는 것이다.

이는 이 책 앞부분에서 말한 내용들과 다소 상충되는 얘기일 수도 있겠으나, 여기에서는 단순한 의식의 문제가 아닌 합리적 경영방식의 문제를 중심으로 거론하였음을 밝혀 둔다.

상사 흉이 한 가지면
사원들 흉은 열 가지다

직장조직에서 어떤 스타일의 상사를 만나느냐는 비단 업무적으로
뿐 아니라 장래 인생의 진로에까지 상당한 영향을 미칠 만큼 중요
하다. 현명하고 유능하고 배려심 깊은 상사를 만났을 경우 직장생
활이 원활한 것은 물론 삶의 멘토로서 본받고 배울 점 또한 많지
만, 반대의 경우 그야말로 하루하루가 괴로울 수밖에 없다.

하지만 안타까운 것은 일반 사원들 입장에서 상사와의 만남과 인연이
란 순전히 직장운에 맡길 수밖에 없다는 점이다. 이는 자신이 마음대
로 선택할 문제가 아니기 때문이다. 따라서 더러 재수 없이 고문관형
이나 무대포형, 얌체형, 좁쌀형, 옹고집형, 잔소리형 상사를 만나게 될
경우 직장생활은 고달파지게 된다.

요즘 젊은 직장인들의 이직 사유도 알고 보면 상사와의 관계가 원만치
못해서인 경우가 대부분을 차지한다. 그러므로 특히 기업의 경영자는

간부직원들 인사를 단행할 때 무엇보다 신중을 기해야 하고, 이들의 리더십 등에 관한 교육 역시 부단히 실시해야 한다.

직장조직의 이러한 현실적 문제점, 구조적 한계점, 부득이한 상황 등을 미리 전제하고 관련 주제에 대해 얘기를 이어가고자 한다.

먼저 우리나라 직장인들치고 아마 직장 상사에 대해 불평불만을 갖지 않는 이들은 드물 것이다. 상사의 면전에서는 듣기 좋은 말만 골라하는 사원들도 자기들끼리 모이기만 하면 공통적 화제가 윗사람들 흉보기다. 직장에서 아무리 능력을 인정받고 있는 간부사원이라 할지라도 부하 직원들에게 소위 씹히지 않는 상사들은 드물다. 유능하면 유능한 것이, 똑똑하고 잘 났으면 똑똑하고 잘난 것이 오히려 더 흉 거리가 될 수도 있다.

그렇다면 일반 사원들은 왜 자신의 직장 상사에 대해 대부분 불만 섞인 감정들을 지니고 있는가?

그 원인을 분석해보면 대략 다음과 같은 이유를 들 수 있다.

첫째, 사람은 본능적으로 자신보다 서열과 지위가 높은 이들에 대해 깎아내리고 끌어내리려는 심리를 지니고 있다. 이는 인간 본능의 질시심과 잠재적 열등의식 때문이다. 또한 자신이 누구에게 일일이 지시를 받고 행동에 간섭을 받아야 한다는 사실에 자존심 상해하는 일종의 평등지향의식 때문이기도 하다. 물론 이런 심리는 사람들 누구나가 조금씩은 다 지니고 있는 것일 수도 있겠으나, 그 정도가 지나치게 되면 역시 문제가 아닐 수 없다.

둘째, 직장업무 및 조직체계상 상사와 부하직원은 매일같이 지시를 내리고 또 이를 이행해야만 하는 상명하복의 수직 관계에 있다

보니 시시때때 서로에 대한 불만이 쌓이고 스트레스를 받는 일이 잦게 됨도 주요 이유 중 하나다. 업무를 처리하다보면 수시로 잔소리와 질책이 따르게 되고, 이로 인해 감정상하는 일 또한 없을 수 없다. 그리고 상사의 입장에서는 더러 부하 직원들에 대해 못마땅하고 화가 나는 일이 있다 해도 이를 즉시 지적하고 풀어버릴 수도 있겠으나, 부하 직원의 경우에는 현실적으로 그러지 못하는 예가 대부분이다 보니 온갖 자질구레한 불만들이 마음속에 덧쌓이게 된다. 이 역시 조직 생활에서의 어쩔 수 없는 현실적 한계상황인바, 각자 적절한 인내심, 이해심을 지니고 지혜롭게 소화, 대처하고, 적응해 나가려는 자세가 필요하다.

그러나 직장 상사의 지적과 질책이 사원들에게 모두 해로운 것만은 아니다. 부하직원들 역시 각자 나름의 판단의식과 행동양식을 갖춘 성인들이긴 하지만 주위에서 누가 잔소리하고 질책하는 사람이 없게 되면 자연 그 의식과 행동은 나태해지고 매사에 소홀해질 수 있기 때문이다. 이는 비단 젊은 사원들뿐만 아니라 남녀노소를 불문한 인간 누구나의 속성이기도 하다. 따라서 직장조직에서 윗사람들의 간섭과 지적, 질책을 꼭 언짢게만 받아들이려 하지 말고 오히려 자기 발전의 채찍질로 기꺼이 수용, 이해, 감수하려는 자세를 갖는 것 역시 사원들의 지혜로운 태도일 수 있다고 본다.

셋째, 사원들은 대부분 상사의 인성적인 면이나 능력, 사안의 합리성 등을 따져 평가하고 비판하기 보다는 계급적 지휘체계로 운영되는 직장 조직구조 자체에 대해 부정적 의식과 시각을 갖고 있는 예가 많다. 예를 들면 '같은 월급쟁이 주제에 적당히 넘어가면 될 걸 가지고 괜히 까다롭게 군다.'는 식 아니면, '제까짓 게 뭔데 이래라 저래라 큰 소리 치느냐?'는 식으로 생각한다. 또한 소위 직장조직의 민주화, 자율화 운운하며 상사의 지시나 명령에 의해 자신의 일거수일투족이 감독받고 움직여야 한다는 사실에 대해 본능적 거부감, 불쾌감을 지니고 있는 경우도 없지 않다.

이러니 상사의 말이나 행동이 사사건건 마음에 안 들고 못마땅하게 느껴질 수밖에 없고, 상사의 조그마한 실수와 허점만 발견되어도 두고두고 흉거리로 삼으려든다. 이는 사원들이 직장 상사들을 마음으로부터 진정 윗사람으로서 인정하고 존경하지 않으려는 일종의 저항심리 내지는 그릇된 민주인식, 평등의식에서 비롯되는 것이라고도 볼 수 있다. 그러나 어느 사회, 어떤 조직을 막론하고 모든 조직구조는 예외 없이 수직적 계급체계를 기본으로 하여 그 질서와 활동이 유지, 운영되는 것이고 보면 보다 합리적이고 효율적인 조직운영시스템이 개발, 정착되기 전에는 이에 순응할 수밖에 없는 것이 우리의 직장 현실임을 재삼 인식해야 할 필요가 있다.

우리가 직장조직의 민주화, 자율화, 수평적 운영구조 등을 거론하는 것도 좋지만 만일 회사에서 수백, 수천 명의 사원들이 상사의 지휘, 통솔체계에 따르지 않고 모든 일을 각자의 주관과 판단에 의해 임의로 결정하고 추진한다면 과연 어떤 결과가 발생할 것인지를 한 번 상상해 보라. 효율과 성과를 얻는 것은 고사하고 그야말로 '무정부 상태'가 되고 말리라는 것쯤은 누구라도 쉽게 짐작이 갈 것이다.

거듭 강조하건대, 기업조직이란 무슨 거창한 정치집단도 민주단체
도 아닌, 오직 효율과 성과를 가장 우선시 할 수밖에 없는 단순 이
익집단에 다름 아니다. 여기에서 무슨 민주화, 자율화, 수평적 조
직구조 등을 운운, 주장한다는 것은 정말 뭘 몰라도 한참 모르는
의식행태라는 것을 자각해야 할 필요가 있다.

그리고 각 직장에서 상사가 부하 직원들을 통솔하는 방법에 있어
서도 그렇다. 흔히들 상사들이 부하 직원을 대할 때 독선적, 권위
적으로 대하는 것은 무조건 그릇된 것이며, 반드시 민주적, 자율
적, 인격적으로 대해줘야 그것이 현대 조직관리이론과 기법에 합
당한 것인 양 전문가들은 얘기한다. 그러나 여기에서도 일단의 문
제의식을 가져볼 필요가 있다. 예컨대 당해 직장조직과 업무의 특
성에 따라, 상사들 능력 또는 구성원들의 의식수준이나 자세에 따
라 조직 전체의 발전과 보다 높은 효율을 도모하기 위해선 더러 혹
독한 리더십과 관리스타일로 조직원들을 이끌어 나가는 것도 어느
면에서는 나름의 장점이 될 수 있는 것이다. 또한 그것이 사원 각
자의 능력개발과 조직발전에도 더 크게 도움이 되는 경우도 많으
며 또 그처럼 엄격하고 독선적 기질과 추진력을 소유한 상사를 오
히려 더 존경하고 따르는 사원들도 있을 수 있다.

필자 역시 과거 평사원 시절엔 막말로 물에 물탄듯 술에 술탄듯 사
람만 한없이 좋은 무골호인형 상사보다는, 나름대로 패기와 박력,
추진력을 갖춘 무서운 상사들을 내심 더 존경했었던 기억을 지니
고 있다. 그리고 사실 부하직원들에게 이른바 인간적으로 잘 대해
주고, 속된 말로 이들을 살살 부추켜서(흔히 말하는 동기부여를 해

줘서) 조직의 발전과 업무의 효율을 도모하는 그런 스타일의 상사
보다는 오히려 '나를 따르라!'는 식의 카리스마 넘치는 강한 리더
기질과 불도저식 업무추진스타일을 가진 상사가 더 화끈하고 의리
있고 솔직하고 어떤 면에서는 보다 인간적인 리더십을 지닌 상사
일 수도 있음을 알아야 한다. 물론 부하직원들의 지식과 의식과 능
력과 자세의 수준이 어느 정도 기본을 갖추고 수준에 올랐을 때엔
그야말로 민주적이고 자율적인 조직관리 방식을 채택해야 하겠지
만, 그 이전에는 상사의 스타일과 판단에 따라 당해 조직의 상황에
적합한 리더십, 관리방식을 채택해 시행할 수밖에는 없다고 본다.
넷째, 사원들이 상사의 업무 역할과 역량에 대해 잘못 이해하고 평
가를 함으로써 불만이 비롯되는 경우이다. 사실 회사의 업무를 처
리하는 데 있어 간부 직원과 부하 직원과의 실무 지식 및 능력이
란 크게 차이나지 않는다. 오히려 업무의 세부 사항에 대해서는 부
하 직원들이 상사들보다 더 잘 알고 있거나, 더 능숙히 업무처리를
하는 경우도 많다. 이는 직장조직에서 간부직원들의 역할이란 단
순 실무처리만을 전문으로 하는 것이 아닌 때문이다. 말하자면 조
직 구성원들에 대한 지휘·통솔 체계의 확립, 부서 내 업무운용의
효율적 관리, 전사적 경영전략 및 계획의 수립 등등 보다 광범위하
고 거시적인 임무에 참여하고 또 이를 수행하는 것이 간부 직원들
본래의 역할이라 할 수 있다. 그러나 부하 직원들은 이것을 거꾸로
인식하고 있는 경우가 대부분이다. 따라서 부서 업무의 세세한 실
무사항에 대해 상사가 잘 모르면 대뜸 '부장 또는 실장이 되어 가
지고 그것도 모른다.'며 내심 무시하려든다. 혹여 자신들의 업무지

식 중 단 한 가지라도 상사가 잘못 이해하고 있는 것이 있기라도 할라치면 그 한가지만으로 상사들을 모두 무식, 무능하다며 흉보고 다닌다. 간부 직원들이 진짜 알아야 할 사항, 보다 중요히 수행해야 할 임무는 따로 있다는 것을 모르고 있는 것이다. 그러다 보니 직장에서 내심 상사의 권위와 지시를 인정치 않거나 무시해 버리려드는 경향이 잦다. 물론 상사가 부서 내의 모든 업무 사항을 컴퓨터처럼 한눈에 꿰뚫어 알고 있으면서 간부 본연의 임무를 완벽히 수행할 수 있다면야 더욱 좋겠지만, 이는 사실 인간의 두뇌능력으로는 불가능한 일이라 할 수 있다. 우리가 일반 사원들을 예로 들어볼 때 자신이 담당하고 있는 지극히 부분적이고 단순한 업무마저 제대로 알지 못하고 처리하지 못해 쩔쩔매는 경우가 얼마나 많은가? 상사라 하여 부하 직원보다 IQ가 몇 배쯤 높은 것이 아니다. 단지, 입사경력이 오래되었고 그 의식과 자세, 주어진 역할에서 차이가 날 뿐이다. 상사에게 지나친 완벽과 만능을 기대하고 요구하려 드는 데서 사원들의 실망과 불만이 싹틀 수도 있다. 따라서 이런 문제 역시 사원들은 보다 올바른 인식을 가지고 사안과 상황에 대해 제대로 된 판단력과 평가 자세를 가져야 할 필요가 있다고 본다.

다섯째, 직장업무를 처리하는 데 있어 부하 직원과 상사 간 업무추진 스타일과 견해 차이에서 비롯되는 갈등의 문제이다.

지금 우리 직장조직에서는 간부 사원과 일반 평사원과는 평균 10여 년 이상의 연령차가 있다. 또한 간부 사원들이 직장생활을 처음 시작했을 때와 요즘의 업무환경 등을 비교해볼 땐 많은 변화가 있

는 것도 사실이다. 그러다 보니 업무처리 방식 등의 면에서 상호
스타일과 견해의 차이가 있게 마련이다. 그러나 이 문제에 있어서
만큼은 어느 쪽의 방식이 옳다, 그르다 하는 것을 일률적으로 단언
할 사항이 아니라, 사안에 따라 case by case로 검토하여 그 효율
적 방안과 개선책을 도모해야 한다. 특히 IT 관련 업무 등 새로운
기능 및 지식이 요구되는 업무에 있어서는 요즘 젊은 사원들의 아
이디어가 나이든 간부직원들에 비해 더 창의적이고 효과적인 면이
있을 수 있다. 따라서 직장의 상사들도 이런 부분에 있어서만큼은
무조건 자신들이 그동안 해왔던 방식 그대로, 지시 일변도로만 밀
어 부치려들지 말고 부하 직원들의 참신한 아이디어를 적극 받아
들이고 계발시키려는 노력들을 해야 한다. 또한 부하직원들 역시
상사의 의식과 업무스타일이 자신과 맞지 않는다고 반감만 가지고
불평만 늘어놓기 보다는 사안 하나하나에 대해 합리적인 개선책을
마련, 정당한 건의를 통해 해결방법을 도모할 필요가 있다. 사실
아무리 권위적이고 그릇된 의식을 가진 상사일지라도 부하직원이
어떤 사안에 대해 조목조목 합리적으로 자기의견을 제시하고, 개
선책을 건의하는 데는 이를 거부하기 어렵다. 진짜 유능한 사원은
상사와 충돌하지 않고도 상사의 그릇된 의식이나 태도를 변화시킬
수 있어야 한다.

여섯째, 상사와 부하 직원과의 인간적 갈등에서 비롯되는 문제다.
직장조직이란 다양한 환경에서 성장한 다양한 성격의 사람들이 모
여 구성된 공동체이다 보니 각 구성원 간 여러 가지 감정적 문제가
빚어지지 않을 수 없다. 부하 직원과 상사들과의 관계에서도 마찬

가지다. 사원들 역시 희로애락의 감정을 가진 이상 성격적으로 도저히 맞지 않는 미운 상사, 싫은 상사가 있게 마련이다. 그러다보면 이들과 자연 갈등을 빚을 수밖엔 없다. 그리고 이러한 현상은 기업의 조직관리제도와 인사체계 등에 문제가 있어서라기보다는 상사와 부하직원 상호 간 지극히 단순하고도 사소한 일상적 감정에서 비롯되는 예가 대부분이다. 사실 세상의 모든 인간관계에 있어서는 때에 따라 상대적인 감정도 작용할 수 있고 또 전혀 억지적인 감정도 작용할 수 있다. 알면서도 실행 못하는 경우도 있고, 상황에 따라 정반대로 행동하는 경우도 있다. 또 이유 없이, 주는 것 없이 싫고 미운 사람도 있게 마련이다. 그렇다고 누가 일일이 뒤를 쫓아다니며 이럴 땐 이렇게, 저럴 땐 저렇게 처신하라고 가르치고 잔소리 할 수도 없다. 이는 한마디로 각자가 시시때때 상황과 사안에 따라 알아서 눈치껏 현명하게 처신해야 할 문제인 것이다.

아무튼 직장에서 부하직원들이 상사들에 대해 불만을 갖게 되는 원인과 이유들을 살펴보면 대략 위와 같은 점들이 있을 수 있다. 그리고 이중에는 상사들 또는 직장조직 운영체계 자체에 문제가 있어서인 경우도 전혀 없진 않지만, 부하 직원들의 인식과 기본 양식의 부족에서 그 근본원인이 발생되는 예도 많다. 따라서 이런 경우 각자 상황에 따라, 상사의 스타일에 따라 지혜롭게 대응하는 수밖에 없다.

그리고 직장상사들에 대한 근본적 문제점에 관해서도 몇 가지 짚고 넘어가자면, 사실 직장 조직에는 간부로서 능력과 자질이 현저히 부족한 사람이 그 직무를 맡고 있는 예도 더러 있다.

무능, 무지한 데다 매사에 원리원칙만 고집하고, 사사건건 부하직원들에게 잔소리만 늘어놓고, 자기 권위만 세우려들고 도대체 앞뒤로 꽉 막혀서 말이 통하지 않는 그런 구제불능의 간부들도 전혀 없다고 할 수 없다. 또한 오로지 경영자에 대한 충성심과 아부만으로 자기 자리를 보전하고 있는 간부들도 있고, 시대환경이 급변해도 무엇 한 가지 새로운 지식이나 정보를 얻고 익히려는 노력을 하지 않는 게으른 상사들도 한둘이 아니다. 또한 사원들 앞에서 하는 말과 사장 앞에서 하는 말이 완전 다르고, 부하들의 공을 늘 자신의 것으로 독차지하려는 상사들도 없지 않다. 따라서 이런 상사들과 함께 일을 해야 하는 사원들의 경우 정말 답답하고 불만스런 감정이 쌓이지 않을 수 없는 것이다. 그러나 이런 경우 역시 부하직원들이 뒷전에서 그 상사를 흉보고 욕하는 일은 잘못된 것이다. 앞서도 말했듯이 정말 도저히 참고 보아줄 수가 없을 때에는 직접 면전에서 솔직하게 자신의 의견을 얘기하고 개선책을 건의하는 것이 훨씬 현명한 방법이다. 사원들이 뒷전에서 불평만 늘어놓는다고 무엇 한 가지 달라지는 면도 없을 뿐더러 오히려 상사의 감정만 자극하는 결과를 초래할 수도 있다는 것을 명심해야 한다.

또한 요즘 대부분의 사원들이 자신의 직장 상사들에 대해 '별 능력도 없으면서 간부 자리에 앉아 있다.'고 혹평을 하는 예가 많지만, 사실 사내 주요 임직원들의 능력과 됨됨이에 대해서는 기업의 최고 경영자들이 누구보다 더 잘 알고 있다고 할 수 있다. 조직의 우두머리가 되어 위에서 내려다보면 모든 것이 한눈에 보이는 법이다. 사원들 보기에 다소 무능하게 뵈는 사람이 간부 직위에 올라 있다 해도 이 역시 어찌 생각하면 결국 그 직장엔 그만한 사람도 없기 때문일 수도 있다. 비록 어느 한 면은 부족해도 다른 면에서는 그 능력이 인정되기 때문일 수도 있다는 얘기다.

또한 사장이라고 해서 완전 돌 머리가 아닌 이상 자기 회사 말아 먹을라고 전혀 엉터리인 사람을 데려다 간부 자리에 앉혀 놓고 월급 주고 있을 리도 없는 것이다. 물론 조직의 규모가 방대할 경우 단순 연공서열식의 인사체제 등으로 앞서 지적한 문제간부의 유형도 더러 있을 수 있겠지만, 대부분의 경우엔 어느 정도 할 만하니까 시키는 것이고 또 그만한 이유가 있기에 조직에서 직위를 부여하는 것일 수 있다는 점을 알아야 한다.

요즘 흔히들 능력위주의 인사체제가 어떻고 하며 말들이 많지만 능력에도 여러 가지가 있다. 쉬운 예로 조직에서 남보다 먼저 과장이 되고 부장이 되는 것도 능력은 능력인 것이다. 그리고 조직 리더의 능력이란 단순히 직무와 관련한 전문 지식만으로 평가받고 판별할 성질의 것도 아니다. 사회의 어느 조직에서든 최고관리자의 위치에 오르는 사람들을 보면 이들이 꼭 실무지식이 뛰어나고 행정능력이 탁월해서가 아니라는 것을 알 수 있듯, 조직 관리자로서 자격기준은 단순 기능적인 면보다는 인성적인 면이 더 중요하게 평가될 수도 있고, 단기간의 실적보다는 그동안의 공로와 노력과정이 감안될 수도 있는 것이다.

그렇다고 모두들 윗사람 눈에 들기 위해 아부나 일삼고 맹목적인 충성심, 희생심만 발휘하라는 얘기가 아니다. 단지, 조직생활에서 성공하는 사람의 진정한 능력이란 업무능력은 물론 인격과 예절, 행동양식, 근면성, 성실성 등의 면에 있어 종합적으로 기본을 갖춰야 한다는 뜻이다. 우리가 시험을 치를 때에 어느 한 과목 점수가 아무리 높아도 과락(科落)이 있는 경우 합격에 이를 수 없는 이치와 같다.

따라서 사원들 역시 이러한 기업 현실을 제대로 인식하고 이해해야 한다. 상사와의 관계에 있어서도 업무적으로 개선해야 할 문제가 있으면 합리적 대안 제시와 함께 정당한 건의를 통해 해결을 도모해야지, 툭하면 불평을 일삼거나 상사 흉을 보거나 인간적 멸시를 보내는 자세는 결코 바람직스럽지 못하다. 그것은 아랫사람으로서 윗사람에 대한 도리도 아니다. 세상이 아무리 바뀌어도 상하관계에서의 기본적 예의범절만큼은 지켜져야 한다. 상사가 자기 스타일과 안 맞는다고 상사를 변하게 하기 보다는 자신이 변하는 쪽이 한결 쉽고 편할 수도 있다.

필자 역시 우리나라 50대 이상 직장 간부들에게서 무언가 창의적이고 새로운 발상을 기대한다는 것은 힘들다고 생각하는 사람이다. 다소 개인차는 있겠지만, 사람 나이 이미 50이 넘게 되면 또는 한 직장에서 20년 이상 월급쟁이로 생활해오게 되면, 자연 머리도 닳아서 쇠퇴해지고 감각도 둔해지게 마련이다. 기본적인 의식 역시 나태해짐은 물론 정형화, 보수화되기 십상이다. 특히 근래와 같이 하루가 다르게 급변하고 발전하는 업무환경 하에서는 이들이 적응해 나가기도 힘들 뿐더러 업무처리의 효율성 역시 젊은 사원들에 비해 현저히 뒤떨어지는 경향이 있는 것도 사실이다. 그러나 여기에서도 우리가 직장 상사들의 이런 경향들에 대해 불만만 갖기 이전에 조금 더 깊이 생각해보고 이해를 해보아야 할 여지는 남

는다. 다소 편향된 논리라고 생각할지 모르지만 예컨대 요즘 우리
의 사회 환경이 크게 발전하고 사람들의 의식이 어느 정도 깨었다
고 해서 과거 60~70년대 사회발전에 주역을 맡아왔던 구시대 인
사들을 모조리 꼰대들이라고 몰아붙일 수는 없듯이 기업 조직에서
도 나이든 구세대 간부들의 지난 시대, 나름대로의 경륜과 공로 등
은 존중하고 인정해주어야 할 필요가 있다.

또한 사람에게는 반드시 어느 정도 나이가 들고 경험이 쌓여야만
비로소 깨달을 수 있는 세상사의 지혜와 이치 같은 것도 결코 무
시할 수 없다. 따라서 요즘 기성세대들이 신세대들 특유의 참신성
과 자유 발랄한 개성 등을 아끼듯이 신세대 사원들 역시 직장조직
에서 나이든 간부직원들의 입장과 한계, 오랜 경험과 지식 등을 어
느 정도 이해하고 긍정적으로 받아들일 필요가 있다. 그러면서 앞
으로의 시대는 요즘 젊은 사원들이 새롭게 변화시키고 발전시키며
이끌어 가야 한다고 생각한다.

요즘 흔히 '간부가 변하지 않으면 뭐가 어떻다.'하는 식의 말로 직
장간부들의 의식개혁과 능력배양 등에 관해 많은 요구들을 하고
있지만, 사실 따지고 보면 이 역시 우리 기업들의 조직구조와 직무
체계, 현실여건 등을 감안해 볼 때 일면 무리한 요구일 수도 있다.
간부 사원들이 현재 우리 기업조직에서 처해 있는 입지가 어떠한
지를 어느 정도 알고 있는 사람들이라면 필자의 말에 수긍이 갈 것
이다. 이들은 늘 사원들과 경영자의 틈새에 끼여 샌드위치가 되기
일쑤이고 권한보다는 책임이, 칭찬보다는 욕을 먹을 일이 훨씬 더
많다. 매일같이 격무에 지치고 시달리다 보니 자신을 재충전할 시

간도 없고, 그렇다고 모르면 모른다고 또 무시당한다. 회사의 경영자들 역시 간부 직원들을 마치 자기 집 마름처럼 이 일 저 일로 혹사시키고 함부로 대하기 십상이며, 간부들은 또 간부라는 명목 때문에 불평 한 마디 못하고 이를 모두 감수해야만 하는 경우가 대부분이다. 이러다 보니 언제 능력개발하고 뭣하고 할 여유가 없다. 늘 경영자들 뒤치다꺼리하는 데만도 정신이 없을 지경이다. 이러한 한국 기업 조직의 특성도 사원들이 어느 정도는 이해해줘야 한다. 그리고 간부가 간부다운 역량을 발휘할 수 있도록 옆에서 진정으로 협력해주는 자세가 필요하다. 경영자들 역시 간부 직원들에 대한 인식을 새롭게 가지고 이들의 능력배양을 위한 제반 시스템을 갖춰야 할 필요가 있다고 본다.

또한 사원들은 '문제 사원들이 있는 만큼 문제 상사들도 많다.'는 식으로 자위하려들거나, '상사들 쪽이 더 문제가 많은데 왜 꼭 사원들 쪽만을 나무라느냐?'는 투로 하향식 상대평가와 비교를 통해 자신들의 그릇된 의식행태를 합리화시키거나 면피하려고만 해서는 안 된다. 서로 상대의 탓만 할 경우 100년이 지나도 개선책, 해결책이 안 나온다.

자기 자신의 발전을 위해서는 자신이 먼저 변화하려는 노력을 기울여야 한다는 점을 명심해주기 바란다.

고객은 작은 친절에도 감동한다

필자는 여간해서 병원엘 가지 않는다. 이유는 요즘 의사들의 지식과 양식, 능력 등을 신용하지 않는 개인적 고집과 편견 때문이기도 하지만, 무엇보다 병원에 근무하는 이들의 불친절한 태도 때문이라 할 수 있다. 아픈 것은 어느 정도 참고 견딜 수 있지만 병원 의사나 간호사들의 그 퉁명스럽고 불친절한 태도는 도저히 참고 보아줄 수 없기 때문이다.

또한 웬만큼 급하지 않고서는 택시를 타지 않고, 웬만큼 배고프지 않고는 아무 음식점이나 함부로 들어가지 않는다. 택시기사나 음식점 직원들의 불친절로 기분이 상하는 경우가 많기 때문이다.

고객서비스 자세에 대해 어느 정도 알고 있을 법한 대형 매장 직원들도 마찬가지다. 친절함과 상냥함이란 찾아볼 수 없고 무뚝뚝하기 그지없다. 병원이고 음식점이고 백화점이고 어디고 할 것 없이 우리나라 사람들의 그 퉁퉁 부은 듯한 얼굴 표정을 대할 때마다 정말 화가 난다.

도대체 자신들의 직분을 망각하고 있어도 유분수지 어떻게 저럴 수가 있을까 싶다. 환자들이 귀찮고 성가시게 여겨지면 병원에는 뭣 하러 근무하고, 고객의 기분 맞추는 일이 싫으면 장사는 뭣 땜에 하는가? 정말 기본이 안 되어 있어도 너무 안 되어 있다.

서비스업에 종사하는 사람들뿐만 아니라 일반 기업체에 근무하는 직원들 또한 이와 크게 다를 바 없다.

더러 거래처에 볼 일이 있어 방문을 해보면 우선 건물 주차장 관리원부터가 사람 기분을 상하게 한다. 경비원인지 경찰관인지 모를 정도로 내방객들에게 고압적이고 불손하기만 하다.

사무실에 들어가도 여직원들의 첫마디부터가 대뜸 '어디서 오셨습니까?' 아니면 '어떻게 오셨습니까?'이다. '어서 오십시오.'라는 기본적이고 의례적인 인사말 한마디 먼저 건네 오는 직원들이 드물다.

필자는 1990년대 초, 대만문화대학교 연수를 위해 타이페이행 비행기를 탄 적 있었는데, 그 때 여승무원이 승객들에게 얼마나 상냥하고 친절하게 대해주던지 대만 국민들 전체에 대한 인상이 확 달라졌던 기억이 있다. 한 여승무원의 친절한 태도로 인해 그 나라 국민들 전체에 대한 이미지가 달라진 것이다. 그리고 이는 비단 필자 혼자만의 느낌이 아니었을 것이다. 당시 기내의 모든 승객들이 공통적으로 느낀 감정이라고 생각한다.

이렇듯 어떤 조직에서의 구성원들 태도는 그가 속한 회사나 집단 나아가 나라 전체에 대한 이미지에까지 상당한 영향을 미친다.

어느 매장 여직원 한 명이 불친절하면 고객은 그 여직원을 욕하기에 앞서 매장 전체를 욕하고, 가능한 그곳을 이용하려들지 않는다. 매장 입장에서 보면 한 여직원의 불친절로 인해 고객 한 명을 영영 잃게 되는 것이고, 이런 잠재적 손실이 누적되게 되면 결국 경영에 어려움을 겪을 수밖에 없다.

일반 회사 또한 마찬가지다.

사원들이 고객의 전화나 방문에 대해 불친절하게 응대하면 결국 그 고객을 잃게 될 뿐만 아니라 심지어 고객을 적으로 만들 수도 있다. 따라서 사원들에 대한 친절교육의 중요성은 아무리 강조해도 지나침이 없다.

현대는 상품과 함께 서비스를 파는 시대다. 서비스가 미흡한 회사 제품은 누구도 사려들지 않는다. 국민성향이 대체로 합리적인 면보다는 감정적 면이 강한 한국사회에서는 더욱 그렇다. 고객을 왕으로만 대해주면 사지 않을 물건도 사는 예가 많다.

강남의 고급 의류점, 음식점, 술집 등이 일반 상점보다 훨씬 비싸지만 장사가 되는 이유는 바로 우리나라 사람들의 이러한 심리구조를 역이용한 때문일 수도 있다. 소비자들 역시 일반 상품에 비해 턱없이 비싸다는 것쯤은 누구나 알고 있지만 워낙 자신들의 기분을 잘 맞춰주니까 비싼 부분에 대해선 서비스료라고 생각하고 물건을 사는 예도 없지 않은 것이다.

우리나라 사람들은 그동안 하도 불친절하기만 했던 사회구조 속에서 생활해오다 보니 이런 상업적 친절에도 쉽게 감동해 버린다. 따라서 앞으로 소비자에게 친절한 기업은 번성하고, 소비자에게 불친절하게 대하는 기업은 거의 망하게 될 것이라 해도 과언이 아니다.

더구나 이제 얼마 안 있으면 국내 시장이 개방되어 외국기업들이 속속 들어오게 된다. 지금 우리 기업들의 고객서비스 수준이나 친절도로는 이들과 경쟁이 되지 않을 것은 뻔하다.

또한 단순히 감정적으로만 생각한다면 금융, 보험, 병원, 통신, 백화점할 것 없이 모든 시장과 업종을 완전 개방하여 여태껏 배짱부리며 독점적으로 장사해온 못된 기업들에게 한 번 따끔한 맛을 보여줬으면 싶다. 냉혹한 시장경쟁의 원리가 어떤 것인지 똑똑히 알려 줬으면 싶다. 특히 고객서비스 자세라고는 도대체 되어먹지 않았을 뿐만 아니라 동종의 외국기업들로서는 상상하기조차 어려울 정도로 갖은 폭리와 횡포를 부리고 있는 의료업과 보험업, 자동차업, 백화점업계 등에 대해서는 더욱 그런 생각이다.

아무튼 시장바닥의 떠돌이 장사꾼이 아닌 이상 기업은 늘 고객을 우선으로 생각하는 자세를 지녀야 한다. 특히 친절한 정신과 태도는 기본중의 기본이다.

더러 고객의 요구사항에 대해 무엇무엇 땜에 '안 된다.'고 대답하는 회사 직원들을 본다. 참으로 딱한 노릇이 아닐 수 없다. '하나 나가는 것만 알았지 둘 들어오는 것'은 모르고 있기 때문이다. 고객의 요구에 회사가 '안 된다.'라고 딱 잘라 거절할 수 있는 경우는 거의 없다고 본다. 왜냐하면 고객들 역시 회사에 대해 정도 이상의 무리한 요구는 하지 않기 때문이다.

예컨대 만 원어치 물건을 사면서 오천 원어치 덤을 달라 할 고객은 없다. 또한 순전히 자신의 잘못으로 망가뜨린 몇 년 지난 제품을 들고 와 새것으로 교환해 달라고 억지를 쓸 그런 고객도 없다. 소비자들 역시 메이커 측에서 이 정도는 서비스해도 괜찮겠다는 선에서 서비스를 요구하는 것이다.

소비자의 요구를 최대한 수용하라. 그것은 장기적으로 볼 때 기업에 최고의 이익을 가져다줄 수 있는 일이다.

고객에게 불친절하게 대하는 사원은 회사를 망치려드는 사원과 조금도 다를 바 없다.

특히 금융기관 같은 곳에 근무하는 직원들의 경우에는 더욱 그렇다. 왜냐하면 요즘은 집 앞에만 나가도 은행 지점들이 서너 개씩은 있다. 따라서 고객이 어느 은행을 거래처로 선택할 것인가는 어느 은행직원이 고객에게 더 친절한가하는 것과 무관하지 않다. 아직까지 우리나라 대다수 국민들의 정서는 지극히 미미한 액수의 이율 차이 또는 조금씩 다른 금융상품의 특성과 장단점 등을 세밀히 분석, 계산하고 거래은행을 선택하기보다는 은행 직원들의 친절함이나 고객과 직원과의 오랜 신뢰와 유대관계 같은 쪽에 더 비중을 두는 경우도 많기 때문이다.

우리가 더러 어떤 대단찮은 물건을 하나 살 때도 굳이 멀리 떨어져 있는 단골가게까지 가서 그 물건을 사오는 것은 단순히 덤 하나 더 얻어오기 위해 또는 물건 값 몇 푼 더 깎기 위함이 아니다. 단골가게에 가면 자신을 곧 단골손님으로 알아주기 때문에 가는 면도 없지 않다.

따라서 회사 사원들은 고객들에게는 물론 누구에게든지 좀 더 친절하고 좀 더 상냥하게 응대하려고 노력하는 자세가 필요하다. 남들에게 친절해서 손해 볼 일 없고 남들에게 불친절해서 득 되는 일 없다. 항상 밝은 표정으로 입가에 미소를 머금고 생기에 넘쳐 일하고 있는 사원들을 보고 있으면 보는 이의 마음도 한결 밝아진다. 그렇지 않고 늘 무뚝뚝하고 무표정하고 퉁퉁 부은 듯한 얼굴 표정으로 마지못해 일하는 사원을 보고 있노라면 고객의 입장에서도 '뭐 저런 인간이 다 있을까?' 하는 생각이 들 정도로 불쾌해진다.

혹자는 우리 기업 접객사원들의 근로환경이 너무 열악하기 때문에 이들이 고객에 대해 친절한 매너와 바른 서비스자세를 갖추지 못하는 것이라고도 얘기한다. 물론 그런 이유도 전혀 없지 않을 것이다. 그러나 비교적 근로환경과 여건이 좋은 직장에서 근무하는 회사 직원들 또한 고객들에게 불친절한 태도는 마찬가지인 경우가 많다. 오히려 더 심한 경우도 없지 않다.

문제는 직원 각자의 그릇된 예절의식이고, 경영자의 안이한 사업 행태다. 특히 직원들이 고객에게 불친절한 것은 평소 직원교육을 제대로 시행하지 않은 경영자, 관리자들의 잘못과 책임이 매우 크다.

근로환경을 아무리 개선해도 경영자와 직원들의 친절의식, 직무자세가 바르고 철저하지 못하면 이런 문제는 해결되기 어렵다.

아무튼 한국인에 대한 인상이, 우리 회사에 대한 인상이 곧 나 한 사람의 인상에서 비롯된다는 점을 명심하라.

5-5 회의 매너가 부족한 사원

모자라는 것들은
회의만 한다

직장조직에서는 매월 또는 매주 정례회의를 비롯하여 임원회의, 간부회의, 부서회의, 긴급회의 등 각종 회의가 수시로 열린다. 하지만 그런 잦은 회의 중에는 특별한 안건이나 이슈도 없고, 뚜렷한 해결책도 결론도 도출하지 못한 채 시간만 낭비하게 되는 관행적, 의례적 회의도 많다.

회의란 다수의 의견과 아이디어를 수렴, 보다 효과적 의사결정을 위함이 목적이지만 일면 의사결정과정과 결과에 대해 사후 책임을 지지 않으려는 의도에서 개최되는 회의도 적지 않다. 나중에 혹 결과가 잘못되어도 다수 구성원들의 의견을 수렴, 결정한 사안인 만큼 그 책임 또한 각자 나누어질 수 있기 때문이다.

필자 역시 과거 직장 다닐 때는 물론 이후 출판 관련 사업을 수행해오는 과정에서도 그러한 사례들을 수없이 겪었다.

그 중 발주처 주관 편찬회의에 참석하는 일이 가장 번거로운 일이었다. 해당 사업을 효율적으로 수행하려면 착수보고, 중간보고, 최종보고 그리고 월 1회 실무회의 정도 여는 것만으로 충분한데, 용역 계약 시부터 아예 '매주 1회 회의 개최'를 명시하는 경우가 대부분이었다.

그렇다고 회의에 참석하면 어느 한사람 특별한 의견을 내는 이도 없고 도움이 되거나 참고할만한 얘기를 하는 이들 역시 거의 없다. 단지, 그저 관행적으로 일주일에 한번 씩 여러 임원과 실무자들이 모여 괜한 잡담이나 하다가 회의를 끝내는 것이다. 특히 이런 사례는 공조직의 경우 심하다. 다들 할 일 없으면 낮잠이나 자던가, 괜히 바쁜 사람 불러 놓고 시간만 허비하게 만드니 여간 고역스런 일이 아닌 것이다. 물론 관련 업무 담당자들이 자주 모여 충분한 의견교환을 할 경우 업무의 시행착오도 방지할 수 있고 내용파악 또한 충실할 수는 있다. 그러나 또 한편 전문성이 없는 다수인들이 중구난방식으로 의견을 개진함으로써 오히려 혼란만 가중되는 예도 적지 않다. 따라서 특별한 안건이나 이슈가 없는 경우 굳이 조직의 중요 인력들이 매주 몇 시간씩 허비하며 회의를 연다는 것은 아주 비효율적이고 불합리한 관행이라 할 수 있다. 특히 요즘은 메일과 카톡, 화상미팅 등 각종 커뮤니케이션채널이 많아 굳이 먼 길 오가며 대면 회의를 할 필요성도 크게 줄어들었다.

'모자라는 것들은 회의만 한다'는 말이 있다.

우리나라 직장현실에 아주 딱 들어맞는 말이다. 사회 각 조직집단의 경우 온갖 회의를 통해 낭비되는 인력과 시간, 각종 폐해는 결코 적지 않다고 본다.

회사 내에서도 크고 작은 각종 회의가 수시로 열리는데, 이런 회의 석상에도 별별 사원들이 다 있게 마련이다.

알맹이도 없이 늘 궤변만 늘어놓는 사원이 있는가 하면, 조목조목 원리원칙에는 맞게 얘기하지만 현실성이 전혀 없이 이론만 앞세우는 사원들도 있다. 또한 대안제시도 없이 남의 의견은 무조건 반대하고 비판하는 사원들, 회의 안건에 대해 사전검토나 숙고 없이 즉흥적인 생각만 늘어놓는 사원들, 아예 회의 시작부터 끝날 때까지 유구무언인 사원들, 자기 주관은 전혀 없이 남들 의견에 부화뇌동하는 사원들, 누구나 다 아는 원론적이고 상식적인 얘기만 장황하게 늘어놓는 사원들, 평소의 개인적인 감정과 불만을 회의석상에서 터뜨리려 드는 사원들, 문제의 핵심은 제쳐둔 채 남의 말꼬리나 잡고 늘어지는 사원들, 인신공격적이고 인격모독적인 발언을 함부로 해대는 사원들, 안건에 대한 구체적이고 합리적인 해결책의 제시도 없이 단순히 좌중의 감정에만 호소하여 여론 재판식으로 문제를 몰아가고 처리하려드는 사원들 등등.

이런 사원들 역시 기본적인 회의 매너가 갖춰져 있지 않은 사원들이다.

회의에 참석할 때는 항상 회의 안건에 대해 사전 충분한 숙지 및 검토가 필요할 뿐더러 또한 자신이 제시할 의견에 대해서도 깊이 생각한 후 합리적 의견을 제시해야한다. 이런 준비과정 없이 억지로, 갑자기 불려 나온 회의석상에서 과연 무슨 탁월한 의견과 대안이 나오겠는가? 무슨 일에 있어서든 가장 많이 생각한 사람이 가장 좋은 의견을 내는 법이다.

대부분 의례적, 관행적으로 소집, 장시간 윗사람들의 일방적 지시
나 강론이나 듣고 해산하는 우리나라 기업들의 회의 운영방식은
개선할 점이 많다. 그러나 이 역시 따지고 보면 결국 사원들 스스
로가 그렇게 만든 것이라고도 볼 수 있다. 왜냐하면 회의 안건에
대해 자신들이 제시할 의견이나 대안이 없으니 결국 윗사람들 얘
기만 듣고, 윗사람의 일방적 결정에 따를 수밖에 없다.

회의에 임하기에 앞서 사전 준비를 충분히 하고 자기의견을 합리
적으로 표현한다면 회사에서 유능한 사원으로 인정받게 될 것이다.

사소한 것들이 중요할 수 있다

회사에서 근무태도가 불성실한 사원은 여러 유형이 있을 수 있다. 포괄적으로는 이 책에 수록된 50가지 유형 모두가 해당될 것이다. 그러나 여기에서는 앞서 기술한 부분과 내용이 중복되지 않는 몇 가지 유형에 대해서만 살펴보고자 한다.

그 첫 번째가 바로 시간의 중요성을 인식하지 못하는 사원들이다. 흔히 시간은 곧 돈이라고들 말한다. 그러나 실제로 시간을 돈처럼 아껴 쓰는 사람들은 드물다. 1~2만 원의 돈을 쓰는 것은 아까워하지만 한두 시간 정도 시간을 소비하는 것쯤은 대수롭게 생각하지 않는다. 이는 시간의 중요성을 깨닫지 못하고 있기 때문이다. 시간은 곧 현금과 같다. 특히 기업에 있어서는 더욱 그렇다. 사원들이 일을 잘 하건 못 하건, 사업이 잘 되건 안 되건 일정시간이 경과하면 월급이나 관리비 등 기본 유지비는 꼬박꼬박 나간다.

또한 시간이 지남에 따라 회사의 모든 비용이 인상된다.

인건비가 오르고 물류비용이 오르고 원료비가 오른다. 심지어 나라의 세금까지 오른다. 뿐만 아니다. 시간을 제때에 활용 못하면 업무에 차질이 발생한다. 모든 일에는 '시기(時機)'라는 것이 있어서 적절한 타이밍을 맞춰 업무를 처리하지 않으면 만사 허사가 되고 마는 경우가 흔하다.

사원들이 근무시간을 100% 업무에 활용하지 않고 다른 데에 소비하는 것은 회사에 여러 가지 손실을 끼치게 된다. 오늘 중으로 처리해야 할 일을 내일로 미룬다거나, 외근 나간 사원이 사무(私務)로 시간을 보낸다거나, 하루면 할 수 있는 일을 며칠씩 늘려서 할 경우 단순한 시간적 손실뿐 아니라 업무처리의 적절한 시기를 놓쳐 회사 전체업무에 큰 차질을 유발케 할 수 있는 것이다. 따라서 사원들은 시간의 중요성을 인식하여 누가 뭐래도 근무시간만큼은 철저히 회사 업무에 집중해야만 한다. 그날 할 일은 반드시 그날 처리하고 일을 늘이거나 뒤로 미루는 일이 있어서는 안 된다.

기업의 경영자들 역시 '시테크'에 대한 개념을 이젠 제대로 이해하고 경영에 반영해야 한다. 요즘 흔히 '초관리 운동'이니 뭐니 해서 커피 한 잔 마시는데 몇 초, 담배 한 대 피우는데 몇 초 걸린다는 식으로 시간을 단순히 절약하는 쪽으로만 생각하려 들지 말고, 시간을 스스로 창조, 활용할 수 있는 시스템을 마련하는 것이 시급하다. 사람이 일을 하다보면 커피도 마실 수 있고, 담배도 피울 수 있는 것인데 그런 것을 시시콜콜 따지려들면 괜히 좀스럽고 유치해지기만 할 뿐이다. 이제는 기업에서도 시간을 단순히 아껴 사용하는 방법보다 시간을 새롭게 창조하는 방법을 강구해야 한다. 회의 시간을 줄인다던지, 결재절차를 간소화한다던지, 공정을 개선한다던지 등등의 여러 가지 방안이 있을 것이다.

두 번째 얘기하고 싶은 점은 회사 내에서 기본자세가 안 갖춰진 사원들의 예이다.

동료나 상사가 바쁘게 일을 하고 있건 말건 퇴근시간만 땡하면 주섬주섬 가방 챙겨들고 쏜살같이 퇴근하는 사원, 더러 회사의 업무가 급박해 휴근(休勤)이나 야근(夜勤)이라도 좀 시킬라치면 입이 한 발은 나와 가지고 툴툴거리는 사원, 상사가 무슨 말을 할 때 듣는 건지 마는 건지 그저 무표정하기 짝이 없는 사원, 윗사람을 대할 때 다소곳하고 정중한 태도라고는 찾아볼 수 없고 그저 얄미울 정도로 얼굴이나 빤히 쳐다보고 있는 사원, 친절함이나 상냥함은 고사하고 말 한마디를 해도 퉁명스럽고 무뚝뚝하고 버릇없이 하는 사원 등등.

이런 예는 특히 남자 사원보다 여사원들에게서 더 많이 볼 수 있다. 일일이 열거하자면 잔소리 같아 생략하겠지만, 아무튼 우리 직장에는 이처럼 아주 밉살스럽고 버릇없는 타입의 사원들이 많다.

흔히 가정교육이 안 돼먹었다는 소리를 듣는 이런 유형의 사원들은 자신의 성격과 자세를 스스로 고치지 않는 한 어느 조직에서든 미움을 받을 수밖에 없다.

더러 직장에서 상사나 내방객들에게 커피 한 잔 뽑아주고 잔심부름 몇 번 해주는 것이 뭐가 그리 자존심 상하고 못마땅한 일인가? 직장에서 여직원들을 다방 레지로 생각하거나 급사 아이로 취급해서 차 심부름,

복사 심부름 시키는 것 아니다. 상황에 따라서는 사장이 부하 직원들에게 손수 커피 심부름을 해 줄 수도 있는 것이다. 그렇다고 자존심 상해하거나 스스로를 비참하게 생각하지 않는다.

예절은 만행(萬行)의 근본이라 했다.

사소한 예법일지라도 무심히 여기지 말고 늘 바르고 신중하게 처신하는 자세를 길러야 한다. 흔히 사람의 기분을 상하게 하는 것은 큰일보다는 지극히 사소한 일에서 비롯되는 경우가 많다. 말 한마디, 표정과 행동 하나라도 항상 예의에 벗어나지 않게 처신하라.

5-7 통화예절이 부족한 사원

전화 한 통이면
모든 것을 알 수 있다

거래관계 등으로 다른 회사에 전화를 걸어 직원들과 통화만 잠시 해보면 그 회사 돌아가는 상황을 어느 정도는 대략 감지할 수 있다. 특히 고객들이 상품구입을 위해 전화를 했을 경우 판매회사 직원들 전화 받는 태도에 따라 구입여부가 결정되는 경우도 많다. 따라서 사원들의 전화 응대태도는 회사 전체의 이미지를 좌우할 수 있고, 영업매출 증감의 결정적 요소로 작용하기도 하는 만큼 사원들의 바른 전화 응대요령이란 백 번 강조해도 지나침이 없을 정도로 중요하다.

그러나 각처에서 각종 용무로 수시로 걸려오는 전화들을 제대로 응대하려면 이는 누가 옆에서 일일이 교육시키고 잔소리한다고 될 일이 아니다. 전화를 받는 직원들이 기본적으로 센스를 지니고 있어야 가능하다. 그때그때 상황에 따라 재치 있게 응대할 수 있는 순발력과 융통성이 필요하다는 얘기다. 그렇다고 상대에게 거짓말을 하라거나 진실성 없는 임기응변으로 일관하라는 뜻이 아니다. 같은 말이라도 보다 정중하고 세련되고 교양있고, 상대가 신뢰하게끔 기지를 발휘하라는 얘기다.

여기서 사원들의 바른 전화응대 요령에 대한 몇 가지 사소한 예를 들자면, 우선 전화는 목소리만으로 상대와 대화하는 것이므로 전화 받는 직원들은 자신의 음성부터 정갈하게 가다듬어야 한다. 다소 거칠거나 무뚝뚝하거나 쉰 듯한 음성을 듣게 되면 상대의 기분이 유쾌할 리 없다. 제대로 된 회사 직원들은 전화 받는 목소리부터 다르다는 것을 알아야 한다.

대화시의 용어와 어투 역시 세련되고 교양있는 표준어를 구사해야 한다. 저속하고 품격 없는 용어를 마구 남발하거나 사투리를 구사할 경우 지적(知的)인 면도 없어 보일 뿐더러 촌스럽게 들리기까지 한다. 특히 너무 심한 억양의 경상도, 전라도 사투리는 천박하고 상스럽게 들린다.(필자가 100% 확신하고 주장하는 평소 지론이 있는데, '사람은 지적, 정서적 수준이 높아질 경우 자연 사투리도 덜 쓰게 되고 음성 또한 저절로 정갈해진다'는 것이다.)그리고 속이 뻔히 보이는 과잉친절이나 상투적 인사치레 같은 것도 가급적 삼가야 한다. 고객들은 이미 그런 데에 충분히 식상해 있기 때문이다.

또한 영업 관련 업무에 종사하면서 고객들과 직접 전화통화가 잦은 사원들의 경우 회사상품에 대한 충분한 지식을 갖추고 고객의 상담에 정확히 응해야 신뢰감을 줄 수 있다. 이러한 내용들은 누구나 조금만 주의를 기울이고 노력하면 충분히 가능한 일이다.

그리고 직장에서의 전화 응대기법의 으뜸은 무엇보다도 자신이 맡은 업무에 대한 책임감, 주인의식 그리고 마음속에서 우러나오는 선량함과 진실성 있는 태도라고 할 수 있다. 가식적이고 형식적인 태도는 상대방이 먼저 알아차린다.

필자는 옛 직장에서 인쇄물 발주를 하기 위해 여러 곳에 전화 상담을 한 적 있었다. 그런데 대부분의 업체에서 전화를 받는 직원들 태도가 한마디로 영 돼먹지를 않았다. 마치 대꾸하기도 귀찮다는 듯 무성의하고 퉁명스럽게 전화를 받는 직원들이 있는가 하면, 인쇄업체에 근무하는 직원이 인쇄 업무에 대한 기본 상식조차도 못 갖추고 있어 대화가 통하지 않는 경우도 있었다. 또한 진실성이라고는 조금도 없는, 지극히 장삿속 위주의 능글거리는 태도로 응대해오는 예도 있었고, 담당직원이 회의 중이거나 부재중이니 나중에 다시 전화하라 하고는 퉁명스레 전화를 끊는 경우도 있었다.

그렇게 대여섯 군데 업체와 통화를 하던 중 마침 어느 한 인쇄업체 직원이 다른 회사 사원들에 비해 아주 친절하고 자세하게 상담에 응해 줄 뿐만 아니라 믿고 거래를 해도 괜찮겠다는 신뢰감을 주어 결국 그 업체와 거래를 트게 되었다. 이후 계속 물량이 증가하여 나중엔 그 회사의 가장 중요한 거래처가 되었던 적도 있다. 이처럼 때로는 회사에 막대한 이익이 될 수 있는 좋은 기회를 사원들의 전화응대태도 여하에 따라 얻을 수도 있고 또 잃을 수도 있는 것이다.

따라서 사원들은 업무 관련 전화 받는 자세만큼 수시로 연습을 해서라도 제대로 갖춰야 한다. 사원들의 전화예절은 곧 회사 이미지에 가장 큰 영향을 미친다 해도 과언이 아니다. 특히 고객과 직접적으로 연결되는 전화를 받는 직원은 그 회사의 얼굴이나 마찬가지다.

젊은 사원들은 잘 모르겠지만, 벌써 기업의 간부급 정도 되면 상대 회사에 전화를 걸어 여직원과 통화만 몇 마디 해보면 그 회사 사정과 내막을 거의 알 수 있을 만큼 감이 발달되어 있다 해도 과언 아니다. 설령 그러한 지레짐작이 사실과 다를지라도 전화를 건 사람은 자신의 느낌을 사실로 여기게 되는 것이다.

이렇듯 기업에서 직원들 전화응대 태도는 실로 중요한 의미를 지닌다. 그러나 우리나라 기업들 특히 중소기업들엔 아직도 기본적인 전화응대 예절마저도 갖추지 못한 사원들이 많다.

더러 제품에 이상이 생겨 항의라도 좀 할라치면 사과를 하기는 고사하고 고객과 싸우려고 대드는 사원들이 있는가 하면, 어린 여직원들에게 나이든 고객들이 말을 좀 낮추다보면 '왜 반말하느냐?'고 따지고 드는 경우도 볼 수 있다.

또한 옆자리 담당자가 자리를 비웠으면 자신이 직접 나서 알아봐주고 처리해줄 수 있는 사항도 꼭 나중에 다시 전화하라며 퉁명스레 전화를 끊고 마는 예도 있고, 마치 시간제 아르바이트 직원마냥 자신이 근무하는 회사의 제품에 대한 기초적인 질문에도 설명과 안내를 제대로 못하는 사원들도 부지기수다.

이런 사원들은 한마디로 회사에 월급 받고 다닐 자격이 없는 사원들이다. 회사에 도움을 주기는커녕 오히려 보이지 않게 손해를 끼치는 예가 더 많다.

직장인들은 이제부터라도 자신의 전화응대 예절 수준이 어느 정도인가를 심각하게 한 번 되짚어볼 필요가 있다.

좀 조잡스럽고 유치한 얘기로 들릴지 모르지만, 회사에서 전화수 신 업무를 담당하는 사원들은 지금부터라도 '여보세요', '네', '○○ 회사입니다.'하는 기초적인 말부터 다시 연습해야 한다.

'여보세요'라는 한마디도 전화 받는 직원의 억양과 어투와 음조에 따라 고객들에겐 각양각색으로 들릴 수 있다. '네'라는 단 한마디 대답 역시 그 어투에 따라 듣는 이들에게 최소 열 가지 이상 다른 느낌으로 전달될 수 있다.

목소리가 원래 그런 것을 또는 어투가 원래 그런 것을 어떻게 하라는 것이냐?고 반문하려들지 말고 몇몇일 연습을 해서라도 안 좋은 점은 고치려드는 자세를 가져야 한다.

회사에서 전화 받는 직원의 태도는 고객들에게 회사 전체의 이미지로 전달되기에 해당 직원은 그 회사의 대변인이나 마찬가지다.

회사에서 인정받는 프로직장인은 저절로 되는 것이 아니다. 이처 럼 지극히 사소한 부분까지 세심하게 신경 쓰며 노력할 때 진정한 프로가 된다는 사실을 명심해야 한다.

5-8 언어예절이 부족한 사원

말은 곧
그 사람의 인격이다

사람의 인격은 말에서 드러난다.

말하는 것을 보면 그 사람이 예의와 교양을 갖춘 사람인지 아닌지 금방 알 수 있다. 여러 사람들과 대화를 하다보면 같은 내용의 말일지라도 점잖고 교양있게 하는 사람이 있는 반면 또 아주 경망스럽고 천박하게 지껄이는 사람들이 있다. 말을 예의 없이 하면 말하는 사람 또한 예의 없어 뵘은 물론이다. 이렇듯 언어예절은 모든 예절의 시초라 할 수 있다. 따라서 한마디 말을 하더라도 듣는 이의 입장을 생각하여 보다 신중하게 그리고 주의 깊게 해야 한다.

말의 내용뿐만 아니라 말할 때의 태도 역시 중요하다.

대화 시의 표정과 억양, 어투, 제스츄어 등도 예의에 벗어나지 않도록 조심하는 습관을 길러야 한다.

그러나 우리 주위에는 언어예절이 부족한 사람들이 의외로 많다.

말할 때 온갖 손짓 발짓을 섞어가며 경망스럽게 한다거나, 주위가 떠들썩하도록 요란스럽게 한다거나, 비속어 등을 함부로 남발한다거나, 거칠고 불손한 어투로 장황하게 수다를 늘어놓는다거나 하는 사람들이 바로 그런 예다. 이런 이들은 어디에서든 점잖고 교양 있는 사람으로 대접받기는 틀렸다. 사람으로서 갖춰야 할 기본적인 언어예절을 갖추지 못한 탓으로 주변인들로부터 무식하고 예의 없는 사람으로 취급받는다.

특히 직장에서 흔히 볼 수 있는 예인데, 부하직원들이 상사와의 대화 시 경어(敬語)를 제대로 사용하지 않는 경우다.

'부장님께서 지난 번 제게 말씀해 주셨던 그 문제에 대해⋯.'라고 말해야 할 것을 '부장님이 지난 번 나한테 말해 주신 그 문제에 대해⋯.'라고 표현하는 경우가 바로 그런 예다.

사실 어찌 생각하면 직장상사와 대화하면서 '저'라고 해야 할 때 '나'라고 표현한다든가, '부장님께서'라고 해야 될 때 '부장님이'라고 한다든가 '말씀'이라고 해야 할 때 '말'이라고 한다든가 하는 표현은 누구나 무심결에 흔히 실수할 수 있지만, 이를 듣는 윗사람들은 결코 무심코 흘려 듣지 않는다는 것을 알아야 한다. 아랫사람들의 언어 표현과 예절에 대해 윗사람들은 한마디 한마디를 무척 민감하게 받아들인다. 이는 직장 상사들이 특별히 권위주의적이고 보수주의적이라서 또는 지나치게 소심하거나 신경과민이라서가 아니다. 사람은 누구나 자신의 위치에 걸맞은 호칭과 존칭을 듣고 싶어 하는 공통된 심리를 갖고 있기 때문이다.

자기보다 나이도 어리고 직급도 아래인 사람에게 공손치 못한 말투를 들어 기분 좋을 사람은 없다. 특히 능력경쟁이 치열한 기업조 직에서는 나이든 상사들의 경우 누구나 조금씩은 자기 입지에 대 해 막연한 불안감과 콤플렉스 같은 것을 지니고 있다. 따라서 젊은 엘리트직원들의 단순한 말실수 하나도 자신에 대한 불만과 저항의 표시로 지나치게 확대 해석하는 예도 없지 않은 것이다. 또 사실 마음속으로부터 상사에 대한 존경심이 없는 경우 대화 중 윗사람 의 자존심과 기분을 상하게 하는 어투가 자신도 모르게 한두 마디 씩 툭툭 튀어나오게 되는 예가 많은데, 상사들은 이러한 실수를 절 대 놓치지 않고 체크하게 된다는 점을 명심해야 한다. 물론 상사가 모든 면에서 능력과 포용력과 대범함을 갖추었을 경우에는 큰 문 제가 없겠지만 그런 상사들은 사실 드물다. 특히 나이와 직급이 엇 비슷한 상하관계의 경우 상사 입장에선 더욱 예민해지게 마련이다. 따라서 직장 상사들에게 업무보고를 하거나 기타 대화를 하게 될 경우 억양, 어투, 용어, 제스츄어 하나라도 허투루 쓰지 말고 세심 한 주의를 기울이는 습관을 길러야 한다. 본의 아닌 말실수로 상사 에게 미움 받을 수 있기 때문이다.

별로 중요하지도 않은 것을 가지고 시시콜콜 잔소리한다고 생각할 수도 있겠지만, 인간관계에 있어서는 이렇듯 사소하게 여겨지는 것들이 오히려 큰 영향을 미칠 수 있다는 것을 항상 유념해야 한다. 회사를 위해 일만 열심히 하면 그만이라는 식으로 생각하는 사원들이 있다면 절대 오산이다. 회사의 경영자는 물론 간부직원들 역시 자신의 권위에 손상을 주는 버릇없는 사원들을 가장 싫어한다. 설령 조직 내 에서 유능하고 기여도가 높은 사원이라 할지라도 마찬가지다. 이는 우리나라 모든 조직 경영자, 관리자들의 공통된 경향이며 심리라고 해도 틀림이 없다. 아니, 다른 나라 경영자들이라 해도 다를 바 없다. 예의바르고 공손한 태도를 가진 부하직원을 싫어할 사람은 이 세상에 단 한사람도 없을 것이기 때문이다.

우리말에 같은 말이라도 '아' 다르고 '어' 다르다는 말이 있다. '말 한마디로 천냥 빚을 갚는다.'는 말도 있다. 모두 말의 중요성을 강조한 말이다.

또한 같은 뜻을 지닌 말일지라도 친구나 동료 간에 쓰는 용어가 있고, 윗사람들에게 쓰는 표현이 따로 있다. 이러한 것을 잘 분별하여 사용하는 언어습관을 길러야 본의 아닌 실수를 하지 않는다.

사람의 품격과 지적 역량을 평가함에 있어서도 마찬가지다. 결국 사람이 지닌 교양과 지식수준이란 그가 구사하는 어휘의 총합, 표현의 적절성이다. 따라서 상대의 말하는 내용만 잠깐 들으면 단번에 그 지적 수준과 교양의 정도를 가늠할 수 있다.

특히 요즘 젊은 여직원들의 경우 평소 사용하는 말투란 꼭 너댓 살짜리 애기들 말투다. 단어 끝마다 억양을 치켜 올려 마치 응석받이 어린애들처럼 말을 한다. 이 또한 무슨 유행을 따르는 것인지 요즘 젊은 여직원들 거의가 그렇다. 성인답게 좀 더 교양있고 품격있고 점잖은 어투를 사용하면 좋으련만 왜 다들 그 모양인지. 필자는 이들을 대할 때마다 인격과 지성의 미성숙, 박약함을 느끼게 된다.

직장인들은 다른 모든 예절에 앞서 언어예절부터 바르게 익히는 것이 무엇보다 중요하다.

5-9 인사예절이 바르지 못한 사원

의례적 인사는
마음에 전달되지 않는다

인사예절이란 모든 예절의 기본이고 시작이고 끝이라 해도 과언 아니다. 일면 너무 흔한 말이지만 '인사 잘 해서 뺨맞는 법 없다'는 속담이야말로 만고불변의 진리다. 사람은 언제 어디서든 인사예절만 바르게 실천해도 살아가는 데 별 어려움을 겪지 않는다. 즉, '안녕하세요, 반갑습니다, 고맙습니다, 죄송합니다' 등의 기초적인 인사말만 바르게 잘해도 삶을 무난하게 살 수 있다는 얘기다.

그러나 주변에 보면 많은 사람들이 이런 기초적인 인사말조차 제대로 실행하지 못한다. 고등교육을 받고 대학을 나오면 뭘 하겠는가? 초등학교 1학년이면 다 알고 배우고 실천할 수 있는 기초적인 인사말조차 제대로 못하는데.

인사예절을 제대로 갖추지 못한 젊은이들의 경우 7할은 그 부모 탓이다. 어릴 때부터 기초를 제대로 가르치지 않은 때문이다. 그 정도는 안 가르쳐도 저절로 아는 것 아니냐고? 천만에.

사람은 아무리 간단한 것일지라도 어릴 때부터 올바로 배우지 않으면 늙어죽을 때까지 제대로 모를 수 있다. 시골 노인들이 평생을 살아도 기본적 사회 상식조차 모르는 것과 같다. 그래서 사람은 어릴 때부터, 젊을 때부터 열심히 배워야 하는 것이다. 교육의 중요성이다. 나이 들어 스스로 공부해 깨우치려면 이미 늦다,

필자가 마치 1+1=2의 공식과 진리처럼 확신하고 장담하는 것이 하나 있는데, 그것은 바로 인사예절이 바르지 못한 사람은 그것을 제대로 갖추기 전에는 어디에서도 남들에게 인정받고 성공하기 어렵다는 사실이다. 일상에서의 간단한 인사조차 제대로 못하는 사람이 과연 무슨 일인들 잘 할 수 있겠는가.

하지만 우리 직장에는 이런 기본적인 인사예절조차 지니지 못한 사원들이 의외로 많다.

아침에 출근해서 상사를 만나면 마치 이웃집 아저씨 대하듯 형식적으로 고개만 끄덕하고 지나친다던가, 퇴근할 때 역시 문 열고 나가면서 상사를 제대로 쳐다보지도 않은 채 '먼저 퇴근합니다.'하고는 쏜살같이 달려 나간다던가, 상사의 전화를 받고도 먼저 인사말을 건네 오지 않는다던가, '고맙습니다.', '감사합니다.'등의 표현에 인색하다던가 하는 경우가 바로 그런 예다. 한마디로 인사예절의 기본이 안 갖춰져 있는 경우다.

사실 직장 상사들은 부하 직원들의 공손치 못한 인사 태도를 접할 때 옆구리 찔러 절 받기 뭐하니까 그 순간은 대부분 그냥 지나치지만 마음속에는 한참동안 잔영이 남게 된다. 그런 사례가 자주 반복되다보면

언젠가는 엉뚱한 일로 상사에게 호되게 당할 수도 있다. 따라서 직장에서든 어디에서든 항상 윗사람들한테 정중하고 공손한 태도를 보이는 것은 매우 중요하다.

그리고 인사란 인사말 그 자체보다도 인사를 할 때의 마음자세, 몸가짐이 더욱 중요하다고 할 수 있다. 다분히 형식적이고 의례적인 인사는 인사를 받는 사람의 마음에 전달되지 않는다. 우리가 백화점이나 음식점 등 접객업소 현관 앞에서 손님을 향해 인사하는 직원들을 아무 감정 없이 무심코 지나치는 경우와도 같다. 또한 평소엔 몇 달씩 소식도 없이 지내던 사람이 꼭 자기 아쉬운 일이 있을 때면 전화를 걸어오거나 찾아와서는 그동안의 안부와 근황을 묻고 입에 발린 인사말을 한참씩 너저분히 늘어놓을 때는 염려해 주는 것이 고맙긴 커녕 대답하기 귀찮아지기까지 한다. 차라리 솔직하게 용건만 말하던가, 아니면 그냥 싱긋 웃으면서 악수라도 한 번 나누던가 하는 편이 훨씬 낫다. 아무리 이런 저런 쓸데없는 인사치레를 늘어놓아도 진심에서 우러나오지 않으면 상대가 먼저 알아차린다. 인사를 하는 쪽이 형식적으로 하면 인사 받는 사람 역시 형식적으로 받을 뿐이다. 따라서 사회생활을 하는데 있어서는 누구에게 인사말 한마디를 건네더라도 진심어린 말로 정중히 표현하는 습관을 지녀야 한다.

그다음 인사를 할 때의 몸가짐 또한 매우 중요하다.

굳이 입으로 인사말을 건네지 않더라도 정중하고 바른 예(禮)를 갖춘 인사자세는 상대의 마음을 움직일 수 있을 뿐더러 인사를 받는 사람 역시 예를 갖춰 받게 된다.

직장상사에 대한 경우 역시 마찬가지다. 매일같이 만나는데 뭘 그리 정중한 자세로 인사할 필요가 있겠냐고 생각하는 사람은 뭔가 잘 모르는 사람이다. 매일 만나는 직장 상사일지라도 연 사흘 아침만 정중함을 다한 자세로 인사를 해보라. 아마 자신을 바라보는 상사의 표정이 달라짐을 느끼게 될 것이다.

전에 필자 회사에는 인사를 아주 예절바르게 잘하는 직원이 한 명 있었다. 아침에 출근해서 상사와 마주치면 다른 직원들이 간단히 목례만 하고 지나칠 때도 이 친구는 정확히 45°로 허리를 굽혀 공손히 인사를 하곤 했다. 물론 상사의 스타일에 따라서는 부하 직원들의 이런 공손한 인사태도가 외려 거추장스럽고 부담스럽게 느껴질 수도 있겠지만, 그래도 그 사원에 대해 '참 예절바른 사람이구나'하는 생각만큼은 마음속에 새겨지게 마련이다. 그러다 보니 얼마 안가 사내에서 예의바른 사원으로 칭송이 자자했음은 물론 그가 설령 사소한 실수를 해도 그냥 덮고 넘어가는 예도 봤었다.

이 또한 나름의 처세전략일 수는 있겠지만, 아무튼 윗사람들에게 또는 동료들 간에라도 인사를 정중히 잘 해서 손해 볼 일은 절대로 없다. 이는 자존심과 관계된 일도 아니며 아부도 아니다. 기왕 인사할 바에 조금만 더 머리와 허리를 수그리고, 조금만 더 밝고 정중한 표정으로 인사를 하면 보다 공손한 인사태도가 될 텐데 그게 뭐 그리 어려운 일인가?

흔히 우리나라 직장인들은 직장에서 윗사람들 심기를 헤아리고, 이들에게 공손함을 보이려는 태도를 아부 또는 아첨이라고 하여 거의 본능적으로 거부하고 폄하하는 경향이 있는데, 이는 잘못된 사고방식이다.

직장조직에서 상사를 마음속으로부터 진정 존경해서 이들에게 충성스런 자세를 보이는 것은 아부가 아니다. 다만, 어떠한 목적의식 하에서 마음에도 없는 말로 윗사람에게 잘 보이려드는 것이 아부이고 아첨인 것이다. 또 설령 자신의 상사에게 지나치지 않을 정도로 적당히 아부를 좀 한다고 한들 그리 나쁠 것도 없다. 서로 기분 좋을 수도 있는 일이다. 현명한 직장인이라면 대인관계에 있어 이러한 기본적 처세술에 대해서도 바른 인식을 가질 필요가 있다.

아무튼 이 사회의 모든 인간관계는 사람과 사람과의 인사에서 시작되고 끝남을 잊어서는 안 된다.

예컨대 친척 조카나 과거 잘 알고 지내던 고향 후배 또는 옛 직장 부하직원을 어느 모임 등에서 오랜만에 만났을 때 이들이 건성으로 고개만 끄덕하고 지나쳐버린다면 그때 심사가 어떻겠는가? 아마 그날로 상호 인간관계는 영영 끝나버릴 것이다. 사람관계에 있어 인사란 그만큼 중요하다. 특히 인사말 한마디를 건네더라도 좀 더 정중하게, 좀 더 상냥하게, 좀 더 다정하고 반갑게 표현한다면 주위로부터 예절 바른 사람으로 인정받을 것이다. 직장에서 모범사원으로 인정받는다는 것은 사실 업무능력이나 성과 면에서 뛰어난 실적을 발휘하는 사람들도 있지만, 이러한 예의범절과 인성을 제대로 갖춘 사람들이 더 많다는 사실을 알아야 한다.

윗사람들에게 정중한 태도로 인사하는 습관을 기르는 것 역시 매우 중요한 직장인의 성공비결임을 명심하라.

5-10 버릇이 없는 사원

사람의 됨됨이는
예절로써 평가된다

흔히 윗사람들에게 불손하게 구는 사람을 일컬어 '버릇없다'는 말을 한다. 직장 내에도 이런 버릇없는 사원들이 꽤 있다.

자기 친족도 아니고 집안 어른도 아닌 남남 간인데 뭐 어떠냐는 식으로 간단히 생각해서인지, 아니면 원래 가정교육이 제대로 안되어서인지, 아버지뻘 또는 맏형님뻘 되는 나이든 직장 상사에게 예의 없이 함부로 대하는 이들이 바로 그들이다. 특히 직원들끼리의 회식자리 같은 데서 술이라도 한 잔 거나해질라치면 위아래를 분간 못하고 함부로 지껄인다거나, 맞담배질을 한다거나, 언행을 공손치 못하게 하는 직장인들이 많은데 이는 대수롭잖은 일 같지만 실은 직장인들이 가장 주의해야 될 일이다.

흔히 술자리 같은 데서는 윗사람들이 부하직원들 마음을 편하게 해주고 딱딱한 분위기를 부드럽게 하자는 의미에서 술도 권하고 담배도 권하며 여러 가지 행동의 제약을 풀어주게 마련이다. 그러나 이것은 어디까지나 윗사람들이 부하직원들에게 상하관계의 부담을 덜어주기 위해 예의상 잠시 그렇게 하는 것이지 정말 모든 것을 훌훌 다 털어버리고 서로 친구지간이 되어 실컷 먹고 마시고 놀자는 뜻은 아니다.

따라서 이런 경우에도 직원들은 어느 정도 예의를 갖추면서 분위기에 적절히 응해야 하는데, 상사들이 풀어준다고 이 때다 싶어 횡설수설을 일삼고 평소 쌓였던 불평불만까지 한꺼번에 쏟아 놓고, 심지어는 부모뻘 되는 상사 앞에서 맞담배질과 심한 농지거리까지 함부로 하고 해서는 정말 곤란하다.

직원들은 술 깨고 나면 다 잊어버릴지 모르지만 윗사람들은 절대 그리 쉽게 잊어버리거나 간단한 일로 여기지 않는다.

상사 입장에서는 평소 모범적이었던 직원일지라도 술자리 같은 데서 한번만 그렇게 버릇없이 행동하면 그것이 곧 그 사람의 진면목이라고 생각해 버릴 수 있는 것이다.

술 마신 기분에 언행의 실수가 좀 있었다 치더라도 그게 무슨 큰 흉이 될 수 있겠냐고 생각해서는 오산이다. 예컨대 술 한 잔 마셨다고 자기 아버지나 삼촌한테 심한 농지거리를 했다거나 맞담배질을 했다면 그게 작은 실수이겠는가. 집안에서 아버지나 삼촌은 어떤 자리, 어떤 상황에서도 아버지이고 삼촌이듯 직장에서의 상사 역시 때와 장소를 불문하고 상사일 수밖에 없는 것이다.

퇴사를 한 후라도 마찬가지다.

전에 다니던 회사 사장을 거리에서 만났을 때 '사장님'이라 부르지

'김 형' 또는 '박 씨'하고 부를 수는 없는 것이다.

따라서 직장상사들과 자리를 같이 했을 때는 언제나 적절한 긴장감을 지니고 예의바르게 행동하는 것이 상사에게는 물론 자기 자신에게도 좋다.

술이 더 마시고 싶으면 나중에 동료들끼리 따로 모여 얼마든지 더 마실 수도 있고, 담배 또한 잠시 참거나 밖에 나가 피우고 들어오면 될 것을 그 순간을 못 참고 윗사람들에게 무례를 범한다는 것은 역시 사람의 됨됨이 문제일 수밖에 없다.

특히 직장상사들은 직장 내에서보다도 사석에서의 부하 직원들 행동거지에 더 민감하다는 것을 명심해야 한다. 사람의 됨됨이는 공적인 자리에서보다는 오히려 사적인 자리에서 그 진면목이 나타나는 예가 많기 때문이다.

잠시만 자제하면 될 것을 순간적 기분에 치우쳐 평소 안하던 짓까지 예의 없이 하게 되면 그 순간부터 상사의 눈에는 버릇없는 부하 직원으로 낙인찍히게 된다는 점을 명심하라.

상사들은 업무상의 자그마한 실수는 용서해도 예절에 있어 자신에게 실수한 사원은 마음으로부터 용서치 않는다. 또한 사원들이 상사들에게 예의 바르게 행동해야하는 것은 비단, 상사들만을 위해서가 아니라 바로 사원들 자신을 위해서 그렇게 하는 것이란 사실들을 인식해야 한다.

끝으로 한 가지 더 짚고 넘어갈 것은, 우리나라 사람들은 흔히 조직집단에서 상사의 지시를 거부하고, 윗사람들에게 정면으로 맞서려는 사람을 무조건 소신과 용기 있고, 대쪽 같고 또 무슨 강직한 인물 운운하며 추켜 세우려드는 경향이 있는데, 이는 일면 우리 사회의 조직질서를 어지럽히는 그릇된 인식과 자세라고 할 수 있다. 물론 더러 사안과 상황에 따라 상사에게 반대 의견을 표할 수는 있겠지만, 그 또한 올바른 방법이 따로 있는 것이지, 막말로 아무데서나 상사와 함부로 싸우려고 한다거나, 괜히 우쭐하는 영웅심에 젖어 부하직원들 앞에서 상사를 면박주려 한다든가 또는 온갖 버릇없는 태도로 상사의 체면과 권위를 손상시켜 조직의 위계질서를 해치는 행동 등은 참으로 옳지 않은 작태라 할 수 있다.

이 세상 어느 조직에도 상하관계란 존재하는 것이며 또한 그런 서열관계 속에서 사회의 모든 질서가 유지되는 것이라는 사실을 명심해야 한다.◎

- Epilogue

격전고투의 60년 세월, 돌아보면 마치 600년처럼 길게 느껴지는 다단했던 삶의 행로에서 스스로 겪고 사유하고 깨우친 앎과 지혜, 경험담을 모았다.
직장인들이 평생 삶의 지침으로 삼을만한 교훈서를 엮어보려 했으나 결국 사람이 지닌 정신의 한계, 경계를 넘어서지 못한 느낌이다.
모쪼록 필자의 소소한 삶의 체험담, 진정어린 회한과 자기성찰의 의미가 담긴 이야기가 후배들 직장생활에 다소나마 도움이 될 수 있기를 바란다.

2025년 증보판을 발행하며 저자.

* 저자 일정상 강연 요청은 정중히 사양합니다.

– 부록 자료

초판 출간 당시 언론보도기사와 인터뷰,
저자 초청 특별강연회, 관련 행사 및 수상 장면.

회사에서 지적받는 50가지 문제사원 유형

이런 사원들이
문제사원들이다

증 보 판 2024년 10월 7일(1쇄)
          2025년 2월 10일(2쇄)
초   판 1995년 9월 1일(23쇄)

지 은 이 김문경
펴 낸 이 최 진

펴 낸 곳 청담서원
출판등록 제2018-000079호
주   소 서울시 강남구 봉은사로24길 9
대표전화 02-548-9282
메   일 cdswbooks@naver.com

ISBN   979-11-965397-4-0

〈알려드립니다〉

값 25,000원